浙江省“十四五”普通高等教育本科规划教材

本教材获浙江师范大学教材建设基金立项资助

U0873997

21世纪学前教师教育系列教材

学前教育政策与法规

（第三版）

周小虎 主编

中国人民大学出版社

·北京·

内容简介

《学前教育政策与法规（第三版）》由导论和九章内容组成，主要涉及学前教育中的幼儿，儿童权利与保护，政府职责与行政管理，幼儿园的权利义务及其举办、运行和监督管理，保育与教育工作，教师权利与义务，园长和其他工作人员的资质等。

教材不仅简要地介绍了学前教育政策与法规的历史，而且梳理了学前教育政策与法规的出台背景、意义及贯彻措施等。在此基础上，教材各章附有幼儿园常见法律问题案例和拓展阅读资料。这些资料生动、直观且有一定的实用性，符合学习者的认知规律和习惯。

第三版修订主要依据2023年《中华人民共和国学前教育法（草案）》（征求意见稿），对教材涉及的内容进行解读，并增加了与《幼儿园教师违反职业道德行为处理办法》《新时代幼儿园教师职业行为十项准则》相关的内容，进一步明确了新时代我国幼儿园教师师德师风建设的相关政策法规。本次修订还增加了教学大纲、教材PPT等辅助资料，方便读者使用。

作者简介

周小虎，博士，浙江师范大学儿童发展教育学院副教授，硕士生导师，浙江省“新世纪151人才工程”第三层次入选者。公开发表学术论文30余篇，多篇论文被中国人民大学复印报刊资料全文转载；出版专著2部，主编教材7部；主持国家社会科学基金项目1项。

第三版前言

2022年10月，习近平总书记在中国共产党第二十次全国代表大会上做了题为《高举中国特色社会主义伟大旗帜　为全面建设社会主义现代化国家而团结奋斗》的报告。

在整个报告中，“实施科教兴国战略，强化现代化建设人才支撑”部分靠前排列。这部分首先提出了“办好人民满意的教育”的要求。教育是国之大计、党之大计。培养什么人、怎样培养人、为谁培养人是教育的根本问题。育人的根本在于立德。全面贯彻党的教育方针，落实立德树人根本任务，培养德智体美劳全面发展的社会主义建设者和接班人。坚持以人民为中心发展教育，加快建设高质量教育体系，发展素质教育，促进教育公平。加快义务教育优质均衡发展和城乡一体化，优化区域教育资源配置，强化学前教育、特殊教育普惠发展，坚持高中阶段学校多样化发展，完善覆盖全学段学生资助体系。统筹职业教育、高等教育、继续教育协同创新，推进职普融通、产教融合、科教融汇，优化职业教育类型定位。加强基础学科、新兴学科、交叉学科建设，加快建设中国特色、世界一流的大学和优势学科。引导规范民办教育发展。加大国家通用语言文字推广力度。深化教育领域综合改革，加强教材建设和管理，完善学校管理和教育评价体系，健全学校家庭社会育人机制。加强师德师风建设，培养高素质教师队伍，弘扬尊师重教社会风尚。推进教育数字化，建设全民终身学习的学习型社会、学习型大国。

在党的全国代表大会的报告中，将教育科技人才工作单独列一个部分，位置显要，这在党的历史上还是第一次。办好人民满意的教育提出“强化学前教育、特殊教育普惠发展”，为我国学前教育指明了前进和发展的方向。学前教育是国民教育体系的重要组成部分，是重要的社会公益事业。强化学前教育事业的发展必须落实到政策与法规的保障上，用法律法规固定下来，依法举办、依法治理。2020年9月7日，教育部发布公告，就《中华人民共和国学前教育法草案（征求意见稿）》面向社会公开征求意见。2023年8月28日，《中华人民共和国学前教育法（草案）》首次提请十四届全国人大常委会第五次会议审议，9月1日再次面向社会公开征求意见。

人生百年，立于幼学。《中华人民共和国学前教育法（草案）》面向社会公开征求意见使学前教育加速迈进“有法可依”的新时代。法治，固根本、稳预期、利长远。草案主要从明确学前教育定位，补齐教育短板；健全规划举办机制，促进资源供给；规范学前教育实施，提高教育质量；加强教职工队伍建设，提升教师素质；完善投入机制，加强经费保障；健全监管体制，强化监督管理等方面作出了规定，为未来学前教育事业的健康发展、学前教育政策与法规的健全奠定了基础。

《学前教育政策与法规》自出版发行以来，得到了广大师生和读者的好评，同时也获得了一些有益的建议。此次修订没有调整全书的整体结构，主要是依据2023年《中华人民共和国学前教育法（草案）》（征求意见稿），对教材里涉及的内容进行解读，还增加了与《幼儿园教师违反职业道德行为处理办法》《新时代幼儿园教师职业行为十项准则》相关的内容，进一步明确了我国幼儿园教师师德师风建设的相关政策法规。同时还对本书第二版中表述不准确的地方进行了修改。应广大师生和读者的要求，本次修订增加了教学大纲、教材PPT等辅助资料，请登录http：//www. crup. com. cn下载使用。

本教材由周小虎主编。导论和第八章由周小虎编写，第一章、第二章和第七章由陈雪丽编写，第三章由周世厚编写，第四章由周灵艳编写，第五章、第六章和第九章由张炜咏编写；全书由周小虎统稿。在此对本书的参编人员的辛勤劳动表示感谢。由于编者水平有限，不足之处，敬请广大师生和读者批评指正。

周小虎

2024年1月6日

前言

学前教育作为基础教育的奠基阶段，是一项惠及亿万儿童的公益事业。随着《国家中长期教育改革和发展规划纲要（2010—2020年）》和《国务院关于当前发展学前教育的若干意见》等政策的出台以及各地学前教育三年行动计划的实施，大力普及学前教育已经成为当前及中长期我国构建社会公共服务体系和满足民生重大需要的重点领域。受政治、经济、文化和社会发展的影响，当前我国学前教育改革已经进入关键时期，面临着前所未有的机遇，同时出现了诸多新矛盾和新问题。只有强化科学发展学前教育的认识，增强法律意识，依法治教，才能保障学前教育事业的积极健康发展，实现其有质量的普及。学前教育从业人员只有正确理解和把握学前教育政策与法规，才能在教育活动中自觉遵守，科学执教，尊重幼儿发展规律，保障幼儿健康成长，并实现自身不断的专业化发展。

本书涉及学前教育的方方面面，立足于我国学前教育的相关政策与法规条文和案例的内在联系，分析典型案例，力图向读者们提供学前教育政策与法规的学习指引，帮助其准确理解和掌握最需要的政策与法规知识，并联系实际，从而在实践工作中更加自觉地遵守和践行，解决各种实际问题。

学习本门课程要特别注意理论联系实际的原则。学习本书各章节的内容，需要尽可能地联系我国现行教育政策与法规，联系身边的教育政策与法规现象，这样可以帮助我们真正理解和掌握所介绍的知识点，达到学以致用的目的。

具体地，在学习本门课程中要注意处理好以下三个方面的关系：

第一，注意处理好学习学前教育政策与法规的专门知识与学习一般的法律知识的关系。学前教育政策与法规的基本知识同一般的法律知识有着密不可分的关系，前者是后者的有机组成部分，是后者的下位概念，不能与后者相抵触。在学习过程中，既要了解一般的法律知识，也要掌握具有特殊性的学前教育政策与法规知识。在学习学前教育政策与法规基本知识的同时，可以根据具体实际情况和可能，有针对性地选读一本介绍一般法律知识的书籍，搞清楚基本概念，这对理解和掌握学前教育政策与法规的基本知识是十分有益的。

第二，注意处理好学习学前教育政策与法规基本知识和研究教育政策与法规的关系。学习学前教育政策与法规基本知识，是为了给人们一把打开法律之门的钥匙，也是为了加强和提高学前教育领域从业人员的法律修养，以便帮助他们更好地理解法律规范，正确地运用教育法律规范，学会运用教育法律规范处理实际问题。因此，在学习过程中，要把阅读本书同阅读有关教育政策与法规结合起来，准确地理解和掌握教育政策与法规的精神实质。

第三，注意处理好学习学前教育政策与法规基本知识和有关案例的关系。学前教育政策与法规的基本知识相对来说比较抽象，也有较强的专业性。如果仅仅从概念到概念，理解起来有一定难度，而学前教育政策与法规实施中的各种案例则生动、直观，也有很强的可比性，对于我们理解学前教育政策与法规的基本概念、基本原理和实际运用很有帮助。因此，在学习过程中，要注意结合一些典型案例来加深对学前教育政策与法规基本知识以及教育法律规范的理解，从理论和实践的结合上提高学习本门课程的效果。

学习本门课程不仅要对我国基本的教育方针、教育政策和教育法规有正确的认识，端正学习态度，还需在熟练掌握学前教育和保育的基本规律的基础上，掌握学习学前教育政策与法规的正确方法。

学前教育政策与法规是一门新兴应用型课程，同时也是学前教育专业的必修课程、专业基础课程，也是幼儿园园长任职资格培训、素养提高培训以及高级研修的必训课程。

本书在编写方式上做了如下安排：

学习目标：每章都有一个学习目标板块，介绍学习本章要达到的目标。

拓展阅读：介绍与本节有关的资料，开阔读者的视野。

案例：每章章首都设计了“导入案例”，切合本章主题，且导入本章的学习内容，加深读者对学前教育政策与法规的理解和认识，从而提高学习效果。

思考与练习：每章章末都设计了思考与练习题，供读者巩固知识、提高能力用。

感谢中国人民大学出版社的王雪颖、孟庆晓和张杰三位编辑对本书编写工作给予的大力支持！本书在编写过程中参考、引用了许多专家、学者的研究成果，在此深致谢忱！

需要指出的是，由于我国学前教育的相关政策与法规条文众多，本书仅从教学和教师资格证书考试等角度进行梳理和编写，热诚希望关注我国学前教育改革与政策研究的专家、学者、广大幼儿教育工作者和读者对本书的内容不吝指正，提出宝贵的意见与建议。

目　录

导　论 ………………………………………… 1
第一章　幼儿和学前教育政策与法规 ………………………………………… 9
　第一节　学前教育中的幼儿 ………………………………………… 10
　第二节　幼儿伤害事故类型 ………………………………………… 13
　第三节　幼儿伤害事故发生的原因及预防 ………………………………………… 28
第二章　儿童权利与保护 ………………………………………… 37
　第一节　儿童最大利益原则 ………………………………………… 38
　第二节　儿童的教育利益 ………………………………………… 42
第三章　学前教育的政府职责 ………………………………………… 45
　第一节　学前教育的性质和功能 ………………………………………… 46
　第二节　政府的学前教育职责 ………………………………………… 50
第四章　学前教育的政府管理 ………………………………………… 58
　第一节　学前教育的行政管理 ………………………………………… 61
　第二节　学前教育机构的运行体制 ………………………………………… 65
第五章　幼儿园的法律地位 ………………………………………… 75
　第一节　幼儿园法律地位概述 ………………………………………… 77
　第二节　幼儿园的权利 ………………………………………… 83
　第三节　幼儿园的义务 ………………………………………… 91
第六章　幼儿园的设立与运行 ………………………………………… 99
　第一节　幼儿园的举办资质与程序 ………………………………………… 100
　第二节　幼儿园的运行机制 ………………………………………… 118
　第三节　幼儿园的管理与监督 ………………………………………… 131

第七章　幼儿园的保育与教育 …… 137
第一节　保教结合是学前教育的根本 …… 141
第二节　幼儿园的保育工作 …… 144
第三节　幼儿园的教育工作 …… 150
第八章　幼儿教师的权利与义务 …… 162
第一节　幼儿教师的社会角色和法律地位 …… 163
第二节　幼儿教师的社会关系 …… 175
第三节　幼儿教师的道德规范 …… 178
第四节　幼儿教师的法律风险及其防范 …… 183
第九章　幼儿园工作人员的资质和职责 …… 190
第一节　幼儿园园长 …… 193
第二节　幼儿园其他工作人员 …… 203

导 论

本章学习目标

1. 掌握学前教育政策与法规的含义。
2. 了解学前教育政策与法规的特征。
3. 理解学前教育政策与法规的区别和联系。
4. 了解学前教育政策与法规学习的一般方法。

导入案例

学前教育发展要“跑赢”群众需求

“尽管城区有三四所幼儿园，但政府主办的公立幼儿园数量偏少，入园压力大，城区周边群众子女上学大多选择像实验幼儿园这样的公办幼儿园。”2月7日，四川省绵阳市安州区实验幼儿园园长张小帆向前来调研的区政协“学前教育”课题组成员反映公立幼儿园入园压力大。

面对公立幼儿园供不应求、私立幼儿园门庭冷落的尴尬境地，如何让每个幼儿都有园可上成为该区政协履职的重要方面。2017年年初以来，由区政协主席赵奎牵头组成课题组，深入10个乡镇22所幼儿园调研。调研发现：“尽管政府加强学前教育投入，但是学前教育的发展却没能‘跑’过群众需求的井喷。”

针对学前教育资源相对短缺、结构布局不合理、城乡发展不均衡、部分幼儿园班额偏大等问题，课题组建议：政府应加大对学前教育的经费投入，增加公办幼儿园数量；强化政府责任，将学前教育纳入公共服务体系，建立政府主导、社会参与、公办民办并举的办园体制；加强幼儿园准入管理，规范办园行为；加强学前教育教师队伍建设；等等。

资料来源：肖礼. 学前教育发展要“跑赢”群众需求. 人民政协报，2017-02-16.

上述这则新闻报道是否与学前教育政策与法规有关？什么是学前教育政策与法规？学前教育政策与法规有什么特点？学前教育政策与法规在学前教育领域有什么作用？我们通过“导论”的学习将对学前教育政策与法规有一个清楚的认识和理解。

广义的学前教育指的是对三周岁以上学龄前儿童所实施的一切保育和教育活动的总称。狭义的学前教育指的是由专门教育机构组织的针对三周岁以上学龄前儿童进行的有目的、有计划的教育，即学前的教育。在没有特别说明的情况下，本书主要指的是狭义的学前教育。相应地，学前教育机构是指依法成立的旨在对学龄前儿童进行保育和教育的教育组织机构，主要是指招收三周岁以上学龄前儿童并对其进行保育和教育的幼儿园。

在幼儿教育的研究和实践领域，“学前教育”“幼儿教育”“早期教育”“幼稚教育”等概念尽管还存在一定的差异，由于种种原因，在教育政策与法规领域里常常交叉使用。因此，本书仍有个别政策或法规冠有幼儿教育，但涉及学前教育政策与法规，如果在没有特别说明的情况下，则指三周岁以上学龄前儿童的政策与法规。

在法律实践上，2023 年《中华人民共和国学前教育法（草案）》（征求意见稿）（以下简称《学前教育法（草案）》）第二条规定：“学前教育，是指由幼儿园等学前教育机构对三周岁到入小学前的儿童实施的保育和教育。”这在法律上明确了我国学前教育的适用范围。

一、学前教育政策的含义和特征

我国的学前教育政策是指党和政府为完成一定历史时期的学前教育任务，实现学前教育培养目标而做出的兼具战略性、现实针对性和可操作性的规定，是党和政府为实施和发展学前教育事业而制定的行动准则。科学合理的政策能推动学前教育事业的发展，反之则会阻碍学前教育事业的发展。学前教育政策既影响宏观学前教育事业发展的方向、速度、规模、质量和效益，也影响微观幼儿教育活动的质量和效益，因此，学前教育政策的制定和实施关系到每个学前儿童受教育的机会和质量。从内容来看，学前教育政策既涵盖了学前教育发展的目标，又规定了学前教育发展的促进手段，因而比较充分地体现了国家发展学前教育的意志和行动。国家往往通过制定和实施各种学前教育政策来为学前教育改革和发展服务。

一般而言，学前教育政策具备如下特征：

（一）明确的目的性

学前教育政策是依据发展学前教育的现实需要制定出来的，具有明确的目的性。这种目的性体现在学前教育政策的各个方面：有涉及宏观改革和发展方面的学前教育政策，比如 2010 年颁布的《国务院关于当前发展学前教育的若干意见》，其主要目的是积极发展学前教育，着力解决“入园难”“入园贵”问题，满足适龄儿童入园需求，促进学前教育事业科学发展，并为此提出了十条政策措施（又称学前教育“国十条”）。有涉及具体家庭、幼儿园教学方面的，比如2012年颁布的《3－6岁儿童学习与发展指南》，其主要目的是以为幼儿后继学习和终身发展奠定良好素质基础为目标，以促进幼儿体、智、德、美各方面的协调发展为核心，通过提出3～6岁各年龄儿童学习与发展目标和相应的教育建议，帮助幼儿园教师和家长了解3～6岁幼儿学习与发展的基本规律和特点，建立对幼儿发展的合理期望，实施科学的保育和教育，让幼儿度过快乐而有意义的童年。也有涉及幼儿园素质教育方法的，比如2001年颁布的《幼儿园教育指导纲要（试行）》，其主要目的是推进幼儿园实施素质教育，全面提高幼儿园教育质量。每一项学前教育政策都指向不同的目标，以达成学前教育目的。

同时，学前教育政策作为教育政策的有机组成部分，也充分体现着国家的价值倾向性。国家制定学前教育政策，并就学前教育行动做出具体设计和规划，通过制度规范和行为指导，从而达到促进学前教育事业发展的目的。因此，明确的目的性是学前教育政策的基本特性之一。

（二）鲜明的系统性

学前教育政策是党和政府教育政策体系的有机组成部分之一，它自身又是一个相对独立的体系。从横向看，学前教育政策包括了多方面的内容，体现在党和政府的规划、决定、计划、意见、通知中，比如1987年国务院办公厅转发的国家教委等部门《关于明确幼儿教育事业领导管理职责分工的请示》、1987年《劳动人事部、国家教委关于颁发〈全日制、寄宿制幼儿园编制标准（试行）〉的通知》、1996年《全国家庭教育工作“九五”计划》、2005年《教育部办公厅关于加强中小学幼儿园校车安全管理的紧急通知》、2015年《教育部　公安部关于加强中小学幼儿园消防安全管理工作的意见》、2016年《财政部　教育部关于印发〈中小学幼儿园教师国家级培训计划专项资金管理办法〉的通知》等，它们之间互相配合，组成了一个学前教育政策整体，形成一个结构严谨的政策体系。学前教育政策是一项系统工作，这里涉及了教育部与公安部、财政部等若干平行的职能部门之间的关于学前教育政策的制定、实施和评估等政策关系。

从纵向看，学前教育政策的系统性表现在两个方面：一是中央与地方学前教育政策的相互联系性。我国最高教育行政部门是教育部，因此，由教育部颁布的学前教育政策可以视作中央级别的学前教育政策。二是学前教育政策具有历史继承性，连接着过去、现在和未来。

（三）相对的灵活性

学前教育政策的相对灵活性体现在两个方面：一方面，学前教育政策会随着社会的发展变化而及时做出调整；另一方面，依据学前教育政策的内容相对原则，各地、各单位在理解和贯彻学前教育政策时，可以而且应当根据本地、本单位的实际做出灵活处理，提出实施意见。这种横向差异在学前教育政策与法规中有明确体现。比如，2017年9月1日起施行的《浙江省学前教育条例》在第二章“幼儿园规划与建设”中明确提出：“各级人民政府应当将农村地区幼儿园作为新农村公共服务设施进行统一规划、优先建设。每个乡（镇）应当至少设置一所公办幼儿园。”2014 年 6 月 1 日起施行的《安徽省学前教育条例》在第二章“幼儿园的设立”中，提出了符合本省实际的规定：“设区的市、县级人民政府应当将幼儿园建设纳入城乡规划；设区的市、县级人民政府教育行政部门应当根据本行政区域城乡规划，会同相关部门具体制定和调整学前教育设施布局专项规划。涉及幼儿园的控制性详细规划、修建性详细规划的编制与审定应当征求教育行政部门意见。”“幼儿园的布局，应当体现本行政区域内幼儿的数量分布、变化、保育和教育需求等情况，按照人口比例科学规划、合理布局，并适时调整。”这两个条例都是在 2010 年《国务院关于当前发展学前教育的若干意见》基本精神的指导下制定并实施的，但二者在具体操作方面，却是根据两地的实际情况进行的。这样的做法充分体现了学前教育政策具有相对灵活性的特点。

我们说学前教育政策具有相对的灵活性，是因为作为一种社会规范，学前教育政策一经制定公布，在一定时期内不能随意变动，而应保持一定的稳定性，从而确保人们开展具体行动的规范性和对行为结构的可预见性。但学前教育政策的稳定性是相对的。随着外部环境的变化以及学前教育自身因素的变化，学前教育政策需要做出相应的调整和改革，因而具有很强的时代感和应变性。

拓展阅读

浙江省以创建学前教育普及普惠县为支点　不断提高学前教育公共服务水平

浙江省认真学习贯彻习近平总书记关于教育的重要论述，始终坚持公益普惠基本方向，加快构建覆盖城乡、布局合理的学前教育公共服务体系，以国家学前教育普及普惠县创建为支点，不断推动学前教育普及普惠安全优质发展。

压实责任，健全工作体系。坚持把学前教育作为重要民生工程，切实落实政府主体责任，将“学前教育普及普惠县创建”纳入《浙江省高质量发展建设共同富裕示范区实施方案》和《关于共同推进浙江教育高质量发展助力共同富裕示范区建设备忘录》。出台关于学前教育改革发展 20 条实施意见，颁布施行《浙江省学前教育条例》、浙江省学前教育发展第四轮行动计划、浙江省城镇小区配套幼儿园建设管理办法等政策文件，全省学前三年入园率超过 98%。省政府连续五年将“学前教育补短提升”列入政府督查激励项目，将“优化普惠性学前教育服务供给体系”作为浙江省高质量发展建设共同富裕示范区试点，以点带面引领全省学前教育公益普惠优质均衡发展。

扩大供给，夯实保障基础。优化乡村山区和城镇薄弱区域学前教育资源布局，通过扶持山区 26 县农村幼儿园改造提升工程等措施，不断缩小城乡学前教育发展差距，加大优质普惠性资源供给。近 3 年，通过实施省级教育民生实事项目新建、改扩建幼儿园 392

所，新增学位12万余个，实现了乡镇中心幼儿园全覆盖。合理划分公办幼儿园和普惠性民办幼儿园招生服务区，积极推行幼儿园“长幼随园”人性化服务举措，允许幼儿跨服务区转入现服务区公办幼儿园（或政府购买服务的普惠性民办幼儿园）。保障全省所有县（市、区）级财政性学前教育经费占同级财政性教育经费比例不低于5%，积极推进学前教育成本分担机制，在科学核定办园成本、优化成本分担项目结构基础上，确定公办幼儿园保教费占保教成本比例不高于40%，因地制宜分步指导28个市、县（市、区）出台实施办法，调整公办幼儿园保教费标准，努力保障“在家门口上好园”的需求。

凝练内涵，推动优质发展。对照高水平普及目标，以突出等级幼儿园创建规范与保教质量为导向，修订完善《幼儿园等级评定标准（试行）》《幼儿园等级评定实施办法（试行）》等，落实科学保育教育方法，不断提档升级幼儿园保教质量。截至2023年底，全省有幼儿园7 067所，在园幼儿177.6万人，优质幼儿园在园幼儿占比达83.5%。编制实施学前教育教师发展专项规划，建立农村幼儿园和劳动合同制教师岗位薪酬体系和薪酬稳步增长机制，保障学前教育教师地位和待遇。探索建立高校与市县协同培养幼儿教师机制，构建城乡全覆盖教研指导网络，助力幼教师资专业化成长。截至2023年底，全省幼儿园教师持证率达99.78%，具有本科学历教师占比65.6%。积极打造学前教育“金名片”，以“安吉游戏”项目带动涌现杭州市“托幼一体化集成改革”、温州市“一个村就是一所园”未来农村幼儿新模式建设、绍兴市区域推进“学有优教”新样态等一批实践经验。

改革创新，拓展普惠路径。创新普惠性民办幼儿园扶持模式，核定普惠性民办幼儿园生均成本，提高财政扶持力度，优化扶持形式，逐步达到与公办幼儿园同级收费标准。探索“托幼一体化”普惠长效模式，激励幼儿园利用富余学位举办2～3岁托班，实施《浙江省幼儿园托班管理指南（试行）》，确保幼儿园托育服务规范化、标准化。截至目前，全省幼儿园共提供托位6.6万个，实际在托幼儿4.3万人。启动学前教育发展质量监测，建立学前教育质量监测大数据分析平台和“托幼+”数字地图，动态掌握全省学前教育质量发展状况，识别发展优势，诊断存在问题，服务各级党委政府科学决策，不断促进学前教育普及普惠发展。

资料来源：浙江省以创建学前教育普及普惠县为支点　不断提高学前教育公共服务水平．(2024-03-29)．http://www.moe.gov.cn/jyb_xwfb/s6192/s222/moe_1742/202403/t20240329_1122944.html.

二、学前教育法规的含义和特征

学前教育法规是指由国家机关制定的、旨在调整国家行政部门在行使学前教育行政权力和公民在行使受教育权利的教育活动中所发生的各种社会关系的法律规范。如果没有特别说明，本书采用广义的学前教育法规的概念，包括一切有关学前教育的行政法规、部门规章以及地方性法规与规章，同时还包括宪法和法律中有关学前教育的法律规范。因此，学前教育法规就其基本性质而言是规范学前教育活动、调整学前教育行政关系的法律规范的总称。它以国家教育行政机关所实施的教育活动、幼儿园及其他学前教育机构所进行的教育活动、幼儿的学习活动，以及社会组织和公民所从事的与学前教育有关的活动中发生的社会行为为主要的规范内容。学前教育法规通常具有以下特征：

（一）权威性和规范性

学前教育法规是国家按照一定的法定程序，以法的形式和手段对学前教育相关部门、单位或个人的行为准则所做的规定，因而具备法律规范所具有的行为规范性特征。学前教育规范是保障学前教育进一步发展的必然要求，是对学前教育所涉及的具体行为的示范和指引。学前教育法规经由国家立法机关制定才具备相应的法律效力，从而具有法律的权威性和规范性。

（二）强制性

法律规范的强制性体现在它是通过国家强制力保证实施的，具有普遍约束力。学前教育法规是调整学前教育活动过程中各种社会关系的法律规范，同样是通过国家强制力保证实施的，这种强制力具有普遍性，无论谁违反了学前教育法规的相关规定，都必然要承担相应的法律责任甚至会受到法律的制裁。

（三）稳定性

秩序是法律的价值目标之一，而稳定性则是秩序的基本特征。学前教育法规是在总结贯彻党和国家的学前教育政策实践经验的基础上，通过严格的制定和修改程序确定下来的，是相对成熟化、定型化的学前教育规范，不得随意变动。因此，学前教育法规具有法律规范所特有的稳定性。

（四）调整对象的特定性

学前教育法规是教育法规体系的有机组成部分之一，它侧重调整学前教育活动中产生的法律关系，规范与学前教育相关的部门、单位或个人的行为，确认和维护有利于学前教育发展的关系和秩序，保障我国学前教育事业发展的科学化、规范化和法治化。

拓展阅读

法的概念和特征

法的概念：法是指由国家专门机关创制的、以权利和义务为调整机制并通过国家强制力保证的调整行为关系的规范，它是意志与规律的结合，是阶级统治和社会管理的手段，它是通过利益调整从而实现某种社会目标的工具。

法的特征有：(1) 法是调整行为关系的规范。首先，法律调整的对象是行为关系，通过对行为的作用来调整社会关系。其次，法律具有规范性，它是抽象的、概括的，只要通过法的安排和指引，即规范性调整，它就能对一切同类主体和同类行为起到作用，每个人只须根据法律而行为，不必事先经过任何人的批准。(2) 法由国家专门机关制定、认可和解释。首先，法是由特定的国家机关依照职权制定或者认可，即由国家机关依其职权范围并按一定程序制定出来的规范性文件。法律的创制方式包括国家机关通过立法活动产生新规范；通过对既存的行为规则予以承认，赋予法律效力；国家专门机关有权依照法定权限和程序，根据一定的标准和原则对法律进行解释。其次，法律以国家的名义创制，适用范围以国家主权为界域，法律具有国家性。最后，法律在一国之内具有普遍适用性。(3) 法以权利和义务双向规定为调整机制。第一，法律以权利和义务为基本内容，这种权利和义务具有确定性和可预测性的特点，它明确告诉人们该怎样行为、不该怎样行为以及必须怎样行为。第二，法律具有利导性，通过规定权利和义务来分配利益，影响人们的动机和行为，进而影响社会关系。(4) 法通过国家强制力保证实施。

法是阶级统治的工具，是以国家强制力保证其实施的一种社会规范，法具有不可抗拒性。法的这个特征是其与其他社会规范的主要区别之一，这也是法的特殊性之所在。

资料来源：张文显. 法理学. 3版. 北京：法律出版社，2007：102-110.

三、学前教育政策与学前教育法规的关系

(一) 学前教育政策与学前教育法规的联系

学前教育政策与学前教育法规的联系，可以从两个方面去理解。第一，两者本质上一致。学前教育政策与学前教育法规有共同的指导思想，都是党和国家意志的体现，都是党和国家管理学前教育的重要手段，两者在本质上是一致的。第二，政策指导法规的制定和实施，法规使政策定型和规范。一般而言，学前教育政策是制定学前教育法规的依据，它指导学前教育法规的制定和实施。学前教育法规则集中地反映党和国家学前教育的意志和主张，规定学前教育各项工作的行为准则，是学前教育政策的定型化和规范化，保障学前教育政策的顺利实施。而成熟、稳定的学前教育政策在一定条件下可以转化为学前教育法规。

(二) 学前教育政策与学前教育法规的区别

1. 制定者不同

学前教育政策是由党的领导机关和政府制定的指导性文件，而学前教育法规则是国家机关按照一定的法定程序，以法的形式和手段固定下来的，因而，学前教育法规具有国家意志的属性，具备较强的稳定性和法律效力。

2. 约束力不同

学前教育政策具有普遍的指导意义，但不具有国家意志和普遍的约束力。学前教育法规由国家立法机关制定或认可，依其层次级别的不同，在一定的范围内具有普遍约束力。

3. 表现形式不同

学前教育政策通常是党的领导机关和政府以决议、决定、通知、意见等公文和规划等文件的形式出现，且不一定公开颁布。学前教育法规则是国家行政机关以条例、规定、办法等规范性文件形式出现的，必须公开颁布。学前教育政策的内容的表述方式可以多样化，一般不采用法规的表述范式。学前教育法规则采用条例、规定、规范、办法等法规性文体，明确规定相关单位或个人必须做什么、可以做什么、不得做什么，违反者必须承担相应后果。

4. 执行方式不同

教育政策的指导性作用主要是靠组织和宣传，启发人们自觉遵循，其强制力有一定限度。同时，学前教育政策的具体落实往往需要借助其他更为具体的制度和措施。学前教育法规的作用主要是国家的强制性作用，学前教育法规的执行以国家强制力为后盾，要求社会成员必须遵照执行。它不是可做可不做的，而是必须做的行为，也不是可以这样做、可以那样做的，而是必须这样做的行为，否则就必须承担相应的法律责任。

5. 稳定程度不同

学前教育政策的灵活性强，而学前教育法规的稳定程度高。学前教育政策随着社会发展、教育形势和任务的变化可以适时做出调整，而且必须不断完善，具有较强的指导性和灵活性。学前教育法规是在总结贯彻党和政府的学前教育政策实践经验的基础上，通过集中人民群众的智慧，经过严格的制定和修改程序确定下来的，因而比较成熟和定型化，具有较强的稳定性。

6. 调整范围不同

学前教育政策的灵活性和及时性，决定了其调整的范围要更广泛，它可以及时渗透到教育领域的各个方面，发挥其调节性、导向性作用。学前教育法规一般就教育活动的根本方面和教育的基本关系加以约束和规范，其调整的范围比学前教育政策要更为具体、更具有针对性。

思考与练习

材料分析题

与学前教育相关的法律法规有多少呢?

某幼儿园开展教师法律知识竞赛，在收集保护幼儿权利的法律法规时，李老师和林老师有不同的意见。李老师认为《未成年人保护法》就是唯一的权威指引，一切以此为准，其他可以不考虑；林老师则认为应该还有其他法律法规。两位老师谁也无法说服谁，争执不下，只好咨询律师。

请问李老师的说法正确吗?

第一章

幼儿和学前教育政策与法规

本章学习目标

1. 熟悉幼儿在学前教育中的法律地位。
2. 了解学前教育权利保障的途径。
3. 学习并基本了解与幼儿有关的法律问题。
4. 学会处理与幼儿有关的法律问题。

导入案例

以儿童为本，安全第一

由于幼儿年龄小，认知水平比较低，自我安全意识和防护意识较弱，因此幼儿园的安全工作就成了重中之重。家长把孩子送到幼儿园，是信任幼儿园，是将一份责任托付给了幼儿园，幼儿园有责任照顾好、教育好孩子。

“为了一切孩子，为了孩子的一切，一切为了孩子”是湖北省宜昌市某幼儿园的宗旨。在日常生活的安全管理中，班级教师首先必须有“安全第一”的思想意识，时时刻刻把幼儿的安全放在“第一位”，并将其贯穿到幼儿的一日活动中去，如每天的晨间检查、早餐前和午餐后、户外活动、如厕、喝水、午睡前后及午睡时的检查等，保证幼儿的活动一直在教师的视线内。在幼儿园的每个班级，教室里的所有设施都布置得既合理又安全。教师会每天排查，以免幼儿在室内进行活动时受到伤害。一日活动中，教师在组织幼儿进行户外活动时，会随时观察幼儿的一举一动，时刻注意幼儿的人身安全。幼儿园也很重视幼儿的饮食安全问题。

安全问题是幼儿园教育的重中之重，我们务必把保护幼儿的生命安全和促进幼儿的健康放在工作首位，关注每一个幼儿在园的点点滴滴，确保他们在园健康快乐地成长。幼儿年龄较小，生活自理能力差，生活经验少，最容易发生危险，需要成人及时的帮助和指导。因此，幼儿园对幼儿在园生活的各个环节都要进行保育和教育，既要对孩子进行耐心细致的观察和照顾，又要随时进行教育指导；既要保证幼儿的安全健康，又要培养幼儿的自理能力，在确保幼儿安全的前提下真正体现孩子在园的主体地位。

资料来源：张洪. 以儿童为本，安全第一.（2012-07-22）. http://www.jy135.com/html/baoyuzhongxin/anquan/20120722/40689.html.

健康包括身体健康和心理健康，是指“人在身体、心理和社会适应方面的良好状态”。《3-6岁儿童学习与发展指南》指出：发育良好的身体、愉快的情绪、强健的体质、协调的动作、良好的生活习惯和基本生活能力是幼儿身心健康的重要标志，也是其他领域学习与发展的基础。幼儿园教师应重视幼儿的身心健康，围绕这些内容对幼儿开展健康安全教育，这不仅关系到幼儿当前的健康状态，也关系到其一生的健康发展。

促进幼儿身心发展是幼儿阶段教育的首要任务，其中，保护幼儿生命安全是重中之重，应将其放在促进幼儿身心健康发展的首要位置。儿童在幼儿阶段的身心发展都很脆弱，抵御疾病的能力较差，对环境的适应能力弱，自我保护能力不足，容易受到多方面的伤害，需要成人的关照和保护。为幼儿营造安全的环境与氛围，时刻保护幼儿的生命安全，是幼儿进行一切学习生活的基础。

因此，将保护幼儿生命安全放在首位、重视幼儿身心健康发展是幼儿园教师的重要职责。2001年颁布的《幼儿园教育指导纲要（试行）》的第二部分提出：“幼儿园必须把保护幼儿的生命和促进幼儿的健康放在工作的首位。”2012年颁布的《幼儿园教师专业标准（试行）》明确规定了教师应当“关爱幼儿，重视幼儿身心健康，将保护幼儿生命安全放在首位”。《学前教育法（草案）》第一条开宗明义：“为了保障适龄儿童接受学前教育，规范学前教育实施，促进学前教育普及普惠安全优质发展，提高全民族素质，根据宪法和教育法，制定本法。”这说明学前教育的安全是底线，不允许逾越。

第一节　学前教育中的幼儿

一、幼儿的身心特点及法律地位

本书中学前教育的对象是指接受义务教育之前的3～6周岁的幼儿。在法律意义上，幼儿属于对自己行为的性质无认识能力，也无法预测自己行为后果的人。也就是说，幼儿因其年龄较小，心智尚未成熟，欠缺对其行为的认识能力；在做出一定行为时，对行为可能带来的一些结果没有预测能力；幼儿行为的发生是基于本能，欠缺法律上的控制能力。比如，幼儿园中发生的幼儿针对幼儿的伤害行为，如一名幼儿把另一名幼儿往墙上推致其头部被撞流血。实施伤害行为的幼儿，对“推”的行为没有认识（年龄较小时），他对另一名幼儿撞到墙上会受到伤害这一结果是没有预测能力的。一般而言，幼儿不会做出这种推的动作，但是当幼儿想着把一名幼儿往墙上推时，他就推了，而不是他在想着这样做时考虑了行为的结果。他或许对推的动作和撞到墙上的事实有所认识，因为刚刚听到的故事里讲到了“推”，以前的经验里也有撞到墙上的印象，但对于整个行为以及行为的结果和其中的因果关系来说，幼儿的心智是无法认识的，也不能强求幼儿对其有认识。如果是成人实施这样的行为，他就属于明知把人往墙上推的行为会造成他人受伤害的结果，或应知会有造成他人受伤害的结果而故意这么做；或者至少是对行为和行为的结果都有认识，但因为自己被胁迫做这样的事或是身体突发疾病而不能控制自己的行为，但对行为、行为的结果以及其中的因果关系是有意识的。

《民法典》第二十条规定，不满八周岁的未成年人为无民事行为能力人①。《中华人民共和国刑法》第十七条有关刑事责任年龄的规定为 12 周岁以下行为人不具备刑事责任能力②。在民事法律关系中，幼儿虽然因没有民事行为能力而无民事责任能力，但根据《民法典》第十三条的规定，幼儿具有民事权利能力③，依法享有民事权利和承担民事义务。不论是从《中华人民共和国宪法》《刑法》《民法典》等法律来看，还是从《未成年人保护法》等法律来看，幼儿都是处于受保护的法律地位的，幼儿的侵权行为，由其监护人代为承担责任；对幼儿的保护包括国家保护、社会保护、学校保护、家庭保护；在幼儿利益受到侵害时，由其监护人代理其主张权利；针对幼儿的犯罪会被处以更为严厉的刑罚；等等。《刑法》第二百三十六条规定：“奸淫不满十四周岁的幼女的，以强奸论，从重处罚。”这是对幼儿权利保护的具体规定。

案例 1－1

暑假的某日下午，幼儿园陈老师带领留园幼儿参加户外活动，为安全起见，陈老师在

① 民事责任能力是指自然人能辨认和控制自己的行为，因而对其致人损害的后果要承担侵权民事责任的资格；民事权利能力是指法律赋予民事主体享有民事权利和承担民事义务的能力；民事行为能力是指能够独立有效地实施民事法律行为的地位或资格。

② 刑事责任能力是指行为人具备的刑法意义上辨认和控制自己行为的能力。《刑法》第十七条规定，已满十二周岁不满十四周岁的人，犯故意杀人、故意伤害罪，致人死亡或者以特别残忍手段致人重伤造成严重残疾，情节恶劣，经最高人民检察院核准追诉的，应当负刑事责任。

③ 《民法典》第二十条规定：不满八周岁的未成年人为无民事行为能力人，由其法定代理人代理实施民事法律行为。

前面领队时边走边大声招呼队尾跟上。中班幼儿小云与大班幼儿青青排在队尾。青青趁队伍行走拉开距离时，拉住小云边走边玩，结果在把小云背起来时不慎摔倒在地。幼儿园工作人员及时将小云送到医院诊断治疗，小云被确诊为左股骨中段斜形闭合性骨折，住院三个月后痊愈。幼儿园为小云支付一万元医药费后，小云家长还要求幼儿园赔偿营养费、误工费、交通费等。试问，幼儿园该不该赔偿这笔钱？

资料来源：周天枢．老师和家长需要知道的100个幼儿园法律问题．广州：中山大学出版社，2005：79-80.

在案例1-1中，幼儿园并无过错，应当由青青承担对小云的损害赔偿责任。虽然青青不具有民事行为能力，但根据《民法典》第一千一百八十八条的规定，无民事行为能力人、限制民事行为能力人造成他人损害的，由监护人承担侵权责任。因此，案例中的医药费、营养费、误工费和交通费等由青青的监护人即青青的父母承担。我国现行的《未成年人保护法》，对未成年人的保护更为全面、科学。该法第四条规定："保护未成年人，应当坚持最有利于未成年人的原则。处理涉及未成年人事项，应当符合下列要求：（一）给予未成年人特殊、优先保护；（二）尊重未成年人人格尊严；（三）保护未成年人隐私权和个人信息；（四）适应未成年人身心健康发展的规律和特点；（五）听取未成年人的意见；（六）保护与教育相结合。"该法第二十七条规定："学校、幼儿园的教职员工应当尊重未成年人人格尊严，不得对未成年人实施体罚、变相体罚或者其他侮辱人格尊严的行为。"在促进幼儿的发展权方面，2001年教育部颁发的《幼儿园教育指导纲要（试行）》第二部分"教育内容与要求"规定：幼儿园的教育内容是全面的、启蒙性的，可以相对划分为健康、语言、社会、科学、艺术等五个领域，也可做其他不同的划分。各领域的内容相互渗透，从不同的角度促进幼儿情感、态度、能力、知识、技能等方面的发展。

《未成年人保护法》

二、幼儿在学前教育中的地位

（一）享有受教育权

《宪法》第四十六条、《教育法》[①] 第九条规定：中华人民共和国公民有受教育的权利和义务。

《教育法》规定："国家实行学前教育、初等教育、中等教育、高等教育的学校教育制度。"《教育法》第二条规定："在中华人民共和国境内的各级各类教育，适用本法。"

① 《中华人民共和国教育法》于1995年由八届全国人大三次会议通过，2009年第一次修正，2015年第二次修正，2021年第三次修正。本书如无特别说明所引此法均为2021年修正后的。

幼儿享有受教育权。《学前教育法（草案）》第五条规定："适龄儿童依法享有平等接受学前教育的权利。"《幼儿园管理条例》第十三条规定："幼儿园应当贯彻保育与教育相结合的原则，创设与幼儿的教育和发展相适应的和谐环境，引导幼儿个性的健康发展。幼儿园应当保障幼儿的身体健康，培养幼儿的良好生活、卫生习惯；促进幼儿的智力发展；培养幼儿热爱祖国的情感以及良好的品德行为。"

《幼儿园教育指导纲要（试行）》是指导幼儿园深入实施素质教育而制定的政策性文件，强调幼儿园教育应尊重幼儿的人格和权利，保教并重。从另一方面来说，假如《幼儿园教育指导纲要（试行）》是一份具有强制性的法律文件，那么幼儿园教育的义务，相对于幼儿来说，即为幼儿之权利；幼儿园教育的内容，也就是幼儿受教育权的内容。

（二）保育的对象

保育工作是一项基础性工作，合格的保育工作可以满足幼儿在园生活、游戏和学习的需要，确保幼儿接受基本的、有质量的学前教育，达到促进幼儿健康成长的目的。

《学前教育法（草案）》第二条规定："本法所称学前教育，是指由幼儿园等学前教育机构对三周岁到入小学前的儿童实施的保育和教育。"

《幼儿园工作规程》第四章"幼儿园的卫生保健"第十七条规定："幼儿园必须切实做好幼儿生理和心理卫生保健工作。幼儿园应当严格执行《托儿所幼儿园卫生保健管理办法》以及其他有关卫生保健的法规、规章和制度。"

根据《幼儿园教职工配备标准（暂行）》，我国全日制幼儿园每班要配备 2 名专任教师和 1 名保育员，或配备 3 名专任教师，保教人员与幼儿比达到 1∶7～1∶9；半日制幼儿园每班要配备 2 名专任教师，有条件的可配备 1 名保育员，保教人员与幼儿比达到1∶11～1∶13。

上述法规明确了幼儿是保育的对象，用法规将幼儿保育工作确定下来，保证了幼儿的合法权益。

第二节 幼儿伤害事故类型

发生幼儿在园伤害事故情况，通常与幼儿园的管理、幼儿教师和保育员有一定关系。近年来，幼儿在各种托幼机构接受保教服务过程中身心健康受到侵害的事件层出不穷，其表现形式可以概括为以下几种：

一、故意违法犯罪行为

故意违法犯罪行为对幼儿的身心伤害最为严重。凡是《刑法》规定为犯罪的行为，即是法律所禁止的行为。《刑法》第二百三十二条所述故意杀人罪、第二百三十四条所述故意伤害罪，便是禁止故意杀人与故意伤害的行为。《刑法》对公民身心健康权的保护还体现在规定强奸罪、猥亵罪、侮辱罪、拐卖儿童罪等方面。

《民法典》第一千一百六十五条规定，行为人因过错侵害他人民事权益造成损害的，应当承担侵权责任。《民法典》第九百九十条规定，人格权是民事主体享有的生命权、身体权、健康权、姓名权、名称权、肖像权、名誉权、荣誉权、隐私权等权利。由于伤害幼儿身心健康的行为是行为人有意实施的，故而对其难以预测。实施这种行为的人，既可以是幼儿园内部人员，也可以是幼儿园外部人员。

（一）幼儿园内部人员的侵害行为

《幼儿园工作规程》第六条规定："应当尊重、爱护幼儿，严禁虐待、歧视、体罚和变相体罚、侮辱幼儿人格等损害幼儿身心健康的行为。"幼儿园内部人员实施的故意侵害行为可能会有虐待、歧视、体罚和变相体罚、故意伤害、性侵害等。

案例 1-2

S省T市某幼儿园的一位女老师对年仅5岁的孩子施暴，下手毫不留情。在短短10分钟的时间里，这位老师就在一个女童的脸上狂扇了70余下耳光。

这是一起严重的侵犯幼儿人身权利的事件。根据《民法典》第一千一百六十五条有关过错责任原则的规定，案例1-2中打人的幼儿教师应当承担侵权责任。《民法典》第一千二百零一条规定："无民事行为能力人或者限制民事行为能力人在幼儿园、学校或者其他教育机构学习、生活期间，受到幼儿园、学校或者其他教育机构以外的第三人人身损害的，由第三人承担侵权责任；幼儿园、学校或者其他教育机构未尽到管理职责的，承担相应的补充责任。幼儿园、学校或者其他教育机构承担补充责任后，可以向第三人追偿。"

根据《未成年人保护法》第一百二十九条的规定，该打人的幼儿教师还应依法接受处分。

（二）幼儿园外部人员的侵害行为

校外人员故意违法犯罪行为对幼儿身心健康进行侵害的现象也时有发生。

案例 1-3

S省N县Y镇林场村幼儿园（民办园）曾发生一起凶杀案。犯罪嫌疑人吴某某持菜刀闯入该村幼儿园，致使7名幼儿和2名成人当场死亡，20多人受伤。犯罪嫌疑人吴某某系男性，48岁，初中肄业，系林场村四组人，行凶后返回家中自杀身亡。

在案例1-3中，吴某某应当承担全部责任，其中既有刑事责任，又有刑事附带民事责任。但由于吴某某行凶后自杀，对其行为无法进入审判程序。

此类故意违法犯罪事件，系行为人抓住幼儿园管理方面的漏洞，明目张胆地实施违法犯罪行为。其特点是难以预料，事发突然，让人来不及反应便已经造成了侵害；或是行为人蓄谋已久，防不胜防；或是纵然事先有相关方面的预防与应对措施，但当面对具体的违法犯罪时，幼儿园方面也无法抵抗；等等。可以根据这类行为的违法程度，将其分为故意的侵权行为和犯罪行为。

二、幼儿园管理过失

《未成年人保护法》第三十五条规定，幼儿园应当建立安全管理制度，加强对未成年人的安全教育，采取措施保障未成年人的人身安全，并且不得在危及未成年人人身安全、身心健康的校舍和其他设施、场所中进行教育教学活动。

《幼儿园管理条例》第十九条规定：“幼儿园应当建立安全防护制度，严禁在幼儿园内设置威胁幼儿安全的危险建筑物和设施，严禁使用有毒、有害物质制作教具、玩具。”

《幼儿园工作规程》第三章规定了幼儿园的安全内容。第十二条规定：“幼儿园应当严格执行国家和地方幼儿园安全管理的相关规定，建立健全门卫、房屋、设备、消防、交通、食品、药物、幼儿接送交接、活动组织和幼儿就寝值守等安全防护和检查制度，建立安全责任制和应急预案。”第十三条规定：“幼儿园的园舍应当符合国家和地方的建设标准，以及相关安全、卫生等方面的规范，定期检查维护，保障安全。幼儿园不得设置在污染区和危险区，不得使用危房。幼儿园的设备设施、装修装饰材料、用品用具和玩教具材料等，应当符合国家相关的安全质量标准和环保要求。入园幼儿应当由监护人或者其委托的成年人接送。”

《幼儿园管理条例》　　《幼儿园工作规程》

案例 1-4

某幼儿园新购的滑梯的滑道和滑梯平台之间出现断裂，幼儿园设置写有“禁止攀玩”文字的警示牌，在滑梯周围围上栏杆，并已经要求生产厂家维修。在维修之前，一名幼儿在户外活动时，趁老师不注意溜到活动场地旁边的滑梯上玩，从该滑梯上摔下致残。

资料来源：林雪卿. 幼儿教育法规. 北京：科学出版社，2010：136-137.

在案例 1-4 中，幼儿园虽然设置了“禁止攀玩”的警示牌、围上了栏杆，但“禁止攀玩”的文字提醒，对于幼儿来说显然没有效用；简单地围上栏杆，并没有排除幼儿进入危险区的可能。对此，在发现危险之后，幼儿园没有能够采取有效措施避免这一危险，是管理有所不足，对幼儿受伤一事具有过错，应当承担责任。

案例 1－5

2001 年 6 月 4 日 21 时 10 分左右，江西广播电视艺术幼儿园小（六）班的班主任杨某在宿舍内的过道上点了三盘蚊香。临走时，杨某将这一情况告诉了当晚值班的保育员吴某。23 时许，广电幼儿园保教主任倪某和值班医生在巡查中发现小（六）班点燃了蚊香，倪某进行了简单询问，但未做任何处理便离开了。23 时 30 分，吴某离开宿舍后约 45 分钟未到宿舍巡视。在此期间，床上的棉被掉落在床边过道点燃的蚊香上，引起燃烧，火势迅速蔓延，造成 13 名 3～4 岁的幼儿在火灾中丧生，其中男孩 7 人、女孩 6 人，大部分为窒息死亡。法庭认为，担任小（六）班保育员的吴某既无上岗证，也未受过幼儿保育职业培训，身为广电幼儿园园长的刘某违反有关规定让吴某担任保育员一职，属严重失职行为。2002 年 9 月，南昌市中级人民法院做出判决，保育员吴某、班主任杨某因失火罪分别被判处有期徒刑 5 年和 3 年，保教主任倪某因国有企业、事业单位失职罪被判处有期徒刑 3 年，园长刘某因国有企业、事业单位失职罪被判处有期徒刑 3 年，缓期 3 年执行。

资料来源：林雪卿. 幼儿教育法规. 北京：科学出版社，2010：139－140.

从案例 1－5 中幼儿园方面存在的问题来看，主要有幼儿园的消防制度不健全，没有安装消防设施；园领导在招聘工作人员方面具有重大的过错，将没有受过保育培训的人员请来做保育员。

幼儿园还存在其他可能导致幼儿受到侵害的情形，比如，幼儿园户外玩具失修，幼儿玩耍时因玩具出现问题而受到伤害；幼儿园中堆砌的物品倒塌或悬挂的物品落下砸伤幼儿；幼儿园中闯来一只流浪狗而幼儿园没有发现，也没有及时将其赶走，导致幼儿被狗咬伤；食堂管理问题致使幼儿食物中毒；幼儿园插座设计不合理，幼儿将手指插入导致触电事件；幼儿园门卫管理不善或接送管理存在问题，致使幼儿从幼儿园走出丢失；幼儿园校车管理不善，致使幼儿被遗忘在校车中因闷热窒息而死亡；幼儿园医务工作管理不健全或医务人员疏忽致使幼儿打错针、吃错药而影响幼儿身体健康；等等。上述事件皆系因幼儿园管理问题而引发，或主要因幼儿园管理问题而引发，并造成幼儿受到侵害。

此外，有些过失违法犯罪行为与幼儿园管理也有一定的关系，但主要责任并不在幼儿园。例如，2012 年 12 月 24 日发生在江西的幼儿园校车驶入水塘致 11 名幼儿遇难事件，事故主要由校车司机引发（排除校车本身的问题），其主要责任在校车司机。但由于涉事幼儿园的校车使用并没有经过审批，故而幼儿园负有不可推卸的责任。

此类事件的特征是多因过失而发生，原因在于幼儿园管理方面的不完善或没有尽到应尽的责任；在某些情况下，幼儿园设备或物品的质量存在瑕疵问题，由此而引发幼儿受伤害事件。幼儿园在使用这些设备时，应当对其质量进行检验，并不能因为产品质量责任而免除幼儿园方面的责任。如果提高幼儿园管理水平和幼儿园有关人员的责任意识，此类事件大都可以避免。这也是这些事件发生后，让人倍感痛惜的原因，明明可以避免的事，却让它发生了，实在是不该。不过，从中也可看出相关人员责任意识的淡薄。在解决、预防此类事件上，可以将此作为一个问题提出。

三、幼儿教师的失职

《幼儿园工作规程》第十三条规定："入园幼儿应当由监护人或者其委托的成年人接送。"因此，幼儿园教师是幼儿安全的主要承担者。

因幼儿教师疏忽导致幼儿身心健康受到损害的现象确实存在，且为数不少。幼儿是没有行为能力的，一般在幼儿园出现事故后，人们的第一反应就会是：当时幼儿教师在哪里？她们是否有责任？幼儿园是否有责任？这是一个相当复杂的问题，并不能认为一旦幼儿在幼儿园出现事故，就与幼儿教师和幼儿园有关联。

一般而言，此类事件的构成包括三个要素：其一，幼儿有受到伤害的事实；其二，幼儿教师存在疏忽；其三，幼儿教师的疏忽与幼儿受到伤害之间有因果关系。幼儿是否受到伤害是较易判断的，但是幼儿教师是否有疏忽就比较难判断了。即便幼儿教师存在某些疏忽，但对这种疏忽与幼儿受到伤害之间有无因果关系以及因果关系的强度的判断，就更为复杂，因为其中不仅要判断行为人的行为，也要考虑学前教育本身所具有的一些特点。比如一个陌生人来接幼儿回家，幼儿教师在没有向家长确认，该人也没有幼儿园接送卡的情况下，便让该人将幼儿领走，事后发生该幼儿受到侵害的情形，则与幼儿教师有莫大关系。

案例 1-6

刘某，男，离异，带着5岁女儿兰兰再婚，其再婚妻子李某性格执拗、倔强。一日早晨，夫妻二人因为家庭生活琐事争吵了几句，刘某没有理睬李某，就送女儿去幼儿园了。到了幼儿园后，刘某交代幼儿园老师单某，如果继母来接兰兰，不要让她接，他会来接的。单某也知道兰兰的母亲是继母，性格的情况也知道。午饭过后不久，李某到幼儿园接兰兰回家。单某想到兰兰父亲的交代，但是转念又想，既然是兰兰的继母接女儿，就答应了。过后，单某越想越担心，就跑到兰兰的家里，发现家门没有锁，进到室内，在一堆旧衣服里发现兰兰，她已经没有呼吸，送到医院时已经死亡。

在案例 1-6 中，刘某叮嘱过单某自己会来接兰兰，并强调不要让兰兰的继母李某接兰兰。然而，单某让李某将兰兰接走，最后李某将兰兰杀害。这样，单某对兰兰的死有责任。但是，李某通过与刘某建立婚姻关系，成为兰兰的法定监护人。虽然兰兰的父亲对单某说不让李某接走兰兰，但单某作为教师不能就此而阻碍法定监护人李某接走兰兰。刘某在叮嘱单某时，并没有告诉她李某可能会对兰兰的生命构成威胁这一情况，单某因此也就不可能预料到李某会杀害兰兰这一情况，不能要求单某了解李某的性格而让她预料到李某可能会杀害兰兰。就常理而言，也不能要求幼儿教师只允许某个人接走幼儿，除非事先在幼儿的接送者名单中根本不存在这个人并且也从来没有接送过。因此，李某接走兰兰并将其杀害的事件，对于单某而言，是无法预料的意外。在李某与刘某交恶而影响到兰兰生命的情况下，即便单某不让李某接走兰兰，李某也可以找到其他机会向兰兰下毒手。兰兰父亲刘某既没有如实告知单某有关事实，也没有对兰兰采取进一步的保护措施，在兰兰受害一事上，是有过失的。

四、幼儿自身引起的伤害

在幼儿伤害事故中，如果是幼儿自身原因引起的伤害问题，一般情况应该由幼儿自己承担。

案例 1-7

欣欣就读于华鹏幼儿园小（一）班。在一次户外活动中，欣欣突然呕吐、四肢抽搐而昏厥。代班老师尽管做了救助工作并将欣欣送往医院，但是欣欣在途中仍不幸死亡。经诊断，欣欣是脑膜炎旧病复发而猝死。

幼儿因特定疾病而受伤害，幼儿园不知情可免责。根据教育部《学生伤害事故处理办法》（2002 年）的规定，幼儿有特异体质、特定疾病或异常心理状态，幼儿园不知道或者难于知道的，且已履行了相应职责，行为并无不当的，不承担法律责任。

在案例 1-7 中，欣欣曾患有特定疾病，但其家长并未告知华鹏幼儿园让其多加注意，因此，幼儿园对欣欣旧病复发之事无法预见，也不可能预防。欣欣病发后幼儿园及时采取了救助措施，尽了义务，因此，华鹏幼儿园对欣欣的猝死不承担法律责任。

五、意外伤害事故

所谓意外伤害事故，系指无人为因素（主要指无幼儿园和幼儿教师因素）而造成幼儿身心受到伤害的情形。既然是意外事故，即便幼儿园和幼儿教师采取了足够的防护措施也是难以避免的。此时，如果幼儿园能够证明尽到教育、管理职责，可以根据《民法典》第一千一百九十九条有关教育机构的过错推定责任的规定不承担责任。这类事故有幼儿的自我危险行为、幼儿间无法预见的相互伤害行为、外界突发事件等。

比如，幼儿不听教师多次劝阻，在教室内跑动而撞到桌子并摔倒致胳膊骨折，应视为幼儿的自我危险行为。此时幼儿教师已尽安全提醒义务，不存在疏忽，要求幼儿教师追赶幼儿并强行阻止幼儿的奔跑行为是不合理的。也不能就此认为幼儿教室空间过于狭小，且物品摆放不合理致使幼儿受伤，因为幼儿活动空间有相应的法律要求。即便其没有达到法律要求的空间，教室也并非可以奔跑的地方。

再如开展区角活动时，幼儿教师已经布置完阅读区幼儿的活动并讲明注意事项，去指导表演区幼儿的活动时，阅读区两幼儿起争执，一名幼儿用书角击打另一名幼儿面部，致其鼻骨骨折。此为幼儿间无法预测的侵害行为，幼儿教师由于尽到相应的义务而无须承担责任。由于幼儿对其行为的性质无认识，故而对于幼儿而言，不适用故意伤害之说，幼儿间的伤害行为，只能称为意外伤害。所以，根据《民法典》第二十条有关无民事行为能力的未成年人的规定和《民法典》第一千一百八十九条有关委托监护责任的规定，此部分责任应由实施侵害行为的幼儿家长承担。

案例 1-8

2005 年 4 月的一天，某幼儿园中班幼儿李明不知什么时候在哪里捡了一个小纸团，趁老师不注意时塞入鼻孔，后来他想用手指把纸团挖出来，但越挖纸团陷得越深。老师问他为什么老挖鼻孔，他才把情况告诉老师。由于纸团塞得较深，很难取出，园保健医生马上送李明去医院，并立即通知家长到医院共同处理。医生将纸团取出，但李明鼻膜出血，需住院治疗，共花去医疗费 1 000 元。李明家长要求幼儿园承担这笔费用，幼儿园是否应该承担?

资料来源：周天枢. 老师和家长需要知道的 100 个幼儿园法律问题. 广州：中山大学出版社，2005：88-89.

案例 1-8 中的事故责任完全是由幼儿本人不听老师的教育和管理而引起的。李明趁老师不注意时将小纸团塞入鼻孔的行为并非老师所能预见，幼儿时而挖鼻孔的行为在幼儿园经常出现；幼儿教师在看到李明挖鼻孔的行为有些异常后及时询问并送至医院处理，也尽到了照顾幼儿的责任。因此，李明应当自行承担责任，幼儿园并没有过错，根据《民法典》第一千一百九十九条有关教育机构的过错推定责任的规定，无须承担责任。

案例 1-9

2004 年 5 月的一天，某市幼儿园小（一）班的小朋友如往常一样在教室里上音乐课。突然，一名 30 多岁的陌生男子破门而入，老师和孩子们还没明白怎么回事，该名男子便从衣兜里拿出一把匕首迅速将老师挟持，孩子们吓得缩成一团，有的还哇哇大哭起来。慌乱之中，该名男子一脚踢到了离他最近的一位小朋友的脸上，正好踢在鼻子上，当时鲜血直流。

面对紧急情况，园方迅速报警，警方立即赶到并制服了该名男子。原来该名男子正在逃避警方的追捕，情急之下，翻墙闯入该幼儿园。幼儿园老师随即将受伤的孩子送往医院治疗，并及时通知了孩子家长。经医院诊断，孩子的鼻骨骨折，共花去医疗费等 3 000 多元。孩子家长认为孩子是在幼儿园期间发生的伤害，故要求幼儿园承担法律责任。

幼儿园的处理有问题吗？在这种情况下，幼儿园是否要承担法律责任？

在幼儿园正常教育活动中，突遇歹徒闯入，是幼儿园无法预料的事件。根据《学生伤害事故处理办法》第十二条的规定，案例 1－9 中的幼儿鼻骨骨折属于“来自学校外部的突发性、偶发性侵害造成的”意外事件，应当免除幼儿园责任。对于受伤幼儿而言，可以向该歹徒主张侵权赔偿。

六、幼儿体育伤害事故

幼儿体育伤害事故主要指由幼儿园或其他相关保育机构组织实施的园内外体育游戏、身体锻炼活动（包括体育课、课外体育活动、体育竞赛和课余体育训练）以及在幼儿园或其他相关保育机构负有管理责任的体育场馆和其他体育设施内发生的，造成在园幼儿人身损伤后果的事故。

（一）幼儿体育伤害事故的分类

按学校体育组织形式可分为体育课事故、课外体育活动事故、体育竞赛事故和课余体育训练事故；按事故的发生可分为意外事故和过失事故；按事故的预见性可分为不可预见的事故和可预见的事故（后者又可分为由自身条件引起的、由外界支配条件引起的和由环境条件引起的事故）①。

任何分类都有其依据，无所谓对与错，但其最终的归宿都应放在对事故的认定上。因此在分析幼儿体育伤害事故时可从不同尺度、不同外延上把握以下情形：

（1）在幼儿园正常的体育教学活动中发生的伤害事故。

（2）非授课时间（课间休息或课外活动时）幼儿在幼儿园内进行身体活动时的伤害事故。

（3）由于幼儿园处理不善造成的幼儿体育伤害事故。

（4）由于幼儿园教师的不当教育行为对幼儿身体造成的伤害事故。

① 孙金蓉．关于学校体育运动事故防止对策的研究．湖北体育科技，2003（3）：318-319.

（二）《民法典》与幼儿园对幼儿的保护职责

《民法典》实施之前，幼儿园发生安全事故的主要司法依据是《中华人民共和国侵权责任法》。2021 年 1 月 1 日开始实施的《民法典》，对幼儿的人身伤害事故做出了明确规定。《民法典》第一千一百八十九条有关委托监护责任的规定，即：无民事行为能力人、限制民事行为能力人造成他人损害，监护人将监护职责委托给他人的，监护人应当承担侵权责任；受托人有过错的，承担相应的责任。

《民法典》第一千一百九十九条有关教育机构的过错推定责任的规定，即：无民事行为能力人在幼儿园、学校或者其他教育机构学习、生活期间受到人身损害的，幼儿园、学校或者其他教育机构应当承担侵权责任；但是，能够证明尽到教育、管理职责的，不承担侵权责任。

《民法典》第一千二百条有关教育机构的过错责任的规定，即：限制民事行为能力人在学校或者其他教育机构学习、生活期间受到人身损害，学校或者其他教育机构未尽到教育、管理职责的，应当承担侵权责任。

《民法典》第一千二百零一条有关在教育机构内第三人侵权时的责任分担的规定，即：无民事行为能力人或者限制民事行为能力人在幼儿园、学校或者其他教育机构学习、生活期间，受到幼儿园、学校或者其他教育机构以外的第三人人身损害的，由第三人承担侵权责任；幼儿园、学校或者其他教育机构未尽到管理职责的，承担相应的补充责任。幼儿园、学校或者其他教育机构承担补充责任后，可以向第三人追偿。

（三）幼儿体育伤害事故的构成维度

教育部颁发的《学生伤害事故处理办法》将学校伤害事故具体界定为：在学校实施的教育教学活动或者学校组织的校外活动中，以及在学校负有管理责任的校舍、场地、其他教育教学设施、生活设施内发生的，造成在校学生人身损害后果的事故。根据这一规定，学校体育伤害事故既非单纯的地域概念，也非单纯的时间概念，更不能仅仅从事实层面去理解。对幼儿体育伤害事故的界定，既不能过宽，亦不能过窄。过宽则加重了幼儿园的责任，影响学校的正常教学活动；过窄则不利于保护幼儿和家长的合法权益和弥补幼儿家庭因此所受到的影响。因此，界定是否构成幼儿体育伤害事故，应综合考虑以下几个维度。

其一，时间维度，即幼儿体育伤害事故一般发生在常规体育教学时间内，除了正常的授课时间，还应包括课间休息，幼儿园安排的自由活动、课外活动期间，但周末、寒暑假以及幼儿自行上学、放学途中则一般不包括。值得注意的是，如果幼儿在放假期间所发生的体育伤害事故的原因与学校教育教学活动有密切关联，则仍构成学校体育伤害事故。

其二，空间维度，即幼儿体育伤害事故通常发生在幼儿园对幼儿负有教育、管理、指导、保护等职责的地域范围内，既包括在幼儿园范围内，也包括在幼儿园组织活动的场所内（如幼儿园组织活动的体育场馆等）。

其三，主体维度，即在幼儿体育伤害事故中，受伤害的主体必须是幼儿。如果受到伤害的是在校学生之外的其他人，则不属于幼儿体育伤害事故。

其四，主观维度，即幼儿体育伤害事故是由幼儿园或幼儿园教师在工作中的过错造成，还是由与过错无关的意外事件造成。

其五，结果维度，即发生幼儿体育伤害事故造成了幼儿园幼儿的人身伤害事实。

（四）幼儿体育伤害事故的归责

所谓归责，其根本含义是决定侵权行为所造成的损害结果的赔偿责任归属，而归责原则是确定行为人侵权责任的根据和标准。民法中对侵权责任的归责原则有过错责任原则、过错推定原则（过错责任的一种特殊表现形式）、公平责任原则、无过错责任原则。由于幼儿在校人身伤害事故呈现出复杂性和多样性，确立幼儿在园体育伤害事故的归责原则必然也是多样的。目前关于幼儿伤害事故的法律归责，主要依据中小学生人身伤害事故的归责原则。以中小学生人身伤害事故归责为依据，厘定幼儿体育伤害事故的法律归责问题。关于体育伤害事故的归责问题，我们认为归责原则应有三种：

（1）过错责任原则。对于一般侵权行为，学校承担民事责任时，实行过错责任原则①。学校既然不是学生的监护人，那么当学生的合法权益在学校受到侵犯时，就不能依据监护关系要求学校承担侵权的民事责任。只有当学校有过错时，学校才承担相应责任。其依据是《民法典》第一千二百条有关教育机构的过错责任的规定，即：限制民事行为能力人在学校或者其他教育机构学习、生活期间受到人身损害，学校或者其他教育机构未尽到教育、管理职责的，应当承担侵权责任。

（2）公平责任原则。在某些特定情况下，学校适用公平责任原则。其依据是《民法典》第一千二百零一条有关在教育机构内第三人侵权时的责任分担的规定，即：无民事行为能力人或者限制民事行为能力人在幼儿园、学校或者其他教育机构学习、生活期间，受到幼儿园、学校或者其他教育机构以外的第三人人身损害的，由第三人承担侵权责任；幼儿园、学校或者其他教育机构未尽到管理职责的，承担相应的补充责任。幼儿园、学校或者其他教育机构承担补充责任后，可以向第三人追偿。例如，在体育游戏活动中，学生受到损害，学校和学生均无过错，损害也不是由第三人过错造成的，在此情况下，应适用公平责任原则，由学校和学生根据实际情况分担责任。

（3）无过错责任原则。对一些特殊侵权行为，学校承担民事责任时，实行无过错责任原则。其依据是《民法典》第一千一百九十九条有关教育机构的过错推定责任的规定，即：无民事行为能力人在幼儿园、学校或者其他教育机构学习、生活期间受到人身损害的，幼儿园、学校或者其他教育机构应当承担侵权责任；但是，能够证明尽到教育、管理职责的，不

① 林元之．论学校与未成年学生之间的几个民事法律问题．教学与管理，2000（7）：50-52.

承担侵权责任。在我国现行的法律和行政法规中，很少适用严格意义上的无过错责任原则的规定，但学校对发生在校内的一些特殊侵权行为应适用无过错责任原则。也有讨论认为，学校不适用无过错责任原则，理由是我国现有法律没有学校承担无过错责任的规定。

案例 1-10

湖南某幼儿园大班小朋友在幼儿园操场上踢小足球。老师在给小朋友讲解完踢球的基本要领和相关的安全注意事项后，把小朋友分成6组，练习带球。黄某（6岁）和张某（5岁半）分在一个组内。因地面不平，张某在抢球时不慎摔倒，恰巧被奔跑过来的黄某踏到小腿上，导致小腿骨折。此时，老师正在指导其他小组的小朋友练球。张某住院两个月，共花医疗费 4 000 余元。该案中，老师从教学的角度已经尽了职责，事故发生前讲解了安全注意事项；事故发生时，老师正在指导其他小朋友。但幼儿园场地不平整是导致体育伤害事故的主要原因之一，因此，幼儿园负有不可推卸的责任。

幼儿体育伤害事故归责实践，更多地适用以过错责任原则为主、公平责任原则为辅的归责原则。这是因为我国相关法律法规条文规定过于笼统，操作性不强，不够细化，对于一些校园伤害事故，即使学校无过错，也要承担责任。而在有些伤害事故中，双方或几方当事人均无过错，此时根本不能依据过错责任原则进行处理。过错责任原则只能作为一般情况下处理学生伤害事故的原则，遇到一些特殊的情况，该原则就无能为力了①。

在一般情况下，根据过错责任原则，需要判断幼儿园及教师对事故的发生及其后果是否有过错；如果有过错，依据过错大小来确定责任主体依次进行赔偿。可以说，过错责任原则是解决此类纠纷遵循的基本原则。

案例 1-11

北京市朝阳区某幼儿园中班幼儿许某课间排队到户外参加体育锻炼。在排队行进过程中，和后面小朋友李某说话，李某看到台阶并用手示意，推了许某一把，许某不慎从台阶上跌下，造成右面颊眼角处擦伤，伤好后留下一块褐色的印记。

在这个真实的案例中，许某家长并没有诉诸法律，而是自己承担了治疗的所有费用。

以下研究将分三个步骤预设案例 1-11 的发展，目的是进一步阐释幼儿园的归属责任。

预设一：原告许某将李某列为第一被告，将学校列为第二被告诉至法院，要求赔

① 褚宏启. 未成年学生人身伤害问题研究. 北京师范大学学报（人文社会科学版），2002（2）：83-91.

偿。原告认为，幼儿园作为幼儿在园期间的监护人，没有尽到监护职责，致使原告受到伤害。

预设二：一审法院在判决书中，认定幼儿园不是幼儿的监护人，但认为幼儿受伤时，幼儿园有“保证幼儿安全的管理措施不严谨，存在过错”，对此“应给予适当赔偿”。幼儿园认为幼儿每天都要经过这个五层小台阶，且没有发生任何一起摔伤事故。此事故主要责任在于李某，幼儿园没有过错，遂上诉。

预设三：二审法院经过审理，做出了幼儿园胜诉的二审判决。二审法院认为，大量事实可证实幼儿园保证在园幼儿安全的管理措施是严谨得当的，已充分尽到其安全防护之责，对于许某受伤这一损害后果主观上并无过错，故依法幼儿园不应承担赔偿责任。原审法院对其判决显系不当，应予改判。

以上三层预设基于一种一般性的认识：只要幼儿在园内发生伤害事故，幼儿园就有过错。这种认识是非常不公正的看法，这种在过错认定上的过分苛求往往导致幼儿园不敢有所作为，幼儿园对日常体育课程的开展也畏首畏尾，害怕出事。这种因噎废食的做法也是造成幼儿园、中小学校体育课程不能开足开满的一个主要原因。

有学者援引英国的判例法，认为教师应该是“有理性的细心的父母”，但同时认为教师不应该是“过分谨慎的父母”。英国法院认为，一个小学生冬天在学校的操场上滑冰时受伤，此时学校管理上并没有过失（negligence），如果要求学校承担过错（过失）责任，就属苛求。

在特殊情况下，应由公平责任原则予以补充，但公平责任原则的适用必须有严格的条件限制。这主要是因为在现阶段我国缺乏其他有效的社会救济手段，从法律的道义精神出发，无过错造成的伤害事故由学校给予适当补偿是没有选择的选择。

七、幼儿精神损害

《学前教育法（草案）》

一般而言，侵犯幼儿生命健康的行为，会伴随着对幼儿心理健康的影响，比如连续打幼儿很多巴掌或是让幼儿之间互扇巴掌等，都会给儿童的心理造成严重的影响。根据《民法典》第一千一百八十三条有关精神损害赔偿的规定，侵害自然人人身权益造成严重精神损害的，被侵权人有权请求精神损害赔偿。具体而言，侵害民事主体享有的《民法典》第九百九十条规定的生命权、身体权、健康权、姓名权、名称权、肖像权、名誉权、荣誉权、隐私权等权利，被侵权人可以提起精神损害赔偿。《学前教育法（草案）》第六条规定，“尊重学前儿童人格尊严”。直接侵犯幼儿人格尊严的行为，包括对幼儿的言语侮辱、身体侮辱，不正当的教育方式如责骂、不当的比较给幼儿的人格尊严带来的伤害等。

根据《民法典》第一千条有关消除影响、恢复名誉、赔礼道歉等民事责任的承担的规定，行为人因侵害人格权承担消除影响、恢复名誉、赔礼道歉等民事责任的，应当与行为的具体方式和造成的影响范围相当。行为人拒不承担前款规定的民事责任的，人民法院可以采取在报刊、网络等媒体上发布公告或者公布生效裁判文书等方式执行，产生的费用由行为人负担。

案例 1-12

某市机关幼儿园大班幼儿兰兰患上了精神分裂症。经查，是兰兰班上的李老师曾让兰兰在墙角、厕所甚至其他班里罚站，李老师甚至还拿着一把剪刀在兰兰面前吓唬她。兰兰妈妈意识到，兰兰可能是在幼儿园受到恐吓才导致精神分裂的，于是向法院起诉，要求园方赔偿医疗费和精神损失费。兰兰可以要求精神损害赔偿吗?

资料来源：周天枢．老师和家长需要知道的100个幼儿园法律问题．广州：中山大学出版社，2005：18-19.

在案例1-12中法院判决该幼儿园赔偿兰兰医疗费2 500元、精神损失费5 000元，理由是幼儿园在保教过程中有一定过错，该过错与原告精神分裂症存在一定的联系。法院查明的事实表明，李老师确实对兰兰进行过恐吓，不仅没有尊重、爱护幼儿，反而直接侵犯了幼儿的权利，其在兰兰患精神分裂症这件事上是有过错的。根据《民法典》第一千一百九十九条有关教育机构的过错推定责任的规定，无民事行为能力人在幼儿园、学校或者其他教育机构学习、生活期间受到人身损害的，幼儿园、学校或者其他教育机构应当承担侵权责任；但是，能够证明尽到教育、管理职责的，不承担侵权责任。

案例 1-13

（一）

某幼儿园钟老师用自己班上10个幼儿的姓名，报名参加了某市报刊举办的抽奖活动，结果幼儿星星被幸运抽中。因为领取奖品需凭幼儿的户口簿，钟老师就把这件事告诉了星星的妈妈，并向她借户口簿。可星星的妈妈认为钟老师侵犯了星星的姓名权，要求钟老师交回兑奖凭条。星星还这么小，也享有姓名权吗?

（二）

某幼儿园拟请广告公司为小朋友拍照片，用于幼儿园的招生广告。在家长会上征得了家长们的同意后，幼儿园就约了广告公司到幼儿园为孩子们拍照。广告公司看见正在花园旁边玩耍的美丽活泼的幼女小霞，就请求幼儿园同意他们用小霞的照片做广告公司的商业广告挂历，并答应付给幼儿园相应的报酬。幼儿园同意了，并在事后得到了这笔报酬。某日，小霞妈妈无意间发现该广告挂历，找幼儿园和广告公司交涉未果，遂将幼儿园和广告公司诉至法院，要求其做出侵权赔偿。小霞也有自己的肖像权吗？是否受法律保护？

（三）

幼儿小聪有遗尿的毛病，引起保育员张某的反感。一天午睡醒来后，小聪又尿床了。张某不悦，大声斥骂："你真是个窝囊废！你再尿床，就切掉你的小鸡鸡！"小朋友们哄堂大笑，小聪觉得无地自容，不肯再上幼儿园。小聪的妈妈认为张某的行为伤了孩子的自尊心，损害了小聪的名誉权，应当赔礼道歉。而张某则认为：小孩子没有什么名誉权！自己只是随口说了一句，没有那么严重。你认为呢？

资料来源：周天枢．老师和家长需要知道的100个幼儿园法律问题．广州：中山大学出版社，2005：16-17．

幼儿也享有姓名权、肖像权和名誉权。根据《民法典》第九百九十条有关人格权的规定，人格权是民事主体享有的生命权、身体权、健康权、姓名权、名称权、肖像权、名誉权、荣誉权、隐私权等权利。幼儿为无民事行为能力人，因此，幼儿的法定监护人可以向侵权人主张上述权利。同样，根据《民法典》第一千条有关消除影响、恢复名誉、赔礼道歉等民事责任的承担的规定，行为人因侵害人格权承担消除影响、恢复名誉、赔礼道歉等民事责任的，应当与行为的具体方式和造成的影响范围相当。

因此，在案例1－13中钟老师未经星星家长同意而使用星星的姓名，侵犯了其姓名权，但情节轻微，应当赔礼道歉，并且将兑奖凭条交给星星家长。小霞所在幼儿园及广告公司的行为侵犯了小霞的肖像权，根据《民法典》第九百九十条有关人格权的规定和第一千零一十九条有关肖像权的规定，未经本人同意，不得以营利为目的使用公民的肖像。广告公司虽然征得幼儿园同意，但并未获得小霞的同意（因为小霞是无民事行为能力人，故而须征得小霞父母的同意），而以营利为目的展示小霞肖像。在侵犯小霞肖像权一事上，幼儿园与广告公司属于共同侵权，根据《民法典》第一千一百六十八条有关共同侵权的规定，应当承担连带责任。张某认为小聪是幼儿而无视其人格尊严，在同班小朋友面前辱骂小聪，造成对其名誉的贬损，侵犯了小聪的名誉权。根据《民法典》第九百九十五条有关保护受害人人格权的规定和第一千条有关消除影响、恢复名誉、赔礼道歉等民事责任的承担的规定，张某应当停止侵害，消除此事对小聪的影响，恢复小聪的名誉。

八、幼儿著作权受到侵害

有关幼儿知识产权方面权益受到侵犯的问题，主要集中在幼儿著作权领域。《中华人民共和国著作权法》第十一条规定："创作作品的自然人是作者。"幼儿创作的作品，幼儿就是作品的作者，享有相应的著作权。幼儿虽然不具有民事行为能力，但仍享有相应的权利能力，其权利由其法定监护人代为行使。《著作权法》第二条规定："中国公民、法人或者非法人组织的作品，不论是否发表，依照本法享有著作权。”这些作品根据《著作权法》第三条的规定包括文字作品，音乐、戏剧、曲艺、舞蹈、杂技艺术作品，美术作品，摄影作品等。作品的著作权人包括：(1) 作者；(2) 其他依照本法享有著作权的自然人、法人或者非法人组织。著作权包括发表权、署名权、修改权等权利，他人若要使用著作权人的相关权利，必须征得著作权人同意，并可能需要支付相应的报酬。使用幼儿作品的，须征得幼儿监护人的同意。

案例 1-14

5 岁的辉辉就读于腾飞幼儿园。腾飞幼儿园将该园幼儿绘画作品结集出版并公开发售，其中选登了辉辉的 6 幅作品。辉辉妈妈看到后，认为幼儿园应该支付稿酬。可是幼儿园园长解释说：“你儿子才 5 岁，不享有著作权。况且你儿子的作品是在我园教师辅导下完成的。著作权应归幼儿园。”

资料来源：武祥海. 幼儿园侵害幼儿合法权益案例三则. 早期教育，2007 (1).

在案例 1-14 中，辉辉才 5 岁，不具备完全行为能力，但是他同样享有著作权。另外，辉辉的作品虽然是在教师辅导下完成的，但幼儿园不能据此就将辉辉的著作权视为己有，因为幼儿园教师对辉辉的辅导是在履行幼儿园对辉辉的教育义务。两人共同完成的作品，著作权由其共同享有。因此，幼儿园在使用时，应当支付相应的报酬。同样，案例 1-15中的丹丹对其作品也享有著作权。

案例 1-15

丹丹受画家父亲的熏陶，4 岁开始作画，6 岁时画的猴子就已经活灵活现了。幼儿园教师王某向她索要画作，她给了王老师两幅绘画作品。王老师爱不释手，将这两幅画送到了某出版社。该出版社在出版一本画集时将其收入，并署上了丹丹的名字。丹丹妈妈知道此事后，找到王老师要求取回稿酬和样书。王老师以种种理由拒绝。于是丹丹妈妈向法院起诉，要求王老师交付稿酬和样书。丹丹还是个小孩子，她对画作也享有著作权吗?

资料来源：周天枢. 老师和家长需要知道的 100 个幼儿园法律问题. 广州：中山大学出版社，2005：12-13.

案例 1-15 是一起因幼儿的著作权受侵害而引起的法律纠纷案。著作权是指作者及其他著作权人依法对自己的作品享有的权利。著作权包括人身权和财产权两部分，具体包括发表权、署名权、修改权、保护作品完整权和获得报酬权等。著作权因作品的创作而自动产生，它突出对人身权的保护。

《著作权法》第九条、第十一条规定，著作权首先属于作者，即作品的创作人。判断一个人是不是作者，关键是看作品是否由他创作，法律并不要求他必须具有行为能力。这是因为创作作品是事实行为而不是法律行为。因此，具备完全民事行为能力人可因其创作出作品而成为著作权人，而限制行为能力和无行为能力人也可因独立创作出作品而成为著作权人。我国公民，不论其民族、性别、职务、地位以及文化程度等，也不论其年龄大小，民事权利能力是一律平等的。一个作品只要具有独创性、可感知性，不论其作者是否具有民事行为能力，都可获得《著作权法》的保护。

据此，案例1-15中丹丹虽然年幼，不具有民事行为能力，但她同样对自己的画享有著作权。王老师未经丹丹法定监护人的许可，把丹丹的作品拿到出版社去发表，已构成侵权。丹丹妈妈索取稿酬和样书的要求是合理合法的。

第三节　幼儿伤害事故发生的原因及预防

一、幼儿身心健康受到侵害的原因

幼儿园是幼儿生活和学习的主要场所，同时幼儿又是身心尚未成熟的群体，因此，幼儿园及其工作人员的履职至关重要。尽管各层面都有照护幼儿安全的政策和法规，但幼儿园仍有一定数量的幼儿伤害事故发生。根据现实情况看，幼儿在园伤害事故发生的原因主要有幼儿园管理制度不健全、监护人忽视对孩子的自我保护意识的教育、教师履职不够、幼儿园设施设备存在安全隐患、在幼儿园的突发事件等。也有调查给出了幼儿园伤害事故发生的主要原因有：设施不符合安全标准而导致幼儿刮伤、摔伤甚至死亡，教师或者保育员失职对幼儿身心健康造成损害，幼儿园医务人员的疏忽导致影响幼儿身体健康，幼儿园门卫制度不规范导致幼儿被人拐骗，幼儿自身原因导致突发性的伤害事故，等等。

除了非人为因素的自然灾害和人为因素的故意侵害幼儿身心健康权利的行为之外，幼儿园幼儿身心健康受到侵害的主要原因概括起来有以下四个方面：

其一，幼儿园管理方面的原因。这方面主要表现为：幼儿园园舍管理不善，没有排除可能使幼儿受到伤害的危险因素；幼儿园采购管理不到位，引进有质量问题的产品；幼儿园医务管理问题；幼儿园门卫管理问题；幼儿园食堂管理问题；幼儿园校车管理问题；等等。幼儿园没有系统的安全教育课程，也应当归入幼儿园管理方面的过失。

其二，幼儿教师方面的原因。其主要表现为幼儿教师疏忽，幼儿教师疏忽与幼儿受到伤害之间有因果关系。从幼儿自我保护意识教育方面来说，幼儿教师也是应当承担一定教育责任的。幼儿园还应当有相应的安全课程和自我保护的主题教育活动。

其三，幼儿自身方面的原因。其中包括幼儿的自我危险行为和其他幼儿的不当行为，被犯罪分子诱骗等。

其四，幼儿食品供应商、幼儿园各物品供应商等方面的原因。幼儿园作为对幼儿进行保教的机构，其能力也是有限的，并不能确保其他单位供应的食品或其他所用物品的质量一定符合要求。因此，如果系因食品、玩具或家具质量等原因引发幼儿伤害，相应产品的供货人便是造成损害的最终原因。将此部分原因列出，主要是为了幼儿园在赔付受伤害幼儿后向有关单位进行追偿的需要。

二、幼儿身心健康权利的维护

（一）幼儿及其监护人的权利救济

在幼儿身心健康权利受到侵犯后，一般是幼儿家长作为幼儿的法定监护人代幼儿维护权利。根据《民法典》第二十条有关无民事行为能力的未成年人的规定，不满八周岁的未成年人为无民事行为能力人，由其法定代理人代理实施民事法律行为。

根据《民法典》第九百九十一条有关民事主体的人格权不受侵害的规定，民事主体的人格权受法律保护，任何组织或者个人不得侵害。幼儿的监护人对于正在发生的侵害行为，可以要求有关人员停止侵害；发现幼儿园有可能存在的危险时，有权要求园方排除可能对幼儿造成侵害的危险；对于已经造成的侵害，可以向责任人主张相应的人身损害赔偿和精神损害赔偿。并且，当存在犯罪行为时，幼儿监护人有权向有关机关报案，要求追究相关人员的刑事责任。

根据《民法典》第一千一百六十七条有关危及他人人身、财产安全的责任承担方式的规定，侵权行为危及他人人身、财产安全的，被侵权人有权请求侵权人承担停止侵害、排除妨碍、消除危险等侵权责任。根据《民法典》第一千一百七十五条有关第三人过错的规定，损害是因第三人造成的，第三人应当承担侵权责任。幼儿家长在幼儿受伤害后，一般是直接向幼儿园主张损害赔偿。幼儿教师作为幼儿园的工作人员，其行为所产生的责任，应由幼儿园代为承担，事后再行追究。即便是其他人在幼儿园对幼儿造成侵害或是幼儿园物品质量问题造成幼儿伤害，监护人也可以向幼儿园索赔，因为幼儿园负有确保幼儿在园期间安全的义务。此时，在幼儿园之外，可能会存在第三人，包括直接侵害人和须承担产品质量责任的人。在这种情况下，监护人可以起诉幼儿园或者第三人，或者将他们作为共同被告，由其负连带责任。

案例 1－16

某日早上，某幼儿园大班小朋友顺着楼道下楼去操场，在接近一楼的最后几个台阶处，楼道护栏突然倒塌，幼儿纷纷跌倒，相互叠压、踩踏，造成多个孩子受伤和两名幼儿骨折。事故发生后，幼儿园立即将受伤幼儿送医治疗。经调查发现，此楼道护栏的钢筋强度不够，早前已经发现小的裂缝，没有及时维修，导致事故发生。受伤幼儿家长向幼儿园索赔，没有受伤的幼儿家长也以其子女受到惊吓为由向幼儿园提出精神损害赔偿。而幼儿园则认为这起事故是由建筑公司在工程施工时偷工减料所致，应由建筑公司负责赔偿。

在这起事故中，幼儿园要不要承担法律责任？应该承担哪些法律责任呢？

资料来源：周天枢．老师和家长需要知道的100个幼儿园法律问题．广州：中山大学出版社，2005：63-65.

在案例1-16中，受伤幼儿家长向幼儿园索赔，没有受伤的幼儿家长也以其子女受到惊吓为由向幼儿园提出精神损害赔偿，也就是指幼儿家长在幼儿受到侵害时，以幼儿法定代理人的身份向侵权者主张损害赔偿。该事故的发生，系由幼儿园园舍安全问题所致。

根据《幼儿园管理条例》第二十一条的规定，幼儿园的园舍和设施有可能发生危险时，举办幼儿园的单位或个人应当采取措施，排除险情，防止事故发生。然而，幼儿园在发现楼道护栏出现小裂缝后没有采取任何的防护措施，对事故的发生具有过错，负有不可推卸的责任。

《民法典》第一千二百五十三条规定，建筑物、构筑物或者其他设施及其搁置物、悬挂物发生脱落、坠落造成他人损害，所有人、管理人或者使用人不能证明自己没有过错的，应当承担侵权责任。所有人、管理人或者使用人赔偿后，有其他责任人的，有权向其他责任人追偿。在本案例中，楼道护栏系幼儿园园舍的一部分，为幼儿园所有，受伤幼儿家长可以据此向幼儿园提出损害赔偿。

但事实上，幼儿园楼道护栏倒塌是由楼道护栏的钢筋强度不够所致，也就是说施工单位在工程建设时偷工减料是导致这次事故的根本原因。根据《民法典》相关规定，建筑物倒塌造成他人损害的，由建设单位与施工单位承担连带责任，幼儿园在赔偿受伤幼儿后可以向楼道护栏的建设者或施工者追偿。

（二）幼儿园及幼儿教师的抗辩

法律意义上的抗辩，是指抗击对方，提出辩解与说明。幼儿园以及幼儿教师可以进行抗辩，其抗辩理由有第三人责任、证明自己无过错、意外事件、已经尽到合理注意义务而仍然无法避免等。另外，幼儿教师职务行为免责也可以成为抗辩事由。但是，幼儿园以第三人责任为由进行抗辩的，并不能免除幼儿园的损害赔偿责任；其在赔偿受伤幼儿后，可以向第三人追偿，以挽回自己的损失。

1．已履行合理注意义务的抗辩

关于幼儿教师的合理注意义务问题，需要在此进行特别说明。合理注意义务是相对于一般注意义务而言的，二者均系法律术语。一般注意义务是指因社会接触或社会交往活动而对他人引发一定的危险，基于诚信原则、善良风俗或适当社会生活不成文的规则所要求的对此等危险之合理的注意而对一般人负有的除去或者防止危险的义务。合理注意义务的标准要高于一般注意义务，其是对相关法律事由的抽象概括，由法官在具体的案件中，根据其社会生活经验的积累，考虑行为人“合理注意”的尺度①。

拓展阅读

以给婴儿喂奶一事为例，如果是找一个亲戚代劳，该人没有相关的知识背景，婴儿因喂奶呛到而住院治疗，只要该亲戚的喂奶方式与常人的喂奶方式一样，该亲戚就可因履行了一般注意义务而免责。但如果是请月嫂给婴儿喂奶，月嫂同样采用与常人一样的喂奶方式，导致婴儿呛到而住院治疗，她便不能因履行了一般注意义务而免责。

对于月嫂，其职业特点和其本身的知识经验，要求其比一般人具有更高的注意义务，即她可以预见到哪些方式给婴儿喂奶可能呛到婴儿，如果其能够避免而没有避免的，便没有履行月嫂的合理注意义务。幼儿在幼儿园受意外伤害事故所产生的损害赔偿诉讼，一般适用民事法律进行解决，因此，这一法律关系可视为民事法律关系，民法上的“注意义务”可以适用于此。对于教育者，人们期望其尽到“与其职责相当的、符合一定水平标准的‘注意义务’”。

资料来源：坎布朗-麦凯布，麦卡锡，托马斯. 教育法学：教师与学生的权利：第5版. 江雪梅，茅锐，王晓玲，译. 北京：中国人民大学出版社，2010：470.

在学前教育领域，根据学前教育的特点，要求幼儿教师在对幼儿安全事务管理上，具有高于一般人的注意义务，即在发生幼儿在幼儿园受到意外伤害事件时，不是以理性的普通人应尽的注意义务为一般标准，判断幼儿教师是否尽到了一般注意义务，而是对幼儿教师提出更高的要求。这一更高要求的注意义务是基于职务行为而产生的，即职务上的合理注意义务。幼儿教师在进行相关的教育活动时，对其职务上能够预见的危险应当事先排除，或者避开这样的行为；如果其预见到而没有避免，或者应当预见到而由于疏忽没有预见的，则具有过失，即为没有履行幼儿教师职务上的合理注意义务。

拓展阅读

在开展体育活动时，让两名幼儿手拉手去围拢其他幼儿，围住后三人手拉手再去围拢其他幼儿，如是进行。一般人可能会预测到两个、三个幼儿去围拢其他幼儿时，可能会与其他幼儿相撞或是撞到墙上；其他幼儿有可能要挣脱，从而造成一些伤害。不过，他们一般不会预料到，两个、三个或更多幼儿拉在一起时，他们之间可能会因方向的不同，不等与他人商议，便自己跑去，从而把其他幼儿拉倒，并因之而受到伤害。

① 晏宗武. 论民法上的注意义务. 法学杂志，2006（4）.

幼儿教师基于其专业学习，以其对幼儿心理特点的了解和组织幼儿体育活动的经验，对“拓展阅读”中游戏所造成的伤害应当能够预见。倘若其没有预见，或虽然预见，但此游戏比较有趣，幼儿也比较喜欢，并且自信可以避免其中的危险，而结果出现幼儿意外伤害的情形，便是没有尽到合理注意义务。

此外还需要考虑相应的危险是否为教育活动本身所包含，比方说，跑步相对于走路而言，更容易导致摔倒。如果幼儿园对幼儿进行的是正常的跑步训练，但由于幼儿的原因，在跑步时摔倒，便不能归责于教师的过失。

合理注意义务实则是一种责任平衡，即确立幼儿教师在幼儿受到意外伤害时，在什么情况下承担责任比较合宜。这一责任的设置，应达到这样的效果，即既可以让其履行适当的注意义务，又不至于苛求其注意责任，以至于为了保安全而不进行相应的教育活动。幼儿园管理者和教师，在开展有潜在危险的活动时，一方面要尽量避免幼儿受到不必要的伤害；另一方面，在幼儿受到伤害后，要处理好受伤幼儿、受伤幼儿家长等方面的关系。

2. 职务行为免责抗辩

在合理注意义务之外，幼儿教师还应遵循适当的教育原则；而幼儿教师的适当职务行为，应当享有免责权。这是教师教育权的要求，尤其是对幼儿教师而言。虽然幼儿安全问题是学前教育活动中应当第一位考虑的因素，但是，因幼儿园发生过安全事故，并且为了预防这样的事情发生，因噎废食，甚至相对安全的活动也不开展，便违背了《幼儿园工作规程》关于学前教育活动开展的基本精神。

事实上，幼儿身上发生的伤害事故，多是意外伤害，一般发生在幼儿自由活动时或是区角活动中，真正在有组织进行的教学活动中发生幼儿伤害事故是不多的。即使开展有挑战性的活动，如果对相关的事项预先做好应急预案，则也可以将危险发生的可能性降低到最小。在对幼儿进行教育的过程中，需要对幼儿的教育活动提供一定的、可控的危机教育和安全教育；通过安全教育的学习，认识、了解危险，并学会避免危险，是学前教育内容的一个组成部分。

案例 1-17

2013 年 7 月 23 日 20 时许，韩某、李某驾车至大兴区，因停车问题与钱某发生争执。随后，韩某将钱某的女儿孙某某从幼儿车内抓起摔在地上，李某当场驾车带韩某逃离现场。7 月 26 日，被摔女童经抢救无效死亡。9 月 25 日，北京市一中院以故意杀人罪一审判处韩某死刑，剥夺政治权利终身，法院同时裁定准许受害人家属撤回此前对韩某提出的总计 273 万余元的附带民事诉讼请求。韩某随后提出上诉。11 月 29 日，北京市高级人民法院二审维持原判。

资料来源：北京大兴摔婴案二审维持原判　被告韩磊获死刑．（2013-11-29）．http://news.qq.com/a/20131129/008440.htm? tu_type=21&tp=5.201411.

幼儿伤害事故屡见不鲜，有必要让幼儿了解一些危险的存在，也就是需对幼儿进行自我保护方面的教育。比如，应对突发事件如火灾的教育、识别拐骗行为的教育、对性侵害的认识教育等。又如遇有地震时，幼儿应怎样逃生；在有陌生人以幼儿喜欢的物品引诱幼儿加以拐骗时，幼儿怎样做出反应；等等。在模拟训练期间，有可能出现幼儿间冲撞情况，甚至是摔跤、擦破皮肤等，这是应当允许的，亦即此危险是活动本身所包含的部分，需要教育幼儿识别与避免。

与此同时，教师享有一部分职务行为免责权，要学会利用这部分免责权为自己抗辩，即在组织教育活动中，教师只要履行了合理注意义务，且对可以预测的危险进行防范，对于因无法预测的情形发生可能的致使幼儿伤害的事故，教师应当免责。但是，教师应当预测到相应的活动不会威胁到幼儿的生命，不得对其造成严重伤害。此外，可以通过购买商业保险或是其他的方式，保障幼儿受伤害时获得救助。即使因此而进入诉讼程序，也可以行使相应的抗辩权。

三、预防幼儿身心健康受到侵害的措施

幼儿园可以采取适当的措施，防止幼儿园成为违法犯罪分子的作案场所，防止幼儿成为违法犯罪分子侵害的对象。

（一）建立健全相应的制度

预防幼儿身心健康受到侵害事件的发生，制度的构建是根本。制度是一种科学合理的组织运营体系，要完善幼儿园的管理体制必须建立健全相应的制度。完善幼儿园管理体制，除完善幼儿园园舍管理制度、幼儿园食堂管理制度、幼儿园门卫管理制度、幼儿园卫生管理制度、幼儿园教师管理制度之外，还应建立以下几种制度：

首先，要建立应急预案管理制度。事故发生后，如何及时有效地处理事故，防止伤害的加重和损害的扩大，是幼儿园方面首先要考虑的问题。幼儿园在此方面，要有一个应急预案管理制度，并且需要定期演练。这样可以防止面临突发事件或是幼儿伤害事故不知如何应对或仓皇处理而造成伤害的加重。制度的建立在于通过常规化的运作，对问题的处理程式化，避免人为的因素对意外伤害或是故意犯罪事件的处理产生不利影响。

其次，要建立并完善家园沟通制度和意外伤害事件善后处理制度。合理的家园沟通制度，应当是全体家长与幼儿园之间就幼儿园安全、教育内容和教育方式、家园互动的有效性等方面进行沟通的内容。比如，家长可以向幼儿园反映幼儿园园舍安全或其他管理方面的问题，要求幼儿园方面予以回应和解决；家长可以针对幼儿教师的不当行为向幼儿园方面进行投诉并要求处理等，以此构建家园合作预防幼儿园安全事故发生的机制。

再次，要建立并完善相关的合同管理制度。幼儿园的合同管理制度包括三方面内容：一是幼儿园与幼儿家长签订的教育合同，实质上是一份保教合同；二是幼儿园与工作人员

签订的劳动合同，本质上是雇佣关系；三是幼儿园对外签订的合同，包括玩具、家具购买合同，食品供应合同，装修、安装合同等。完善幼儿园合同管理制度，主要针对后两种合同。

最后，要建立保险制度。幼儿园的保险制度包括幼儿意外伤害保险制度、教师个人责任保险制度、幼儿园责任保险制度。有人认为，现代社会是一个风险社会，难以预料的风险会在难以预料的时间和场合以难以预料的方式出现。幼儿园和幼儿教师可以通过购买一定的保险，由保险公司来承担相应的风险。对于幼儿园来说，为预防因幼儿园方面原因造成幼儿伤害而给自己带来更多的负担，可以为幼儿购买意外伤害保险，为幼儿教师购买个人责任保险，为幼儿园购买责任保险，在幼儿发生意外伤害时，由保险公司来赔付，以此来缓解幼儿园方面的压力。

（二）提高相关人员的重视程度

预防幼儿园意外伤害事故，人的因素是关键。每一种制度，并非自动地就能运转，而是需要人的适当作为，才能最大限度发挥作用。因此，提高相关人员对幼儿意外伤害事故的认识能力，能够使其知道幼儿园意外伤害的类型，了解什么样的行为与活动可能会出现意外伤害的情形，从而避免必然会造成无端伤害的行为与活动，对可能发生意外伤害的行为与活动，但又有相当程度的开展必要时，通过提高注意水平、制定更为完善的防护措施或是更完善地设计相关活动加以避免。以此为目的，在进行有关活动时，可以组织相关人员对有关活动进行评估，群策群力以发现其中可能存在的风险，对如何避免风险建言献策，甚至当评估的风险较高时，可以民主决定是否要开展这样的活动；如果要开展，可以提供哪些辅助等。

对于在幼儿园发生的安全事故，幼儿园内各类人员均须进行反思。他人之过，并非自己可以幸灾乐祸之事，而应以他人之教训，反观自己在相关事件中的状况，思考是否有可能发生同样的事件，怎样预防等问题。对于确系幼儿园工作人员原因致使幼儿受伤害的事件，应当追究相关人员的责任。不过，追究责任时，应考虑其主观过错的轻重，施以相应的惩戒，且注意责任的平衡。

（三）开展幼儿安全教育

对幼儿进行安全方面的教育，在避免某些意外伤害事故中，能够起到有效的作用。实践中，幼儿不仅在幼儿园会受到意外伤害，即便是在家中或是公共场所，也会面临受到意外伤害的危险。

对幼儿的安全教育，应区分一般的安全行为教育和特殊的安全行为教育。对于一般的安全行为教育，如用电安全、使用家庭生活用品的安全等，在各地幼儿园均应开展。这可以称为对幼儿自我危险行为的预防。

针对外界环境所带来的危险，应当结合具体的情况来实施安全教育。比方说城市地区发生的拐骗幼儿事件较多，应当考虑防拐骗方面的安全教育；因车辆较多，可以开展交通安全方面的教育；走丢时，应当知道相应的求助方式，如父母电话、家庭地址，寻找公安、交警等人提供帮助；在易发生地震、滑坡的山区，可以开展灾难中自保、自救方面的安全教育；在江浙闽粤等台风较为频繁、水域比较多的地区，应当进行关于免受台风伤害、远离水域的安全教育；等等。

对幼儿的安全教育，应该采取多种方式进行。幼儿教师“要运用多种策略（如游戏练习、情景模拟、感知行为、讨论评议、替代强化、借助电视新闻等方法）以及幼儿园一日活动各环节的教育因素，让幼儿明白有关道理，学习简易可行的应急自救措施，增强幼儿防范应变的能力”①。

思考与练习

一、问答题

1. 什么是民事责任能力？
2. 简述我国现行法律法规中关于幼儿受教育权的规定。
3. 简述我国现行法律法规中关于幼儿保育的规定。
4. 简述幼儿在园伤害事故处理的一般程序。
5. 简述我国关于幼儿精神损害方面的法律法规。
6. 在保护幼儿不受伤害方面，我国法律法规对幼儿园的相关规定有哪些？
7. 简述我国关于幼儿身心健康权利的维护方面的法律法规。
8. 简述预防幼儿身心健康受到损害的措施。

二、材料分析题

户外活动中幼儿相互打闹受伤，如何判定幼儿园、家长的责任？

萌萌和飞飞是某幼儿园大班的同班小朋友。一日，教师王某带领幼儿到户外活动，在排队时，王老师一再交代：“小朋友排队下楼梯时，不要拥挤、打闹。”下楼梯时，飞飞站在萌萌的背后，两人均在队尾，趁队伍行走拉开距离时，二人嬉闹，萌萌背飞飞时摔倒，导致飞飞的左股骨中段发生斜形闭合性骨折。

事故发生后，幼儿园及时送飞飞到医院治疗，飞飞住院两个月后临床愈合。飞飞住院期间共花去医疗费 5 680 元，飞飞的父母误工费、住宿费、医院伙食费、护理费、交通费及必要的营养费等 4 450 元。飞飞的父母与幼儿园及萌萌的父母就医疗费和赔偿问题多次进行协商，要求幼儿园和萌萌的父母赔偿上述费用共计 10 130 元。

---

① 阮爱新．幼儿在园伤害事故的成因分析及对策．学前教育研究，2002（5）．

萌萌的父母认为，萌萌入园意味着自己已经将萌萌及对其的监护责任托付给了幼儿园；萌萌在幼儿园时，自己作为法定监护人不可能直接行使监护人责任，只有幼儿园才能监护孩子，因此，自己不应承担任何赔偿责任。幼儿园则提出，在孩子下楼之前老师已经一再强调“不要拥挤、打闹”，且事故发生之后幼儿园及时送飞飞到医院治疗，幼儿园主观和客观上都不存在过错，不应独自承担如此巨额的赔偿费用。协议未果，飞飞的父母作为法定代理人，以幼儿园及萌萌的父母为被告，提起诉讼，要求幼儿园及萌萌的父母赔偿医疗费、误工费等共计 10 130 元。

请问谁来承担这次意外事故的责任？幼儿园是不是在园幼儿的监护人？对幼儿的监护职责是否随着幼儿入园转移到幼儿园？在园幼儿发生意外伤害事故，幼儿园应该按什么原则来承担民事责任？

第二章

儿童权利与保护

本章学习目标

1. 掌握《儿童权利公约》中儿童保护的四项基本原则。
2. 知道《儿童权利公约》中儿童的年龄规定。
3. 理解《儿童权利公约》中儿童最大利益原则。
4. 熟悉《中国儿童发展纲要（2011—2020年）》的基本原则。

导入案例

法国禁止随意上传儿童照片

随着社交网站的普及，上传照片和视频变得非常方便，很多家长把孩子和全家福的照片发给亲友，或者放到各种社交网页上"晒幸福"。就在大多数人还没有意识到这样做可能存在的危害时，法国已经率先制定了严格的法律，要求家长注意保护儿童的隐私和肖像权，万一这些孩子长大后，对父母任意上传照片的行为产生异议以至于提起诉讼时，父母有可能要面临45 000欧元的罚款和一年的牢狱之灾。

法国法律和道德规范专家埃里克·德尔克鲁阿在接受采访时解释说："父母在儿童年幼时展示他们的照片，动机并没有错，但是在信息高速传播的时代，照片上传后无法控制，情况可能比父母们最初想象的复杂得多。首先，有相当一部分孩子不喜欢别人看到他们婴儿时期或青少年时期的照片，而父母在他们还没有能力阻止的时候，已经将他们的照片散发出去，显然是侵犯了个人隐私。在今后的数年，我预计将有不少子女会指责甚至起诉他们的父母，其中还会包括很多曾经因为照片中的某种形象，不幸遭到同龄人讥笑和欺负的人。"

法国互联网问题专家维威莲·杰尔思表示："父母有责任保护子女的肖像权，现在我们总是指责青少年在网上的行为，实际上，成年的父母也必须注意。"而法国立法者考虑的范围更为广泛，他们所关注的部分延伸到社会上非法收集儿童图片进行犯罪活动的层面。他们告诉公众，制定网上儿童照片管理法规，目的是防止这些照片落入恋童癖者手中，或者被身份盗窃罪犯利用。现在法国已经强制父母从网上删除孩子的裸体照片，哪怕他们还处在婴儿时期。

资料来源：温玉顺. 美国等发达国家怎样保护儿童权益. 新华网，2017-05-08.

儿童时期是人生发展的关键时期。为儿童提供必要的生存、发展、受保护和参与的机会和条件，最大限度地满足儿童的发展需要，发挥儿童潜能，将为儿童一生的发展奠定重要基础。而儿童最大利益原则和儿童受教育权的保护是保证儿童权利的前提条件。

第一节　儿童最大利益原则

随着人类进入权利时代，儿童的权利和成人的权利一样，都被看作普遍权利的一部分。

一、从《儿童权利宣言》到《儿童权利公约》

第一次世界大战后，鉴于儿童在战乱中遭受的苦难，英国发起成立"国际救助儿童会"，随后发布了《儿童权利宪章》。1924 年，国际联盟①大会通过了《儿童权利宣言》。

1959 年，联合国大会通过《儿童权利宣言》，宣告了各国儿童应当享有的各项基本权利，标志着儿童权利保护进入一个新的历史阶段。

复鉴于儿童因其身心尚未成熟，于出生前及出生后均需特别保障与照料，包括适当之法律保护在内；……颁布《儿童权利宣言》，以期儿童能有愉快之童年，并为其自身利益及社会利益而享受本宣言中所载之权利与自由，同时促请父母、男女个人以及自愿组织、地方当局与国家政府，依据下列原则逐渐采取立法及其他措施以承认并竭力维护此等权利。（序言）

该宣言还明确要求：

负儿童教育与辅导责任者应以儿童之最大利益为其指导原则；此种责任首应由父

① 联合国的前身。二战结束后，国际联盟被联合国所取代。

母负之。(原则七)

儿童在一切情形之下应在最先受保护与救济之列。(原则八)

儿童在身体、心智或社会方面有缺陷者，应按其各别情形，予以所需之特殊矫治、教育及照料。(原则五)

该宣言首次在国际范围内宣布了儿童最大利益原则。从此，儿童最大利益原则成为保护儿童权利的一项国际性指导原则。

将儿童权利保护和最大利益原则推向新阶段的是1989年的《儿童权利公约》。1989年《儿童权利公约》的制定和通过是“儿童的最大利益”作为一项国际普遍承认的原则得以确立的里程碑。

《儿童权利公约》第1条开宗明义：“为本《公约》之目的，儿童系指18岁以下的任何人，除非对其适用之法律规定成年年龄低于18岁。”

《儿童权利公约》的“序言”回顾了《联合国宪章》的原则，以及有关人权的宣言和公约中的相关原则。第一部分（第1～41条）是实质性条款，这一部分包括儿童的定义、《儿童权利公约》的原则以及儿童权利的具体内容。第二部分（第42～45条）是程序性条款，这一部分规定缔约国有定期提交执行公约情况报告的义务，联合国儿童权利委员会负责审议各缔约国的报告，并规定了儿童权利委员会的组成和任期。第三部分（第46～54条）规定了公约的签署、批准、加入、生效、修改、保留、退出等事项。

更为重要的是，《儿童权利公约》提出了关于儿童保护的四项重要原则：不歧视原则（第2条），儿童最大利益原则（第3条），确保儿童的生命权、生存权和发展权原则（第6条），尊重儿童的意见原则（第12条）。这四项重要原则所强调的不同方面，在儿童个体成长的过程中是相辅相成、不可分割的。

《儿童权利公约》

案例2-1　　广州市天河区某幼儿园人身损害赔偿纠纷案

贝贝于2001年8月7日出生，于2006年9月入广州市天河区某幼儿园小班进行托管学习。2007年3月16日11时许，幼儿园的梁老师为包括贝贝在内的小朋友分汤。在梁老师背对贝贝为其他小朋友分汤、没有注意到贝贝的情况下，贝贝从自己的座位上摔倒在地。贝贝摔倒后，梁老师将贝贝扶起，贝贝称脖子后面痛，老师检查后没有发现流血。另一名老师为贝贝擦药，并安排其休息。幼儿园下午放学时，老师们将贝贝受伤的情况告知了其法定监护人。

同日17时30分许，贝贝到广州市第六人民医院门诊就医，医生检查后初步诊断为头部挫伤。2007年3月17日，贝贝再次到第六人民医院门诊就医，经头颅CT检查后，医生诊断为左侧头枕部骨折。2007 年 3 月 19 日，医生诊断为急性闭合性轻型颅脑损伤，贝贝入院接受治疗。2007 年 3 月 29 日，贝贝母亲为其转院，进行进一步治疗。前后的医疗费共计 7 000 多元。事后双方就赔偿问题闹上了法庭。幼儿园辩称贝贝是自己坐翻板凳摔倒了，园方不应负主要责任，对此法院没有采纳，并最终判决幼儿园支付3 826.5元医疗费和 2 000 元精神损害抚慰金。

资料来源：广州市天河区童星幼儿园因人身损害赔偿纠纷一案.（2008－01－01）. http://www.lawxp.com/case/c328022.html.

人身权是《宪法》赋予公民的基本权利。人身权与公民的人身密切相关，由人格权和身份权构成。人格权包括各项具体的权利，如生命权、自由权、姓名权、名誉权、肖像权等；身份权是与人的地位、身份或资格不可分离的权利，如亲属权、监护权、继承权、著作权和发明权等。

生命权是公民人身权利的一种，指自然人具有的保护和维持其生命、不受任何非法侵害的权利。公民的生命权是最重要的人身权，是其他一切活动得以开展的前提。

儿童作为公民享有公民所享有的一切人身权利。对儿童而言，生命、健康是其最大的利益。因此，国际、国内的法律制度都十分重视保护儿童的人身和生命安全。

联合国《儿童权利公约》对儿童的生命权做了明确的规定。《儿童权利公约》第六条规定："缔约国确认每个儿童均有固有的生命权。"第十九条规定："缔约国应采取一切适当的立法、行政、社会和教育措施，保护儿童在受父母、法定监护人或其他任何负责照管儿童的人的照料时，不致受到任何形式的身心摧残、伤害或凌辱，忽视或照料不周，虐待或剥削，包括性侵犯。"我国对儿童的人身权的保护与《儿童权利公约》的精神是基本一致的。比如，《中国儿童发展纲要（2011—2020 年）》规定要"保护儿童人身权利"。

儿童的人身权受到国际、国内法律的保护，任何人都不得非法剥夺和侵犯儿童的生命安全。教育机构和教师作为儿童在学校的人身法律关系的义务主体，对儿童的生命健康安全等负有保障的责任。教育机构和教师应该采取积极的措施维护学生的人身权利。任何人如果非法侵犯儿童的人身权，都要承担相关的法律责任。

二、儿童利益最大原则的中国法律实践

我国于 1990 年签署、1991 年批准《儿童权利公约》后，首先体现的是儿童教育在政府教育事业发展安排上的优先。1996 年国务院发布的《中国的儿童状况》白皮书提出："中国政府一直把儿童教育置于整个教育事业发展的优先地位。"显然，这里的"优先"还不是处理儿童利益相关人之间的纠纷时的儿童利益优先。2001 年 5 月公布的《中国儿童发展纲要（2001—2010 年）》宣称：

坚持“儿童优先”原则，保障儿童生存、发展、受保护和参与的权利，提高儿童整体素质，促进儿童身心健康发展。儿童健康的主要指标达到发展中国家的先进水平；儿童教育在基本普及九年义务教育的基础上，大中城市和经济发达地区有步骤地普及高中阶段教育；逐步完善保护儿童的法律法规体系，依法保障儿童权益；优化儿童成长环境，使困境儿童受到特殊保护。

2011年7月，国务院发布了《中国儿童发展纲要（2011—2020年）》，其基本原则与《儿童权利公约》的基本精神一致，主要有以下方面：

1. 依法保护原则。在儿童身心发展的全过程，依法保障儿童合法权利，促进儿童全面健康成长。

2. 儿童优先原则。在制定法律法规、政策规划和配置公共资源等方面优先考虑儿童的利益和需求。

3. 儿童最大利益原则。从儿童身心发展特点和利益出发处理与儿童相关的具体事务，保障儿童利益最大化。

4. 儿童平等发展原则。创造公平社会环境，确保儿童不因户籍、地域、性别、民族、信仰、受教育状况、身体状况和家庭财产状况受到任何歧视，所有儿童享有平等的权利与机会。

5. 儿童参与原则。鼓励并支持儿童参与家庭、文化和社会生活，创造有利于儿童参与的社会环境，畅通儿童意见表达渠道，重视、吸收儿童意见。

经过改革开放40多年来的发展，特别是签署《儿童权利公约》30多年来的发展，我国初步形成了以《宪法》为基础，以《未成年人保护法》为主干，包括《民法典》《中华人民共和国义务教育法》《中华人民共和国母婴保健法》以及有关的行政法规、地方法规在内的一套保护儿童的法律体系，这个体系已经成为中国法律体系的重要组成部分。

我国除了设立专门保护未成年人权益的单行法律，如《未成年人保护法》《中华人民共和国预防未成年人犯罪法》以外，还在《民法典》《中华人民共和国民事诉讼法》《刑法》《中华人民共和国刑事诉讼法》《中华人民共和国劳动法》《教育法》《中华人民共和国监狱法》《中华人民共和国残疾人保障法》等法律法规及相关司法解释中，规定了对未成年人保护的内容。在这个法律体系里，儿童最大利益原则已经得到不同程度的体现。比如，《民法典》第一千零七十八条规定，婚姻登记机关查明双方确实是自愿离婚，并已经对子女抚养、财产以及债务处理等事项协商一致的，予以登记，发给离婚证。《民法典》第一千零八十四条规定，父母与子女间的关系，不因父母离婚而消除。离婚后，子女无论由父或者母直接抚养，仍是父母双方的子女。离婚后，父母对于子女仍有抚养、教育、保护的权利和义务。离婚后，不满两周岁的子女，以由母亲直接抚养为原则。已满两周岁的子女，父母双方对抚养问题协议不成的，由人民法院根据双方的具体情况，按照最有利于未成年子女的原则判决。子女已满八周岁的，应当尊重其真实意愿。《民法典》第一千零八十五条规定，离婚后，子女由一方直接抚养的，另一方应当负担部分或者全部抚养费。负担费用的多少和期限的长短，由双方协议；协议不成的，由人民法院判决。《民法典》第一千零八十七条规定，离婚时，夫妻的共同财产由双方协议处理；协议不成的，由人民法院根据财产的具体情况，按照照顾子女、女方和无过错方权益的原则判决。《民法典》第一千零八十七条规定改变了以往女方在前子女在后的顺序，表述为离婚时的财产分割，应根据“照顾子女、女方和无过错方权益的原则判决”。这种顺序的变更充分体现了儿童利益最大原则这一法律意识。

第二节　儿童的教育利益

儿童的教育利益主要体现为“有学上”“上好学”，相应的权利就是教育公平权、教育质量权。强调教育质量权并把它和教育公平权一起作为儿童受教育权的基本内容，有利于更全面、更集中地反映儿童作为受教育者的利益要求，有利于防止对儿童利益的侵害，更好体现权利的本质，也有利于建立更具完整性、科学性的教育权利体系。

一、儿童的教育公平权

根据《宪法》的原则性规定，《教育法》强调了教育平等。《教育法》第九条规定：“中华人民共和国公民有受教育的权利和义务。公民不分民族、种族、性别、职业、财产状况、宗教信仰等，依法享有平等的受教育机会。”

儿童受教育权无法得到保障是现实中存在的问题。近些年来，国家和社会对进城务工人员子女教育问题、农村女童教育问题给予了许多关注，但还是存在一些客观原因，无法保障儿童的教育权益。

二、儿童的教育质量权

儿童“有学上”并不必然意味着儿童在教育方面的最大利益得到了保障，还要看教育的质量、教育的方式，是否真正符合儿童的利益。儿童天真可爱，同时又是脆弱、幼稚而被动的，这个特点意味着，如果教育质量低，儿童接受教育可能会比不接受教育受到的伤害更大。

（一）《儿童权利公约》关于教育质量权的规定

根据联合国儿童权利委员会的解释，第二十八条第一款强调的是缔约国在建立教育体系和确保教育准入方面的义务，第二十九条第一款则强调了儿童在教育质量方面享有的个人和主体权利。这样的规定以儿童主体权利为中心，体现了儿童最大利益原则。

《儿童权利公约》第二十九条第一款的意义重大而深远。其中所列经所有缔约国商定的教育儿童的目的，在于支持和保护公约的核心价值——每个儿童固有的人的尊严及其平等和不可剥夺的权利。第二十九条第一款分五项列出的这些目标，全部与实现儿童的人的尊严和权利直接相联系，同时考虑到了儿童的特殊发展需要和不同的发展能力，具体如下：最充分地发展儿童的个性、才智和身心能力；培养对人权和基本自由以及《联合国宪章》所载各项原则的尊重；培养对儿童的父母、儿童自身的文化认同、语言和价值观、儿童所居住国家的民族价值观、其原籍国以及不同于其本国的文明的尊重；培养儿童本着各国人民、族裔、民族和宗教群体以及原为土著居民的人之间谅解、和平、宽容、男女平等和友好的精神，在自由社会里过有责任感的生活；培养对自然环境的尊重。

（二）我国关于儿童教育质量权的法律

我国有关教育的若干法规都有强调提高教育质量的规定。例如，《教育法》第十一条规定："国家……推进教育改革，推动各级各类教育协调发展……健全终身教育体系……促进教育质量提高。"2012 年国务院发布的《教育督导条例》以"提高教育质量，促进教育公平"为宗旨（第一条），将教育质量、义务教育的普及状况等作为主要内容（第十一条）。《中华人民共和国民办教育促进法》第四条强调民办学校要"保证教育质量"。

从法律实践看，我国儿童教育中，体罚、不人道以及有辱人格的情况还是时有发生。我国现行法律对禁止体罚、不人道以及有辱人格的情况提出明确要求。例如，《未成年人保护法》第二十七条规定："学校、幼儿园的教职员工应当尊重未成年人人格尊严，不得对未成年人实施体罚、变相体罚或者其他侮辱人格尊严的行为。"第一百一十九条规定："学校、幼儿园、婴幼儿照护服务等机构及其教职员工违反本法第二十七条、第二十八条、第三十九条规定的，由公安、教育、卫生健康、市场监督管理等部门按照职责分工责令改正；拒不改正或者情节严重的，对直接负责的主管人员和其他直接责任人员依法给予处分。"

《刑法》第二百三十四条规定："故意伤害他人身体的，处三年以下有期徒刑、拘役或者管制。犯前款罪，致人重伤的，处三年以上十年以下有期徒刑；致人死亡或者以特别残忍手段致人重伤造成严重残疾的，处十年以上有期徒刑、无期徒刑或者死刑。本法另有规定的，依照规定。"第二百三十五条规定："过失伤害他人致人重伤的，处三年以下有期徒刑或者拘役。本法另有规定的，依照规定。"

《中华人民共和国教师法》第三十七条规定："教师有下列情形之一的，由所在学校、其他教育机构或者教育行政部门给予行政处分或者解聘：（一）故意不完成教育教学任务给教育教学工作造成损失的；（二）体罚学生，经教育不改的；（三）品行不良、侮辱学生，影响恶劣的。教师有前款第（二）项、第（三）项所列情形之一，情节严重，构成犯罪的，依法追究刑事责任。”

思考与练习

一、问答题

1. 简述《儿童权利公约》中儿童保护的四项基本原则。
2. 举例说明《儿童权利公约》中儿童最大利益原则。
3. 简述《中国儿童发展纲要（2011—2020年）》的基本原则。

二、材料分析题

请依照儿童发展权保护的相关内容分析下面两个材料。

教学楼改建　孩子活动受限

某市实验幼儿园由于改建，仅有的西教学楼无法容纳现有的全部班级，因此该园让大班9个班搬到市第二实验幼儿园。为了便于各自独立管理，两个幼儿园划分了相对固定的通道和活动场地，但是由于客观条件的限制，幼儿的活动也受到了限制。据家长反映，实验幼儿园的孩子从西门过，这里狭小拥挤；孩子不准到操场和楼顶的平台上玩耍，只能天天待在教室里玩。

为了安全该限制孩子的活动吗?

某幼儿园一中班幼儿玩滑梯时滑下来重心没稳住，身体一侧和耳后根碰到了树枝，被划破了皮。事后，老师们怕出意外，就尽量减少带孩子们去户外荡秋千、滑滑梯、攀爬绳架了。即使带孩子们出去玩，老师们也规定，荡秋千时小朋友之间不能帮着推，自己也不能荡高，攀爬绳架时不能从架顶上翻过去，等等。由于这些游戏规则限制了行动，孩子们在玩的过程中再也没有以前的激情和创意了。

第三章

学前教育的政府职责

本章学习目标

1. 了解学前教育性质和功能。
2. 掌握学前教育政府职责的具体内容。

导入案例

浙江省教育厅“百人千场”专家名师送教下乡活动——龙湾区专场

为了充分利用全省优质教师资源，全面提升幼儿园教师整体素质，促进教育均衡发展，浙江省教育厅把高水平的培训服务送到基层，特别组织了“百人千场”专家名师送教下乡活动。这种利民行动得到一线教师的热烈欢迎和充分肯定，2014 年 7 月 1 日至 3 日，送教下乡活动在龙湾区顺利开展。

参加这次培训活动的人员有公办幼儿园里没有教师资格证书的合同教师和代课教师、没取得教师资格证书的园长、2014 年下半年参加教师资格证书考前培训的人员，共计 140 多人。在两天半的时间里，学员们认真听取了省里专家名师的“学前教育知识与能力”“综合素质”“儿童发展知识与能力”等课程。通过系统性的学习，学员们了解了学前儿童心理学、教育学、生理学及基础的人文知识。学员们珍惜这次来之不易的学习机会，认真复习和领会专家讲解的知识点，争取在教师资格证书考试中取得好成绩，并切实地应用到教学实践中，让幼儿的素质教育有实质性的提升。

第一节　学前教育的性质和功能

在我国的学制体系中，学前教育主要指的是对3～6周岁年龄阶段的幼儿所实施的保育和教育。对学前教育的性质和功能的规定体现了一个国家对学前教育的重视程度，体现了社会的文明与进步程度，体现了一个国家的教育发展水平。

一、学前教育的性质

我国有关学前教育的政策与法规明确了学前教育的两个基本性质：一是社会主义教育事业的组成部分；二是社会公共福利事业。

（一）学前教育是社会主义教育事业的组成部分，具有教育性

《宪法》第一章第十九条规定：国家发展社会主义的教育事业，提高全国人民的科学文化水平。国家举办各种学校，普及初等义务教育，发展中等教育、职业教育和高等教育，并且发展学前教育。

1951年10月，《政务院关于改革学制的决定》规定了如下学制：幼儿教育、初等教育、中等教育、高等教育。在随后的70多年里，学前教育作为我国学制体系中的一环，基础教育的组成部分始终没有改变。

1979年11月，《城市幼儿园工作条例（试行草案）》明确规定：幼儿教育是社会主义教育事业的组成部分，是培养有社会主义觉悟的有文化的劳动者的基础。

1995年1月，《全社会都要关心和支持基础教育》指出：基础教育，包括学前教育、小学教育和中学教育，在我国教育事业中占有十分重要的地位。

1995年颁布的《教育法》规定：国家实行学前教育、初等教育、中等教育、高等教育的学校教育制度。

1997年《全国幼儿教育事业“九五”发展目标实施意见》进一步提出：幼儿教育是我国学制的第一阶段，是基础教育的有机组成部分。它既为幼儿入小学做准备，也为九年义务教育的实施奠定基础，发展幼儿教育事业是关系到人口素质的提高和民族未来兴衰的大问题。

2001年《幼儿园教育指导纲要（试行）》指出：幼儿园教育是基础教育的重要组成部分，是我国学校教育和终身教育的奠基阶段。

2003年《关于幼儿教育改革与发展的指导意见》指出：幼儿教育是基础教育的重要组成部分，发展幼儿教育对于促进儿童身心全面健康发展，普及义务教育，提高国民整体素质，实现全面建设小康社会的奋斗目标具有重要意义。

2010年7月，《国家中长期教育改革和发展规划纲要（2010—2020年）》正式发布，它在学前教育的发展任务中提出基本普及学前教育、明确政府职责、重点发展农村学前教育三个基本要求。

2011年7月，国务院发布的《中国儿童发展纲要（2011—2020年）》在“儿童与教育”这一部分指出：加快发展3～6岁儿童学前教育。

《学前教育法（草案）》第三条规定：国家实行学前教育制度。

综上所述，从新中国成立以来的政策与法规文件分析，教育性是我国学前教育的基本特性之一。

（二）学前教育是一项社会公共福利事业，具有福利性和公益性

新中国成立以来，为了更好更快地进行社会建设，国家各行各业都需要劳动力。为了支援国家建设，学前教育事业获得了迅猛的发展，经过了第一个和第二个五年计划的发展之后，1961年，幼儿园已达6.3万所左右①。其中，教育部门和其他各部门举办的公立幼儿园约占87%，而且绝大部分幼儿园都是以单位福利的性质举办，主要是为了方便职工的工作，解除他（她）们的后顾之忧。

1952年《幼儿园暂行规程（草案）》规定：市、县所办幼儿园的经费，由市、县人民政府在地方教育事业费内统筹统支。其他公办和私立幼儿园的经费，由设立者或者董事会供给。

1979年，中共中央、国务院转发的《全国托幼工作会议纪要》提出：各级教育、卫生部门举办的幼儿园、托儿所的经费和各项所需费用分别由教育事业费和卫生事业费列支。各企业、事业、机关、部队举办的园所的经费，由各主办单位自行解决。对于民办园所，在经费来源中，一个重要的组成部分是“孩子家长所在单位，向送托园所交费管理”。这些规定都充分体现了学前教育的福利性质。

1987年国务院办公厅转发的国家教委等部门《关于明确幼儿教育事业领导管理职责分工的请示》明确提出：幼儿教育是社会主义教育事业的重要组成部分，是我国学校教育的预备阶段，同时又是一项社会公共福利事业。

1997年《全国幼儿教育事业“九五”发展目标实施意见》提出：幼儿教育既是教育事业，又具有福利性和公益性的特点。

2003年《关于幼儿教育改革与发展的指导意见》明确指出：国务院教育部门会同财政部门和价格主管部门，按照不以营利为目的的原则，制定幼儿园（班）收费管理办法。

2010年《国务院关于当前发展学前教育的若干意见》提出：发展学前教育，必须坚持公益性和普惠性，努力构建覆盖城乡、布局合理的学前教育公共服务体系，保障适龄儿

---

① 中国学前教育发展战略研究课题组．中国学前教育发展战略研究．北京：教育科学出版社，2010：55.

童接受基本的、有质量的学前教育；必须坚持政府主导、社会参与、公办民办并举，落实各级政府责任，充分调动各方面积极性。

2018 年《中共中央　国务院关于学前教育深化改革规范发展的若干意见》指出：学前教育是终身学习的开端，是国民教育体系的重要组成部分，是重要的社会公益事业。

《学前教育法（草案）》第三条规定：学前教育是国民教育体系的组成部分，是重要的社会公益事业。

从几十年来我国学前教育政策与法规文件中，我们可以明确地了解到：公益性是我国学前教育的基本特性之一。尽管从国有企事业单位体制改革时起，绝大部分幼儿园逐渐从原有的企事业单位中剥离出来，或者自负盈亏，或者改为民办，原有的福利性质逐渐减退或消失，但福利性和公益性、不以营利为目的的政策导向一直是国家所倡导的。

二、学前教育的功能

我国的学前教育经过了百余年的发展，尤其是在中华人民共和国成立以来，在促进我国 0～6 岁儿童身心的全面和谐发展、解放劳动力以支持社会主义建设等方面都发挥了应有的作用。具体地，学前教育的主要功能体现在以下几个方面：

（一）实施幼儿全面发展的教育

实施幼儿全面发展的教育是学前教育的基本功能和首要任务。自 1952 年《幼儿园暂行规程（草案）》到 1979 年《城市幼儿园工作条例（试行草案）》，再到 1996 年《幼儿园工作规程》和 2001 年《幼儿园教育指导纲要（试行）》，几十年来国家颁布的一系列有关学前教育的重要法规文件都将“实施全面发展的教育，促进幼儿身心和谐良好的发展”作为学前教育的基本功能和首要任务，强调幼儿园的任务是：实行保育和教育相结合的原则，对幼儿实施体、智、德、美全面发展的教育，促进其身心的和谐发展。

（二）促进学前教育到小学教育的衔接

学前教育的第二个重要功能就是为幼儿进入小学阶段的学习做好准备，为幼儿的终身学习和发展打好基础。《学前教育法（草案）》第三十二条规定：幼儿园与小学应当互相衔接配合，共同帮助儿童做好入学准备和入学适应。

1979 年 11 月颁布的《城市幼儿园工作条例（试行草案）》规定，幼儿园工作的任务是根据党的教育方针，对幼儿进行初步的全面发展的教育，使幼儿健康、活泼地成长，为入小学打好基础。

1996 年发布、修订后于 2016 年实施的《幼儿园工作规程》第二条规定：幼儿园是对 3 周岁以上学龄前幼儿实施保育和教育的机构。幼儿园教育是基础教育的重要组成部分，是学校教育制度的基础阶段。

1997 年发布的《全国幼儿教育事业“九五”发展目标实施意见》提出：幼儿教育是

我国学制的第一阶段，是基础教育的有机组成部分。1998 年教育部颁布的《面向 21 世纪教育振兴行动计划》要求“实施素质教育，要从幼儿阶段抓起”。

2003 年《关于幼儿教育改革与发展的指导意见》明确指出：幼儿教育是基础教育的重要组成部分，发展幼儿教育对于促进儿童身心全面健康发展，普及义务教育，提高国民整体素质，实现全面建设小康社会的奋斗目标具有重要意义。

2021 年 3 月教育部颁布《关于大力推进幼儿园与小学科学衔接的指导意见》，其主要目标是：全面推进幼儿园和小学实施入学准备和入学适应教育，减缓衔接坡度，帮助儿童顺利实现从幼儿园到小学的过渡。幼儿园和小学教师及家长的教育观念与教育行为明显转变，幼小协同的有效机制基本建立，科学衔接的教育生态基本形成。这是教育部首次颁布幼儿园与小学科学衔接的政策，在促进学前教育到小学教育的衔接上具有重要意义。

拓展阅读

一位幼儿园园长忧心忡忡地说：“现在学习的压力已经下沉到幼儿园，在小学入学前的一个学期，大班里的幼儿就所剩无几了，都忙着去上各种学前辅导班，为一年级的知识学习做准备了。”这是当前一种比较普遍的社会现象。中高考的压力前移、不能让孩子输在起跑线的心理、家长之间的攀比、对小学学习的担忧等，导致幼儿被迫提前抢跑，提前进入小学期，提前学习小学的知识，提前用小学的方法来教幼儿，让幼儿在懵懵懂懂中就提前感受到来自不知何方的压力。幼儿自然生长的原生态遭到破坏，这种状态对身心均未发育成熟的幼儿来说极为不利。学校、家长及全社会应引起高度重视。

资料来源：吴正宪，武维民．帮助儿童迈好关键的第一步．(2021-04-09)．http：//www.moe.gov.cn/jyb_xwfb/moe_2082/2021/2021_zl29/202104/t20210409_525367.html.

（三）解放劳动力，减轻家长教养孩子的负担

中华人民共和国成立以来，学前教育一直发挥着解放劳动力尤其是解放妇女劳动力的功能。1952 年《幼儿园暂行规程（草案）》明确规定幼儿园的功能之一是“减轻母亲对幼儿的负担，以便母亲有时间参加政治生活、生产劳动、文化教育活动等”。

1979 年 11 月，《城市幼儿园工作条例（试行草案）》规定，幼儿园工作的任务之一是“减轻家长在教育孩子方面的负担，使他们能够安心生产、工作和学习”。

1996 年发布、2016 年修订的《幼儿园工作规程》第三条规定：“幼儿园的任务是：贯彻国家的教育方针，按照保育与教育相结合的原则，遵循幼儿身心发展特点和规律，实施德、智、体、美等方面全面发展的教育，促进幼儿身心和谐发展。幼儿园同时面向幼儿家长提供科学育儿指导。”

（四）对处境不利幼儿给予补偿教育

我国学前教育的补偿功能主要体现在党和政府在政策上关注处境不利的幼儿。

1992年国务院下达、妇女儿童工作协调委员会编制的《九十年代中国儿童发展规划纲要》提出：保护处于困难条件下的儿童（包括农村的独生子女和女童、残疾儿童、离异家庭的儿童、经济不发达地区的儿童等）。

2003年《关于幼儿教育改革与发展的指导意见》明确指出：各地区要采取切实措施确保低收入家庭和流动人口的子女享有接受幼儿教育的机会。对社会福利机构、流浪儿童救助保护机构的适龄儿童，要给予照顾，有关费用予以减免。

2011年7月，国务院发布的《中国儿童发展纲要（2011—2020年）》在“儿童与教育”这一部分强调：要保障特殊困难儿童接受义务教育的权利。

2018年《中共中央　国务院关于学前教育深化改革规范发展的若干意见》指出：完善学前教育资助制度，“各地要认真落实幼儿资助政策，确保接受普惠性学前教育的家庭经济困难儿童（含建档立卡家庭儿童、低保家庭儿童、特困救助供养儿童等）、孤儿和残疾儿童得到资助”。

《中共中央　国务院关于学前教育深化改革规范发展的若干意见》

《学前教育法（草案）》第五十四条规定：“国家建立学前教育资助制度，为家庭经济困难的适龄儿童等接受普惠性学前教育提供资助。”

其他国家和政府对处境不利幼儿给予补偿教育，主要是通过政策引导，比如美国的“开端计划”和欧盟的“强势开端”等。新近的有德国的《青少年儿童疫后追赶战略》，该战略秉承公平与包容价值理念，突破原有资金分配机制，将更多资源汇聚于改善青少年儿童的处境，在重塑后疫情时代教育形态的同时，对处境不利青少年儿童的未来又赋予公平与包容价值理念新的含义①。

第二节　政府的学前教育职责

学前教育是国民教育体系的重要组成部分，是基础教育的奠基阶段，是一项惠及亿万儿童的公益事业。明确和落实政府责任是学前教育事业健康发展的重要保证。针对各级政府对发展学前教育的职责认识不够明确、落实不力的状况，《国家中长期教育改革和发展规划纲要（2010—2020年）》（以下简称《规划纲要》）提出要“明确政府职责”，这是改革学前教育的管理体制、解决学前教育事业发展中的突出问题、加快学前教育普及和提高学前教育质量、促进学前教育事业健康发展的关键所在。

① 闫广芬，王泽．回归与重构：疫后德国处境不利学生教育补偿行动研究：基于《青少年儿童疫后追赶战略》解析．比较教育研究，2023，45（6）．

一、学前教育政府职责的提出背景

发展学前教育是政府的职责。20 世纪七八十年代，学前教育事业受到政府的高度重视，国务院设立了托幼工作领导小组，各地也设立了相应机构来领导学前教育事业的发展。20 世纪 80 年代末 90 年代初以来，随着经济体制改革和学前教育的社会化探索，政府在探索学前教育改革道路的过程中出现了不同程度的责任不明确、落实不到位的情况。《规划纲要》明确提出政府负有发展学前教育的职责。《学前教育法（草案）》第七条规定，发展学前教育坚持政府主导，以政府举办为主，大力发展普惠性学前教育资源，引导和规范社会力量参与。其未来若能实施，亦在法律上明确了学前教育的政府职责。

（一）依法发展学前教育

《教育法》明确规定了国家实行学前教育、初等教育、中等教育、高等教育的学校教育制度。中等及中等以下教育在国务院领导下，由地方人民政府管理。

2003 年《关于幼儿教育改革与发展的指导意见》详细规定了从国家到省级、地（市）级、县级等各级人民政府、城市街道办事处和乡（镇）人民政府在规划、管理、经费投入、举办幼儿园等方面对发展学前教育应担负的职责；明确了教育部门是幼儿教育的主管部门，负责学前教育事业发展和质量提高的双重任务；明确了卫生部门、财政部门、建设部门、民政部门、劳动保障部门、编制部门以及妇儿工委和妇联在学前教育事业发展中应该承担的责任。该指导意见要求“进一步完善幼儿教育管理体制和机制，切实履行政府职责”，坚持实行地方负责、分级管理和有关部门分工负责的幼儿教育管理体制。《规划纲要》再次明确了政府在学前教育事业发展中的职责，表明国家比以往更加重视学前教育。《学前教育法（草案）》第十一条规定，省、自治区、直辖市人民政府和设区的市级人民政府统筹本行政区域内学前教育工作，健全投入机制，明确分担责任，制定政策并组织实施；县级人民政府对本行政区域内学前教育发展负主体责任，负责制定本地学前教育发展规划和幼儿园布局规划，统筹公办幼儿园的建设、运行、教师配备补充和工资待遇保障，对幼儿园等学前教育机构进行监督管理；乡镇人民政府、城市街道办事处应当支持本辖区内学前教育发展。可见，发展学前教育是国家法律法规规定的政府的义不容辞的职责。

《关于幼儿教育改革与发展的指导意见》

（二）各级政府努力履行学前教育职责

我国政府一直以来非常重视学前教育事业。各级政府在学前教育事业的发展方面一直努力履行相应的政策职责。从全国总体情况看，各级政府履行学前教育职责方面取得了一些成绩。

首先，教育行政管理机构和人员设置科学化程度得到了进一步的优化。随着“地方负责、分级管理”的工作思路和方针的确立，学前教育管理的重心下移，地方政府尤其是区县政府要对所辖范围内的学前教育行政机构设置和规划做系统科学的安排，为学前教育事业良性发展提供制度支持。

以北京市为例。北京市教育委员会颁发了《北京市学前教育专职督查队伍建设与管理办法》。北京市学前教育专职督查人员是指受本市以及各区学前教育督查部门聘任，经培训上岗，针对本市学前教育管理特定事项履行督查职责的工作人员。北京市学前教育专职督查队伍坚持市区双管、以区属地管理为主的原则。其中，市级督查人员具体履行全市学前教育专职督查队伍的统筹协调、监督指导、培训服务等职责。区级督查人员承担本区各类幼儿园（点）办园条件、安全卫生、保育教育、教职工队伍、内部管理等方面的督查工作，负责无证园排查、信息报告、举报情况核查等工作①。

其次，大力发展公办幼儿园。国际国内的成功经验和历史教训表明：通过举办一定数量的公办幼儿园来引导学前教育的发展，是落实政府责任、保证学前教育公益性的重要措施。

《国务院关于当前发展学前教育的若干意见》颁布之后，各级政府不断落实公办园的举办规模、办园地点和办园形式的改革和创新，履行学前教育的政府职责，举办普惠性公办幼儿园，并加强对民办幼儿园办园质量等的监管责任，保持学前教育的公益性。教育部在解读《中共中央　国务院关于学前教育深化改革规范发展的若干意见》时提出，为了坚持学前教育公益普惠方向的基本属性，让绝大多数的幼儿能够享受普惠性的学前教育服务，未来将提高公办园和普惠性民办园比例。

《国务院关于当前发展学前教育的若干意见》

《“十四五”学前教育发展提升行动计划》明确提出：“进一步提高学前教育普及普惠水平，到2025年，全国学前三年毛入园率达到90%以上，普惠性幼儿园覆盖率达到85%以上，公办园在园幼儿占比达到50%以上。”2023年全国普惠性幼儿园（包括公办园和普惠性民办园）达到23.6万所，占幼儿园总数的86.2%。其中公办园12.5万所，比2013年增长了91.9%，充分发挥了公办园保基本、兜底线、引领方向、平抑收费的重要作用。普惠水平大幅提高。全国普惠性幼儿园在园幼儿占比达到90.8%，比2016年提高23.5个百分点，绝大多数幼儿都能在收费合理的普惠性幼儿园就读②。

最后，各级政府加大了对学前教育事业的投入。长期以来，各级政府对学前教育的投入一直是促进学前教育事业发展的主要来源。近十年来，政府不仅在学前教育的投入的数量上有明显增长，同时从结构上给予适当的政策倾斜。

为切实减轻家庭教育负担，教育部会同财政部坚持政府投入为主、家庭合理分担、其他多种渠道筹措经费的原则，不断健全学前教育投入保障机制，确保人民群众上得起幼儿

---

① 学前教育专职督查人员管理办法出台　弄虚作假等行为将被“亮红牌”. 北京日报，2021-01-14 (16).

② 教育部：加大投入，强化保障　学前教育取得跨越式发展．(2024-05-16). http：//www.moe.gov.cn/jyb_xwfb/xw_fbh/moe_2606/2024/0516/baodao/202405/t20240516_1130963.html.

园。财政投入持续加大。中央财政支持学前教育发展专项资金十年累计投入 2 210 亿元，带动各地进一步加大财政投入，完善投入保障机制。2022 年全国财政性学前教育经费达到 2 982.2 亿元，占财政性教育经费的比例达到 6.2%，是 2013 年的 1.8 倍。2013—2022 年各级财政累计投入 825 亿元，资助家庭经济困难儿童、孤儿和残疾儿童接受普惠性学前教育 6 551 万人次①

二、政府发展学前教育的主要职责

《规划纲要》提出政府发展学前教育的主要职责包括规划学前教育事业发展、制订财政投入计划、举办幼儿园、建设幼儿教师队伍、监督管理等方面。

（一）制定适应各地实际的事业发展规划

各级政府必须建立普及学前教育工作推进机制，明确普及目标和进程。《规划纲要》明确提出：政府要“把发展学前教育纳入城镇、社会主义新农村建设规划”，纳入公共服务体系，从而使城镇和乡村的学前教育机构有合理的布局和覆盖面，能够满足城乡适龄儿童对学前教育的基本需求。

拓展阅读

夯实发展学前教育的政府责任

学前教育是国民教育体系的重要组成部分，是重要的社会公益事业。作为欠发达的西部地区，青海农牧区、贫困地区多，学前教育基础弱、底子薄，一度落后。实现学前三年毛入园率达 89.4%，跑出青海学前教育“加速度”的背后，是青海各级政府把发展学前教育真正当作了自己的重要责任。

青海将促进学前教育普及普惠发展确定为“厅长突破项目”，针对省情，因地制宜，开展扩大普惠性学前教育资源攻坚行动——在政府主导下推动各地完善布局规划，大力扶持普惠性民办园，专项治理小区配套园，重点支持农牧区和贫困地区学前教育，这是发展学前教育的正确做法。如果不由政府主导，如果不坚持普惠性，就很难解决“入园难”“入园贵”的问题，也就难以做到幼有所育，难以保证学前教育的质量。

教师数量不足、稳定性差，是影响各地学前教育发展的一个“短板”。青海采取政府购买学前保教岗位的做法，为补上这一“短板”提供了一种新模式和新路径。“县级实施，省级奖补”，从制定购买程序、编制购买计划到签订购买合同、组织实施，均进行全过程督导检查，这是政府教育资金管理使用的创新。这一做法效果立竿见影，师资难题缓解

① 教育部：加大投入，强化保障　学前教育取得跨越式发展．（2024－05－16）．http://www.moe.gov.cn/jyb_xwfb/xw_fbh/moe_2606/2024/0516/baodao/202405/t20240516_1130963.html.

了，直接为青海学前教育助力，同时也提高了教育公共服务供给的水平和效率，值得推广和借鉴。

学前教育这辆“列车”不仅要跑得快，还要跑得稳。“稳”的关键在于缩短地区之间的学前教育发展差距，更加均衡发展，这也是实现教育公平的要义。青海深知教育均衡的重要性，进一步夯实政府责任，通过开展城乡幼儿园结对帮扶、集团化办园等模式，促进城乡学前教育资源共享，不断缩小在师资、保教设备和教育理念上的差距。教育均衡了，优质资源共享了，人民群众“闭着眼睛入好园”就不再是奢求。

人生百年，立于幼学。学前教育普及普惠高质量发展，任重而道远。青海将教育公平的“关口”前移，不断夯实政府责任，切实加快了学前教育的发展速度。有理由相信，青海学前教育的这列“快车”必将驶向更加美好的明天。

资料来源：夯实发展学前教育的政府责任．中国教育报，2020-01-05.

（二）加大财政投入，扩大普惠性资源

政府对学前教育的投入是政府重视学前教育并承担发展学前教育职责的具体体现，也是确保学前教育公益性的基本前提。《规划纲要》明确提出的政府对学前教育投入的职责主要包括以下几个方面：

一是建立政府主导、社会参与、公办民办并举的办园体制。科学合理的办园体制的建立必须由政府主导，以体现学前教育的公益性和普惠性。政府应通过大力发展公办幼儿园，支持企事业单位和集体办园，积极扶持提供普惠性服务的民办幼儿园等具体措施，增加价格合理、有质量保证的幼儿园的数量，以满足最广大民众尤其是中低收入家庭对学前教育的需求。

二是建立体现政府公共服务责任的学前教育投入体制和成本合理分担机制。学前教育的发展在很大程度上取决于政府的投入。《规划纲要》明确提出：“非义务教育实行以政府投入为主、受教育者合理分担、其他多种渠道筹措经费的投入机制。”因此，各地应根据自己的实际情况，努力建立以政府投入为主的、多渠道筹资的学前教育投入机制。只有政府不断增加成本分担的份额，才能逐步减轻家长对学前教育的负担。

三是加大财政投入，通过新建、改建、扩建幼儿园，办好小区配套幼儿园，利用中小学布局调整的富余资源办园等途径，扩大城市和农村的公办学前教育资源，保障城乡中低收入家庭幼儿入园。同时，还应扶持企事业单位、街道、乡村集体办园，提高政府公共服务能力。

四是设立专项经费，切实保障弱势群体幼儿入园。《规划纲要》提出：“各地根据学前教育普及程度和发展情况，逐步对农村经济困难家庭和城镇低保家庭子女接受学前教育予以资助。”根据《规划纲要》的这一政策要求，国家通过中央财政支持的“推进农村学前教育”项目，加快发展农村学前教育，以使广大农村尤其是中西部贫困地区适龄学前儿童能够普遍接受学前教育。

《学前教育法（草案）》在加大财政投入方面，实现了多途径投入，扩大了普惠性资源。在投入机制方面，第五十条规定，学前教育实行政府投入为主、家庭合理负担保育教育成本、多渠道筹措经费的投入机制。各级人民政府应当优化教育财政投入支出结构，加大学前教育财政投入，保障学前教育事业发展。在财政分担方面，第五十一条规定，学前教育财政补助经费按照中央与地方财政事权和支出责任划分原则，分别列入中央和地方各级预算。国务院和省、自治区、直辖市人民政府统筹安排学前教育资金，重点扶持农村地区、革命老区、民族地区、边疆地区和欠发达地区发展学前教育。在经费保障方面，第五十二条规定，地方各级人民政府应当科学核定普惠性幼儿园办园成本，以提供普惠性学前教育服务为衡量标准，统筹制定财政补助和收费政策，合理确定分担比例。省、自治区、直辖市人民政府制定并落实公办幼儿园生均财政拨款标准或者生均公用经费标准，以及普惠性民办幼儿园生均财政补助标准。残疾学前儿童的生均财政拨款标准和生均公用经费标准应当考虑保育教育和康复需要适当提高。在支持普惠方面，第五十三条规定，地方各级人民政府应当通过财政补助、政府购买服务、减免租金、培训教师、教研指导等多种方式，支持普惠性民办幼儿园发展。第五十四条规定，国家建立学前教育资助制度，为家庭经济困难的适龄儿童等接受普惠性学前教育提供资助。在社会投入方面，第五十五条规定，国家鼓励向普惠性学前教育捐赠。

《学前教育法（草案）》

（三）加强幼儿教师队伍建设

幼儿教师队伍建设是长期以来制约学前教育事业发展的突出问题之一。各级政府应承担起加强幼儿教师队伍建设的责任，根据《规划纲要》的要求，严格执行幼儿教师资格标准，切实加强幼儿教师培养和培训，提高幼儿教师队伍整体素质，依法落实幼儿教师地位和待遇；制定幼儿园教师配备标准；对农村幼儿园园长和骨干教师进行培训。这就意味着各级政府要承担起提高幼儿教师地位和待遇、制定幼儿园教师配备和编制标准、对幼儿园园长和教师进行培训的具体责任，并以此为基础保证幼儿教师队伍的整体稳定和专业素质的不断提高。

政府要依法落实我国幼儿教师应有的教师地位和待遇，以增强幼儿教师职业的吸引力和队伍的稳定性；同时要高度重视和加大对幼儿教师的培养和培训力度，建立健全幼儿教师的在职培训制度和职称晋升制度，切实保障幼儿教师的培训权利①。

《学前教育法（草案）》第三十八条至第四十九条从学前教师的任职资格、职称评定、岗位聘任（用）、师资培养、专业培训等方面做出了具体规定，为我国未来学前教师队伍

① 加快普及学前教育需要落实政府责任. 光明日报，2010-04-01.

建设指明了方向。

（四）建立科学的学前教育机构监管机制

建立科学的学前教育机构监管机制，保障学前教育事业的健康发展和质量的不断提高，是政府尤其是教育部门的重要责任。

一是制定办园标准，把好入口关。《规划纲要》明确提出政府要制定办园标准，建立幼儿园准入制度。因此，各地在提高幼儿入园率的同时，一定要确保新增幼儿园符合基本办园条件，特别是接收乡村留守和经济困难家庭幼儿、城镇低保家庭幼儿的普惠性公办幼儿园必须保证基本办园条件和保教质量，使幼儿园教育真正能够弥补幼儿家庭环境的不利影响，为幼儿的终身发展奠定良好的基础。

二是规范学前教育收费，科学核定成本。《规划纲要》明确提出要“完善幼儿园收费管理办法”。各级政府应根据当地经济发展水平，科学地核定幼儿园办园成本，制定合理的幼儿园收费标准，并建立相应的监督机制。

三是健全学前教育质量评估和监管体系，提高各类幼儿园的保教质量。《规划纲要》明确提出要“加强学前教育管理，规范办园行为”，要求“教育行政部门加强对学前教育的宏观指导和管理，相关部门履行各自职责，充分调动各方面力量发展学前教育”。可见，以教育部门为主，协同有关部门建立起常规性的、全覆盖的督导评估制度，将民办幼儿园也纳入教育督导评估体系中，保证公办幼儿园和民办幼儿园质量的不断提高，杜绝违背幼儿身心特点和发展规律的教育内容与形式进入幼儿园，是发展学前教育、确保幼儿身心健康发展的必然要求。2022 年《幼儿园保育教育质量评估指南》在评估方式中提出，要注重过程评估，强化自我评估，聚焦班级观察。需要对学前教育过程性质量进行真实性、发展性评估①。

此外，政府责任的明确和落实还要有相应的机构设置和人员配备保障，有条件的地方政府应以教育部门为主设置学前教育管理机构和专职管理人员，暂时不具备设置专门机构条件的地方政府也必须配备专职或兼职学前教育管理人员，以保证政府监督、管理职责的到位与落实。

思考与练习

一、问答题

1. 简述学前教育的性质和功能。
2. 请结合实际谈谈当前我国政府在学前教育方面的主要职责。
3. 谈谈如何理解教育活动必须符合国家和社会公共利益。

① 华爱华.《幼儿园保育教育质量评估指南》的实践要义．江苏教育研究，2023（9）.

二、材料分析题

政府应该提供什么样的托育供给模式？

普惠性托育服务的供给是女性得以在产后尽快回归工作，以及应对少子化加剧的重要举措。这一功利理由背后，密切关系着儿童权利的实现和国家社会的未来。狭义的托育服务，指为3岁以下婴幼儿提供补充父母的照顾与教养服务。然而，自20世纪90年代以来随着国有企业改制、福利市场化等改革的进行，中国的托育服务就陷入了泥沼：福利性质的托育服务体系逐步崩溃、几近消失，而市场主导的托育服务体系则制度缺失、问题频发。党的十九大报告中七项重点民生任务之一，就是健全托育服务体系，实现“幼有所育”。

2019年10月24日，国家发展改革委、国家卫生健康委印发《支持社会力量发展普惠托育服务专项行动实施方案（试行）》，激发社会力量参与积极性，着力增加3岁以下婴幼儿普惠性托育服务有效供给，国家通过中央预算内投资重点支持两类托育服务设施建设：一是“承担一定指导功能的示范性托育服务机构”；二是“社区托育服务设施”。托育服务体系涵盖国家（政府）、社会、市场和家庭四方角色，国务院颁布的《关于促进3岁以下婴幼儿照护服务发展的指导意见》，明确以“家庭为主，托育补充”“政策引导，普惠优先”等为主要原则。但问题在于：（1）“托育补充”中应以由社会（如社区机构、公益组织等）抑或市场供给为主是不明确的，它们都可视为社会力量，但却代表两种不同的供给模式；（2）当前国家采取对两类托育服务设施建设重点投资的方式，能否实现“普惠性托育服务有效供给”这一目标？（3）“政策引导”的提法与国家（政府）在婴幼儿成长所应承担的责任或要实现的目标是否相匹配？当前学界关于社会和市场的关系，可分“社会化强调说”、“市场化主导说”和“同等重要说”。这些思考是有益的，但又都止步于对市场化或社会化的进一步探讨之前。比如，怎样鼓励和促进社会化需要的非营利性组织的发展，怎样发挥市场的作用或避免市场化的弊端，国家（政府）发挥主导作用是否只需要监管和立法等讨论仍停留在表层，从而更多的是表明一种价值立场，而非模式构建。

资料来源：谢郁．普惠性托育服务如何供给?：托育供给制度的模式之辩．浙江社会科学，2020（7）．

请根据我国学前教育政策与法规，结合材料分析政府承担了哪些学前教育职责。

第四章

学前教育的政府管理

本章学习目标

1. 了解我国学前教育行政管理体制。
2. 了解并理解我国学前教育机构现行的运行体制。
3. 理论联系实际，思考如何完善学前教育的行政管理体制。

导入案例

学前教育三大体制如何优化

2010 年以来，我国学前教育发展进入了快车道，“入园难”问题有效缓解。2018 年《中共中央　国务院关于学前教育深化改革规范发展的若干意见》(简称《若干意见》) 发布，对新时代学前教育改革发展做出了顶层设计和系统谋划。为贯彻落实好《若干意见》，北师大首都教育经济研究院、中国教育与社会发展研究院联合主办了研讨会，与会专家学者围绕财政体制、管理体制、办园体制如何优化展开了研讨。

财政体制：投入比例与机制尚需突破

近年来，我国学前教育经费投入实现大幅度增长，2017 年总投入为 3 255 亿元，比上年增长 16.11%。但总体来说，经费投入现状可以用“三个比较低”来概括：一是投入水平比较低，二是财政性投入占比比较低，三是财政投入中中央财政占比比较低。此外，在投入机制方面，各级学前教育生均拨款制度还不够完善，省以下分担机制还不够明确，促进多元投入的机制还不够健全。

《若干意见》明确提出，健全经费投入长效机制，主要有三项措施：一是优化经费投入结构，逐步提高学前教育财政投入和支出水平，中央财政继续安排支持学前教育发展专项资金。二是健全学前教育成本分担机制。三是完善学前教育资助制度。

“我们要坚持政府主导，建立公益普惠的学前教育公共服务体系，那么，政府投入比例多大才能实现政府主导？这个钱投到什么地方去？在经费投入机制方面省级政府起什么作用?”北师大经济与工商管理学院教授袁连生连发三问。

袁连生进一步阐释说，国际上一个大趋势是OECD（经济合作与发展组织）国家政府投入学前教育的比例在普遍提高，学前教育免费的国家在增多。我国强调政府主导，应该确定一个比例界限，还要明确是体现在主要投入到实现公益普惠办园方向上，还是体现在《若干意见》提出的到2020年全国公办园原则上达到50%这一办园比例上。此外，以县为主的管理体制下，区县的财政支出压力很大，应明确实行省级统筹，适当增加和上移省级支出责任。

“从生均财政投入来看，相对于其他教育阶段，学前阶段最不均衡。核心问题是政府分担比例过低，政府在某些特定幼儿园分担比例过高，幼儿园保教费对于一部分家庭可负担性有非常大的挑战，越穷的孩子分担比例越高。”北京大学中国教育财政科学研究所副研究员宋映泉分享了一项研究，并提出目前的投入方式如果不改，投入更多的钱可能是在增大不公平。

管理体制：政府主导意识的落实需要支撑

针对我国学前教育监管体制机制不健全的现状，《若干意见》提出，健全管理体制，认真落实国务院领导、省市统筹、以县为主的管理体制。落实监管责任，建立健全教育部门主管、各有关部门分工负责的监管机制。

“政府主导是实现学前教育公益普惠的根本保障。”贵州省教育厅学前教育处处长谢旌深有体会地说，贵州省学前教育2011年后之所以能取得较大发展成效，关键在于政府重视。“我们要形成完善的体制机制，政府主导非常重要。政府主导不能只是喊口号，主导意识的落实需要几个支撑：一是要配备足够的监管队伍，二是要用目标任务引导，三是要对各级政府督导。”

中国学前教育研究会管理专委会主任柳倩，考察了一个省的地方政府官员在学前教育发展这个板块的考核指标。她观察到两种考核指标，第一种是由政府教育督导委员会办公室牵头的，考核对象是人民政府。第二种牵头部门加了一个省委组织部，并说明评价结果作为干部选拔任用的重要依据。结果显示，前者是部分达标，后者是全部达标。

“当我们把学前教育纳入对政府和主要官员的考核时，尤其是作为干部选拔任用的重要依据时，是不是可以产生更明显的标尺效应?”柳倩提出了自己的思考。

在奕阳教育集团董事长张守礼看来，目前我国学前教育在管理体制上基本纳入义务教育，政府主导、全面管控学前教育的时代已来临。当前管理上的一个难点是，怎么升级完善现有的普惠性民办园管理制度，促进非营利机制的发展。

办园体制：理顺管理关系，明确类型概念

改革开放以来，我国办园体制经历了从“部门办园与集体办园两条腿走路”，到

“以公办园为骨干和示范，以社会力量兴办幼儿园为主体，公办与民办、正规与非正规教育相结合”，再到“以政府为主导、社会参与、公办民办并举”的发展阶段，由此形成了公办园、公办性质园、民办园等不同类型的幼儿园。按照《民办教育促进法》相关规定，现有民办园将进行非营利性民办园或营利性民办园分类登记。

为扩大学前教育资源供给，《若干意见》提出，大力发展公办园。鼓励支持街道、村集体、有实力的国有企事业单位，特别是普通高等学校举办公办园。鼓励社会力量办园。政府加大扶持力度，引导社会力量更多举办普惠性幼儿园。

“如果我们想实质性地解决学前教育普惠资源有效供给的问题，真正的抓手不在于投入的研究，而在于办园体制的解决。”渤海大学教育科学学院教授王东说，现有的办园体制有些混乱，需要从法制上、管理体制上进行简单化、清晰化的梳理，使得它们的性质、经费来源、管理模式得以明确并纳入管理系统，而这正是建立有效学前教育供给体系的基础性条件。

北师大中国民办教育研究院院长周海涛发现，《若干意见》发布后，一些地方政府在民办园的性质选择上存在困惑，有的地方把普惠园等同非营利园，有的地方在非营利园里又分出非营利普惠园和非营利选择园。因此，他建议对新政精准解读和实施的过程中，要进一步捋顺这些关系。

怎么理解营利园和非营利园？公办园和公办性质园怎么界定？公办园是不是就是普惠的？“我们现在老是把收费当成判断营利不营利、普惠不普惠的标准，这是有问题的。”北师大学前教育系教授冯晓霞说，现在大家普遍感觉收费低就是普惠的，这是两回事，收费低也可以通过降低质量、克扣孩子伙食来营利。因此，政府对各种类型园的基本概念要有清晰的界定。

会议最后，全国人大常委会委员、中国教育与社会发展研究院副理事长庞丽娟教授，结合《若干意见》精神对与会者所讨论的学前教育管理体制、财政体制和办园体制进行小结性发言，强调了建立健全政策保障机制和学前教育立法的重要性。

资料来源：纪秀君．学前教育三大体制如何优化．中国教育报，2019-01-20（1）．有删减。

《中共中央　国务院关于学前教育深化改革规范发展的若干意见》

第一节　学前教育的行政管理

学前教育的政府管理包含两个主要内容：一是学前教育的行政管理，二是学前教育机构的运行体制。其中，学前教育的行政管理是指各级政府部门在实施学前教育管理的过程中如何分工配合的制度机制，包括基本原则、教育行政部门的主管权限和有关行政部门的权限等。

一、我国学前教育行政体制的建立

（一）学前教育行政及其体制确立

学前教育行政主要指国家及地方各级教育行政机构对学前教育事业的宏观管理，主要包括国家及地方教育行政部门通过制定规划、法规、政策等，对学前教育事业的发展进行组织、协调、引导、督导和评估，以及协调有关部门的关系等，以保证学前教育事业的健康发展。

学前教育行政体制是国家教育行政体制的一个有机组成部分。新中国成立后，迅速建立起从中央到地方完备的教育行政体制。政府对学前教育行政十分重视，1949 年 10 月，在教育部初等教育司中设“第二处”，主管幼儿教育；1950 年 11 月，改称“幼教独立处”，直属教育部有关部长领导。这是我国第一个学前教育中央领导机构，掌管全国学前教育工作。同时政府决定，省、市教育厅及教育局设幼教科、组或专人主管学前教育。

拓展阅读

在设立学前教育办公室之前，我国的学前教育工作由教育部下辖的基础教育二司负责，是该司局众多工作中的一项；而 2012 年新设置的学前教育办公室则为教育部的独立办公室，专门负责学前教育的管理工作。学前教育办公室的设立，意味着学前教育的管理工作被“升格”。

从工作内容的变化来看，此前基础教育二司负责的学前教育工作，主要是拟定学前教育的发展政策，配合做好学前教育立法项目启动工作等。

新设置的学前教育办公室职责在过去的基础上有所丰富，包括拟定学前教育的宏观政策和事业发展规划，组织制定幼儿园保育教育质量标准和工作基本要求，指导幼儿园保育教育工作，指导学前教育改革，等等。

资料来源：毕嘉琪．教育部首次设立学前教育办公室　幼教管理再升级．南方日报，2012-12-06．

（二）新中国成立初期我国幼教行政管理的主要成绩

1. 确定学前教育的性质和任务

1951 年 10 月，《政务院关于改革学制的决定》颁布，这是中华人民共和国成立以来正式实施的第一个学制。学前教育被列入学制体系，成为小学教育的基础，确立了学前教育是社会主义教育事业的重要组成部分的地位。

1952 年《幼儿园暂行规程（草案）》规定："幼儿园的任务是：根据新民主主义教育方针教养幼儿，使他们的身心在入小学前获得健全的发育；同时减轻母亲对幼儿的负担，以便母亲有时间参加政治生活、生产劳动、文化教育活动等。"从此，确立了我国学前教育兼有教育性和福利性的双重性质。

2. 确立学前教育事业发展方针

新中国成立初期，学前教育事业的发展单纯依靠国家投入是不可能的。为了调动社会各方面力量发展学前教育事业，1956 年 2 月，内务部、教育部、卫生部联合发出《关于托儿所、幼儿园几个问题的联合通知》(以下简称《通知》)，确定了公办和民办并举的发展方针，依靠群众，动员社会各方面的力量，采取多种形式兴办幼儿园，逐步解决人民群众的需要。可以看出，我国学前教育事业的发展从一开始就具有社会性、地方性、群众性的特点。

3. 明确学前教育机构的领导职责

1956 年的《通知》明确了对各类学前教育的领导职责，以统一领导、分级管理为原则。《通知》规定：各类型托儿所、幼儿园的经费、人事、房屋设备和日常行政事宜，均由主办单位（包括教育行政部门、厂矿、机关、团体、部队、学校、群众和私人等）各自负责管理；有关方针、政策、规章、制度、法令、教育计划、教育内容、教育方法、儿童保健业务，在托儿所方面，则统一由卫生行政部门领导；幼儿园统一由教育行政部门领导。依据《通知》精神，及时地解决了妨碍保教事业发展的领导管理体制上的问题，托儿所、幼儿园的保教工作、管理工作都有明显改善。

4. 加强对幼儿园管理的规范化

为了彻底改革旧中国的学前教育，实现新中国学前教育的双重任务，中央幼教行政通过制定幼儿园规程，发布幼儿园教学纲要，加强对幼儿园的规范化管理。1952 年《幼儿园暂行规程（草案）》，包括总则，学制，设置、领导，教养原则、教养活动项目，入园、结业，组织、编制、会议制度，经费、设备，以及附则。这是新中国发展学前教育的具体纲领。1952 年印发的《幼儿园暂行教学纲要（草案）》，主要内容包括各班幼儿的年龄特点和教育要点，并制定了体育、语言、计算、图画、手工、音乐及环境教学的各科纲要，这就为我国学前教育正规化建设提供了依据。

5. 重视学前教育师资的培养和培训工作

新中国成立后，各级教育行政部门十分重视学前教育干部和师资的培养与培训工作，一方面建设从高师到幼师培训专业人才的体制，另一方面大力开展在职培训，既培养了一批中级与高级的学前教育新的主力军，又提高了原有学前教育干部和教师的专业水平，为学前教育的健康发展奠定了基础。

二、我国学前教育行政体制的改革与发展

教育行政体制的确定不仅与国家政权的性质、政体有着十分密切的关系，而且受国家经济、文化、传统等方面的影响。幼教行政体制是教育行政体制的组成部分，因此教育行政体制的性质制约着幼教管理体制。

在我国，国家对各级各类教育实行中央与地方两级管理体制。自新中国成立以来至今，随着幼教事业的发展，幼教管理体制也在逐步建立和完善起来。1985 年，《中共中央关于教育体制改革的决定》明确指出："实行基础教育由地方负责、分级管理的原则，是发展我国教育事业、改革我国教育体制的基础一环。"学前教育属于基础教育的一部分，管理体制为"地方负责、分级管理和有关部门分工负责"。1987 年国务院办公厅转发的国家教委等部门《关于明确幼儿教育事业领导管理职责分工的请示》明确指出，幼儿教育"必须在政府统一领导下……实行'地方负责，分级管理'和有关部门分工负责的原则"。1989 年，经国务院批准，由国家教育委员会发布的《幼儿园管理条例》又以法规的形式，将这一体制确立下来。《学前教育法（草案）》指出，国家实行学前教育制度；发展学前教育坚持政府主导，以政府举办为主，大力发展普惠性学前教育资源，引导和规范社会力量参与；各级人民政府应当依法履行职责，合理配置资源，缩小城乡之间、区域之间学前教育发展差距，为适龄儿童接受学前教育提供条件和支持。

（一）政府负责，学前教育管理地方化

学前教育是基础教育的一部分，把发展学前教育的责任和权力交给地方是为了充分调动地方发展和管理幼儿教育的积极性，使之能够根据当地经济和社会发展的实际需要，统筹规划，合理布局，使幼儿教育更好地适应当地群众生产和生活的需要，有利于因地制宜地加强领导和管理，有利于我国幼教事业发展方针的贯彻落实。幼教事业管理体制的地方化，可直接促进幼教事业发展在办园途径上的多渠道化以及办园形式上的灵活多样化。另外，幼教事业管理体制与基础教育管理一致起来，便于地方教育行政部门操作。

地方负责即政府负责，强调地方各级人民政府要把学前教育作为基础教育的重要一环来抓。一方面要贯彻国家有关学前教育的方针政策、法令和宏观计划，另一方面还要依据当地实际，制定地方具体政策、规章制度，对地方幼教事业发展做出规划和布局，管理当地各类幼儿园。《学前教育法（草案）》规定，省、自治区、直辖市人民政府和设区的市级人民政府统筹本行政区域内学前教育工作，健全投入机制，明确分担责任，制定政策并组织实施。《幼儿园管理条例》实施的实践证明，由于把管理权力下放到地方，各级政府增

强了责任感，加强了对幼教工作的领导，各地把幼教工作纳入了本地区经济和社会发展规划，政府各有关部门也增强了参与管理的意识。学前教育管理地方化极大地推动了我国幼教事业的发展，并在发展过程中，各地逐步形成了自己的特色。

（二）分级管理，教育部门发挥主管主导作用

教育行政部门是政府管理各类教育的职能部门，担负着当地政府对有关学前教育决策的参谋者及贯彻执行的组织者的作用。其职能主要是综合管理、社会协调和业务指导。《学前教育法（草案）》规定，省、自治区、直辖市人民政府和设区的市级人民政府统筹本行政区域内学前教育工作。县级人民政府对本行政区域内学前教育发展负主体责任，负责制定本地学前教育发展规划和幼儿园布局规划，统筹公办幼儿园的建设、运行、教师配备补充和工资待遇保障，对幼儿园等学前教育机构进行监督管理。乡镇人民政府、城市街道办事处应当支持本辖区内学前教育发展。《幼儿园管理条例》在确定“地方负责、分级管理”这一原则时，还规定：“地方各级人民政府的教育行政部门，主管本行政辖区内的幼儿园管理工作。”“主管”管什么？关于教育行政部门的具体职责，1987 年国务院办公厅转发的国家教委等部门《关于明确幼儿教育事业领导管理职责分工的请示》已做出明确的规定：“（一）贯彻中央、国务院有关幼儿教育工作的方针、政策、指示，拟订行政法规和重要的规章制度；（二）研究拟订幼儿教育事业发展方针，综合编制事业发展规划；（三）负责对各类幼儿园的业务领导，建立视导和评估制度；（四）组织培养和训练各类幼儿园的园长、教师，建立园长、教师考核和资格审定制度；（五）办好示范性幼儿园；（六）指导幼儿教育科学研究工作。”

（三）分工负责，幼教事业管理社会化

《学前教育法（草案）》第十二条第二款指出，县级以上人民政府其他有关部门在各自职责范围内负责学前教育管理工作，履行规划制定、资源配置、经费投入、人员配备、待遇保障、幼儿园登记等方面责任，依法加强对幼儿园举办、教职工配备、收费行为、经费使用、财务管理、安全保卫等方面的监管。由于学前教育事业本身涉及卫生、福利、文化、经济等诸多领域，因而必须依靠和动员全社会的关心、支持和参与。例如，幼儿园的人事编制、房舍设备、卫生保健、教育和生活用品等各方面均需得到有关部门的支持。因此，除地方各级政府及其教育部门负责管理，还需“有关部门分工负责”。

《学前教育法（草案）》

在国务院办公厅转发的《关于明确幼儿教育事业领导管理职责分工的请示》中，对有关部门的职责做出了规定。但是，教育行政部门作为政府的主管职能部门，应主动争取政府其他部门和社会力量的支持，搞好社会协调。各级幼儿教育行政管理机构还应注意依靠各种群众组织，调动它们的积极性，特别应继续发挥妇联、工会等群众组织参与幼教工作的领导、管理和协调作用，形成发展和搞好幼教事业的合力。

第二节　学前教育机构的运行体制

一、我国学前教育机构现行的运行体制

（一）学前教育机构运行体制的含义

学前教育机构的运行体制是指根据国家教育法律和学前教育基本政策，由不同办园主体所构成的有机统一体的学前教育机构组织体系。这里包含两层意思：第一，哪些社会主体可以举办学前教育机构；第二，不同的社会主体举办的教育机构所构成的整个教育体系。根据《教育法》规定，国家制定教育发展规划，并举办学校及其他教育机构。国家鼓励企业事业组织、社会团体、其他社会组织、公民个人，依照法律规定可以举办学校及其他教育机构。国家举办的学校及其他教育机构在整个教育体系中占据主导地位。

国家办学，主要表现在各级人民政府及其有关部门使用国家教育经费办学，其中包括教育行政部门以外的其他国家机关和一些国有企业事业组织及社会团体，利用国有资产和财政性教育经费举办的学校及其他教育机构。国家办学是为了提高国民素质，培养各类人才，推动国家经济发展和社会进步而必须履行的责任。企业事业组织、社会团体、其他社会组织及公民个人办学，即社会力量办学，是我国社会主义教育事业的重要组成部分。

《学前教育法（草案）》第七条指出："发展学前教育坚持政府主导，以政府举办为主，大力发展普惠性学前教育资源，引导和规范社会力量参与。"《宪法》规定："国家鼓励集体经济组织、国家企业事业组织和其他社会力量依照法律规定举办各种教育事业。"对社会力量自筹资金举办学校的行为，国家在用地、有关税收、基本建设计划安排以及办学审批与经费等方面给予必要的和适当的帮助。符合法律法规规定的办学行为受法律保护，全社会应当给予支持。

（二）学前教育机构体制改革

我国学前教育机构的办园主体有以下类型：公办园、民办园、集体办园、其他部门办园。目前，公办园和民办园是主要的学前教育机构，普惠性幼儿园在一些地区发展较快。

拓展阅读

普惠幼儿园建设任务及其措施

《"十四五"学前教育发展提升行动计划》为学前教育普惠发展提供了政策支持，其中重点任务有两项涉及了学前教育的发展：一是补齐普惠资源短板。多渠道持续增加普惠性资源供给，大力发展公办幼儿园，积极扶持普惠性民办园，支持和规范社会力量办园。加强村级幼儿园建设，城市新增人口、流动人口集中地区新建改扩建一批幼儿园，完善城乡

学前教育布局和公共服务网络，切实保障适龄幼儿入园。二是完善普惠保障机制。切实落实各级政府发展学前教育责任，优化完善学前教育管理体制、办园体制，落实政府投入为主、家庭合理分担、其他多渠道筹措经费的机制，健全幼儿园教师配备补充、工资待遇保障制度，提升教师专业能力，促进普惠性学前教育可持续发展。

同时，提出了政策措施。一是优化普惠性资源布局。推进教育公平，增加普惠性资源供给，充分考虑出生人口变化、乡村振兴和城镇化发展趋势，逐年做好入园需求测算，完善县（区）普惠性幼儿园布局规划，原则上每三年调整一次。结合三孩生育政策实施和地方实际，及时修订和调整居住社区人口配套学位标准，推动城市居住社区、易地搬迁安置区配套建设与人口规模相适应的幼儿园，产权及时移交当地政府，确保提供普惠性服务，满足就近入园需要。完善农村学前教育资源布局，办好乡镇公办中心幼儿园，通过依托乡镇中心幼儿园举办分园、村独立或联合办园、巡回支教等方式满足农村适龄儿童入园需求。充分发挥乡镇中心幼儿园的辐射指导作用，实施乡（镇）、村幼儿园一体化管理。鼓励有条件的地方探索实施学前教育服务区制度。二是推进普惠性资源扩容增效。国家实施教育提质扩容工程和教育强国推进工程，新建改扩建一批公办幼儿园，支持人口集中流入地、农村地区、“三区三州”、原集中连片特困地区县和片区外国家扶贫开发工作重点县普及学前教育。各地实施幼儿园建设项目，补齐普惠性资源短板，确保城乡学前教育资源全覆盖。加大扶持力度，落实财政补助、减免税费和租金等政策，鼓励支持政府机关、国有企事业单位、军队、街道、农村集体举办公办幼儿园，积极扶持民办园提供普惠性服务。逐步化解和消除学前教育“大班额”现象，防止出现新的无证园。全面改善办园条件，消除园舍安全隐患。各类幼儿园按照国家和地方的有关要求配备丰富适宜的玩教具和游戏材料。对乡镇公办中心园、企事业单位和集体资产举办的幼儿园，经机构编制部门审批后，依据《事业单位登记管理暂行条例》等相关规定做好事业单位法人登记管理工作，发挥其兜底线、保普惠的重要作用。各省（区、市）要认真部署开展城镇小区配套园治理“回头看”，对治理成效进行全面复查，健全城镇小区配套园建设管理制度，完善扶持政策和监管机制，巩固治理成果，坚决防止出现反弹。

资料来源：教育部等九部门关于印发《“十四五”学前教育发展提升行动计划》和《“十四五”县域普通高中发展提升行动计划》的通知．（2021－12－16）．http：//www.moe.gov.cn/srcsite/A06/s7053/202112/t20211216_587718.html.

根据学前教育发展的现实需要，《规划纲要》确立了“政府主导、社会参与、公办民办并举”的新办园体制，为普及学前教育明确了可持续发展的方向。

（1）公办学前教育机构。公办学前教育机构是由国家设立的学前教育机构，机构的一切财产均属于公有，园长由教育局任命，建设经费、办公经费、教师及保育员工资均为财政拨付。公办学前教育机构是与民办学前教育机构相对的概念。

公办学前教育机构所在地的地方各级人民政府或其他行政部门，必须根据本级政府财政预算中的教育经费支出预算的用途和金额，按《中华人民共和国预算法》规定的程序，及时地、足额地拨给各有关公办学前教育机构，以保证其保育、教育工作的正常进行。当然，公办学前教育机构所在地的地方人民政府或其他行政部门还可以通过“其他多种渠道”为公办学前教育机构筹措资金，但其他渠道不能代替“以财政拨款为主”这一法定的渠道。

《学前教育法（草案）》第十五条规定，地方各级人民政府应当依法举办公办幼儿园，结合本地实际利用财政性经费或者国有资产等支持国家机关、国有企业事业单位、人民团体、军队、街道、村集体等举办公办幼儿园。

（2）民办学前教育机构。民办学前教育机构是按《民办教育促进法》及《中华人民共和国民办教育促进法实施条例》等相关法律法规规定，由国家机构以外的社会组织或个人承办的，主要利用非国家财政性经费，面向社会招收幼儿的学前教育机构。

与民办学前教育相关的概念有社会力量办园、民办学前教育机构、私立学前教育机构等。这些概念大同小异，它们之间既有联系又有区别，主要区别在于概念的外延上，三者之间是包容关系，社会力量办园包括民办学前教育机构和私立学前教育机构。三者之间的共同点都是指非政府举办的学前教育机构，办学经费都是非国家财政性教育经费，更具体的区别还有“社会力量办学”是相对于“政府办学”而言的，“民办”相对于“官办”，“私立”相对于“公立”。

《学前教育法（草案）》第十五条规定，接受政府扶持、收费实行政府指导价管理的非营利性民办幼儿园可以认定为普惠性民办幼儿园。普惠性民办幼儿园认定标准由省、自治区、直辖市人民政府或者其授权的设区的市级人民政府制定，由县级人民政府教育行政部门组织认定。公办幼儿园和普惠性民办幼儿园为普惠性幼儿园，应当按照有关规定提供普惠性学前教育服务。政府可以依法向民办幼儿园购买普惠性学前教育服务。

相对于其他类型的学前教育机构，民办学前教育机构有着自身的特殊性，其特点可概括为：办园主体的非国家性与产权形式多样性的统一，公益性与营利性的统一，规定的统一性与办园自主性的统一，教育质量的一致性与办园特色多样性的统一。

学前教育机构运行体制改革既要扩大入园率，又要提高保育、教育质量；既要为幼儿提供普惠性的均等的入园机会，又要满足多种选择的需要。为了适应新形势新任务的需要，《规划纲要》提出，要“大力发展公办幼儿园，积极扶持民办幼儿园”，充分肯定了公办学前教育机构与民办学前教育机构都是社会主义教育事业的组成部分，具有同等的法律地位，在普及幼儿教育中发挥着同等重要的作用。建立新学前教育机构运行体制，既是思想解放、体制创新的成果，也是对广大公办学前教育机构与民办学前教育机构教育工作者“一视同仁”的期待的回应。各级政府要不断增强公共服务能力，积极发展公办学前教育机构，充分发挥公办学前教育机构自主办园、特色发展的优势，保障学前儿童享有选择的权利。因此，公办学前教育机构与民办学前教育机构既不排斥，也不对立，而是互相补充、互相促进，发挥各自的优势，共同推进学前教育的普及与提高。

国家倡导的学前教育体构运行体制能否落到实处是一个需要时间来检验的问题，同时也是对各级政府执政能力的评价。目前，由于各地拥有的教育资源不等，甲地区的“并举”与乙地区的“并举”，公办学前教育机构与民办学前教育机构各占的比例应该允许有所不同；现在的“并举”与将来的“并举”都应该视为正常现象。因为，“并举”的根本目的在于，既要向广大学前儿童提供普惠性的机会均等的教育，又要满足学前儿童对个性化、差异性教育的需求，保障学前儿童享有受教育权与选择权，促进他们快乐健康成长。因此，一定要防止把“公办、民办并举”理解为各不相让，必须在数量上对等。另外，建立学前教育运行体制，是党中央、国务院对各级党委、政府的要求。各级政府要行使好自己的职权，防止以个人的好恶和情感进行随意性运作。

案例 4-1　　机关企事业幼儿园办园体制改革的问题及对策（节选）

随着《规划纲要》的颁布与实施，学前教育得到空前的发展。《国务院关于当前发展学前教育的若干意见》、《陕西省人民政府关于大力发展学前教育的意见》、陕西省《关于加快发展学前教育的若干规定》均指出：坚持学前教育公益性和普惠性原则，努力加快机关企事业幼儿园发展，充分发挥公办幼儿园主导作用，切实解决入园难、入园贵问题，更好地满足广大人民群众对优质教育资源的需求。针对企事业办园的不同现状，积极发挥机关企事业幼儿园的作用。

鼓励多种形式办园——办园主体多元化。在幼儿园产权不变，即幼儿园的产权所有制仍然归国家所有的前提下，可采取国有民办的承办制、民办公助、公办民助和租赁承包等形式办园，实现办园体制的改革。在幼儿园产权改变的前提下，可采取股份合作制办园、与外资合作办园、个人独资办园等形式，要鼓励多种社会力量采取多种形式办园。

借鉴政府购买民办园方式——生均公用经费补贴。为了保证企事业单位能够向社会提供高品质、低收费的优质教育资源，保证办园质量不下滑，可借鉴政府购买民办园的方式，用现金或代币券的方式向企事业办园购买服务，这是一种最常见、使用频率最高的购买服务方式。例如，上海、郑州、南京规定，在发展较快、公办幼儿园暂时没有布点的新兴小区，政府选择优质民办幼儿园以公办园同等收费的方式接收划定区域内的儿童，政府则给予每生每年 2 000 元的补贴或发放助学券，用以补助人员工资。

鼓励继续办有质量的幼儿园——以奖代补。为进一步加快学前教育的发展，努力提高企事业办幼儿园的整体水平，可通过政府财政支持，以奖代补，积极扶持企事业办幼儿园的发展。比如，《西安市扶持民办企事业办幼儿园发展实施方案》提出，将通过财政支持，扶持民办、企事业办幼儿园的发展。其中新建、改建规模达到12个班的，每园将获得奖补30万元。对在现有办园等级基础上等级提升的民办、企事业办幼儿园给予一次性奖补。重点扶持未入级园升至三级园，同时对三级园以上幼儿园提升等级给予适当奖补。其中：未入级园升至三级园，每园奖补25万元；三级园升至二级园，每园奖补20万元；二级园升至一级园、一级园升至省级示范园，每园奖补10万元。对经考评达到《西安市学前教育机构考核评估办法》规定的优秀和良好等次的企业办幼儿园进行奖补。其中，达到优秀等次，每园奖补10万元；达到良好等次，每园奖补5万元。所需资金由市与区县财政按6：4比例分担。同时，在各级国培、省培项目中加大对企事业幼儿园的倾斜力度，确保企事业幼儿园教师在职称评定、评选先进等方面与公办教师享有同等待遇。

资料来源：苏晓芬. 机关企事业幼儿园办园体制改革的问题及对策. 环球市场信息导报：理论，2012(10).

二、学前教育机构运行体制改革的主要方向[①]

(一) 形成完善的学前教育法律法规体系

我国学前教育法规体系——以《宪法》为根据，以《未成年人保护法》为主体，以《儿童权利公约》《儿童生存、保护和发展世界宣言》为指导，以《母婴保健法》《教育法》《教师法》《预防未成年人犯罪法》《民法典》《中华人民共和国继承法》《义务教育法》《学生伤害事故处理办法》为法律内容，以《幼儿园工作规程》《幼儿园管理条例》为代表的专业性法规——已经发挥了重要作用。

我国政府有关部门已经启动、组织有关学前教育事业发展问题与现实需要的调研，积极创造条件开展“学前教育法”立法活动。目前，中华人民共和国学前教育立法已经进入征求意见阶段，这是我国学前教育事业发展史上一件里程碑式的事件。未来我国学前教育将在有法可依的条件下规范学前教育的性质、地位与宗旨，政府及相关部门职责，学前教育投入与条件保障，学前教育机构资质与程序，学前教育教师及相关工作人员资质、培训等，为学前教育提供保障。此外，根据具体的学前教育政策，还应制定相关的法律法规，对具体的工作进行管理和指导，保障各项政策切实落到实处。

(二) 加大财政投入力度，设立学前教育专项资金

在加大财政投入力度和设立学前教育专项资金方面，主要有以下几个方面的举措：首先，增加“春蕾计划”[②] 的资助对象，将资助对象向学前教育阶段拓展。其次，提高对学

① 周小虎，赵然. 英美两国学前教育政府职责的比较及其启示：教育政策法规的视角. 外国教育研究，2010(3).

② “春蕾计划”是1989年中国儿童少年基金会发起并组织实施的一项救助贫困地区失学女童重返校园的社会公益事业。

前教育的重视程度，把学前教育事业发展经费纳入各级政府财政预算，适当增加对学前教育的财政投入比例，建立健全财政投入的政策体系。《学前教育法（草案）》第六十条第一款规定，县级以上人民政府及其有关部门应当建立健全学前教育经费预算管理和审计监督制度。再次，国家财政和教育部门以及地方政府都应尽快设立学前教育专项资金，而且确保资金在各省、市、县、乡镇级财政与教育部门直接流动。借助这些专项资金来实现有针对性的学前教育投入，通过对弱势儿童群体和学前教育落后地区的财政支持来促进学前教育的均衡发展。最后，强化对学前教育财政的管理，加强对其投入方案和法规执行过程的监控，保证学前教育经费专款专用及有效使用。《学前教育法（草案）》第六十条第二款规定，任何单位或者个人不得侵占、挪用学前教育经费，不得向幼儿园非法收取或者摊派费用。

（三）关注弱势儿童群体，促进教育公平

弱势儿童的教育存在诸多问题，这不仅对我国学前教育事业的均衡发展不利，而且影响学前教育公平的实现以及和谐教育的构建。在具体实施过程中，政府应该立足于我国的基本国情和教育现状，建立和完善国家对弱势群体的资助体系。首先，提供针对弱势儿童保育和教育的法律保障机制，确保弱势儿童都享有受教育的权利，确立政府在保障弱势儿童接受学前教育方面的责任和义务；其次，颁布专项学前教育政策，制定补偿性的保教项目，实现对弱势儿童的补偿教育；最后，设立弱势儿童专项保教经费，专门针对各类弱势儿童提供明确的财政支持，从而实现对流动与留守儿童、贫困儿童、少数民族儿童学前教育的扶持，促进全国各地区、各民族学前教育的均衡发展。

（四）理顺政府与专业性组织的关系，保证学前教育质量

一是发挥政府的主导功能。政府要完善学前教育监督和评估体系，可以设立专门负责学前教育的监督、评估的政府部门，从学前教育机构的注册开始做好严格把关工作，确保学前教育机构、师资等严格按标准准入，使学前教育的监督与评估制度化，发挥政府在学前教育监督与评估中的作用。二是发挥以专业性组织为主、以政府为辅的功能。政府要鼓励社会对学前教育进行监督，发挥社区、教育协会、学术组织、家长组织等社会力量的作用，促进学前教育事业的健康发展，并在其中发挥应有的支持和服务功能。

（五）提高幼儿教师的专业水平和社会地位

一是政府有责任和义务保障全社会认同幼儿教师同其他教师享有同等的社会地位；重新核定幼儿园教师编制标准，解决长期积压的严重缺编问题，为他（她）们提供良好的社会福利和保障；明确幼儿教师的聘任和考核要求，制订幼儿教师专业培养和职后进修计划，切实提高幼儿教师的整体素质和水平。二是在财政上对幼儿教师教育提供支持，确定公办幼儿园非在编教师和民办幼儿园教师的最低工资标准，制定符合事业发展需要和我国实际情况的幼儿教师资格，建立健全幼儿教师的社会保障制度，以吸引高素质人才进入幼儿教师队伍；提供用于专业进修和培训的项目资金，为幼儿教师专业提升提供财政支持。

案例 4－2　关于“省级统筹、以县为主”，完善学前教育管理体制的提案

学前教育管理体制在我国学前教育事业发展中起着领导、组织、协调、保障、监督等重要作用，是保障政府切实履行发展学前教育职责和学前教育事业健康、有序发展的关键。20 余年来，我国实行“地方负责、分级管理”的学前教育管理体制，但在近年我国社会转型和教育体制改革过程中未能充分考虑学前教育发展需要，学前教育管理体制改革远远滞后于义务教育管理体制改革。

同时，由于缺乏对各级政府发展学前教育权责的明确、科学划分，具体应该由哪级政府承担主要责任、各级政府应承担什么主要责任等各级政府间的职责关系和权责配置规定模糊、不明确，导致在实际执行过程中不同层级政府间职责不明，权责配置不清，特别是多年来“地方负责、分级管理”更多地被误读为发展学前教育是“地方”实际即是县及乡镇政府的责任，责任主体重心过低，统筹协调和财政保障能力严重不足，严重地制约了学前教育事业的发展。

为破解当前我国学前教育管理体制面临的困境，有效促进学前教育事业健康、有序地发展，亟须改革完善我国学前教育管理体制，明确各级政府发展学前教育的职责，提升管理责任主体重心，以强化政府领导、组织、统筹和保障能力。为此，特建议如下：

一、在“地方负责、分级管理”的基础上，进一步明确“省级统筹、以县为主”

“省级统筹、以县为主”的核心是指加强省级政府对省域内学前教育的统筹领导责任和县级政府对县域内学前教育的管理指导责任。

首先，明确并加强省级政府对省域内学前教育的统筹领导责任。建议各省级政府加强对教育、财政、发展改革、编制、人事社保、国土资源等各相关部门的统筹协调，保障全省学前教育事业的领导、组织、保障、督导和推动工作；根据中央相关法律法规、政策和宏观规划，制定全省学前教育发展规划及相关政策并指导实施；明确本省学前教育财政投入、教师队伍建设规划并保障落实；加强对省域内学前教育的全面督察和指导，推动学前教育省域内均衡发展。

其次，明确并进一步加强县级政府对县域内学前教育的管理指导责任。县级政府处于行政管理和政策落实的前沿，也最了解基层群众对学前教育发展的需求，学前教育三年行动计划也是“以县为单位”进行的，“以县为主”推进学前教育管理体制改革已成大势所趋。县级政府要切实承担起管理指导县域内学前教育发展的主体责任，贯彻落实中央、省（区、市）有关学前教育发展的方针、法律法规、政策、规划，制定县域内学前教育发展规划并统筹管理本辖区学前教育；规范幼儿园教师人事聘任、考核制度，保证教师工资津贴与社会保障；保障县域内幼儿园的合理布局、规范运转。

二、明确学前教育管理体制改革的重点在于管理主体重心和财政保障重心的双上移

如前所述，当前我国学前教育管理的责任实际主要落在乡镇一级。乡镇政府管理层级低、行政权力有限，特别是分税制改革、农村税费改革后可支配财力大大下降，难以承担起学前教育管理的主要责任。因此，当前我国学前教育管理体制改革的重点，应该实现管理主体重心和财政保障重心的双上移：行政管理的重心从乡镇提升到县级政府；统筹管理的重心进一步提升到省级政府；财政投入保障的重心则以中央支持下的地方政府为主，并且要根据各地经济社会发展水平而有区别，经济社会发展水平越落后的地区，财政保障的主体重心应该越高。

同时，学前教育管理体制改革进程需要适应国情和各地经济社会发展实际，稳步、循序推进。在经济社会发展水平较高、地方财力较强的城市和东部地区，可将学前教育管理权限直接下放到县；而在经济社会发展水平较差的农村和中西部地区，则需大大加强省级统筹的力度，通过政策倾斜、转移支付等促进区域内学前教育均衡发展。

三、学前教育管理体制改革的关键在于抓住中央、省、县三级政府之间的权责利关系及其调整

学前教育管理体制改革，应紧紧抓住中央、省、县三级政府之间的权责利关系调整，重点加强中央、省和县的职责，同时注意发挥地市和乡镇的职能。明确各级政府责任，特别是明确中央和地方的权责划分，做到统筹有力、权责明确；要进一步加大省级政府对区域内学前教育的统筹权和县级政府对区域内学前教育的管理权。

同时，在中西部辖区较大或区县较多的省份，地市级政府仍要充分发挥其承上启下的功能，减轻省级政府的管理压力，积极依据中央和省的相关法律政策和规划等，制定本地市学前教育发展规划，组织所辖县市具体实施，并对其进行督导评估；在部分东部省份如浙江，则可以试点逐步弱化地级市职能，减少管理层级，提高管理效率。需要指出的是，提升学前教育管理责任主体重心后，乡镇政府职责不能弱化。乡镇政府在贯彻和执行县级政府各项任务要求的基础上，要全面落实在幼儿园基建管理、规范办园、业务指导、办学质量和安全监督等方面的具体职责，保障乡镇学前教育日常管理责任的不缺位和不落空。

资料来源：关于“省级统筹、以县为主”完善学前教育管理体制的提案. 中国民主促进会网，2016-05-12.

思考与练习

一、问答题

1. 简述我国学前教育行政管理体制。

2. 请结合实际，谈谈如何完善学前教育的行政管理体制。

二、材料分析题

学前教育资源格局应以公办园为主

学前教育法草案日前提交全国人大常委会审议，正在面向社会征求意见。一部强有力的学前教育法，能够保障学前教育坚持公益普惠基本方向不动摇，促进加强相关体制机制建设、提升公共服务水平，办好人民满意的学前教育。

第一，要建立以政府举办为主的普惠性学前教育资源供给机制。近年来，各地大力发展公办园，积极扶持普惠性民办园，建立了普惠性资源供给体系。但从总体上看，学前教育发展依赖民办园的资源格局没有从根本上改变，民办园高收费逐利的问题依然突出，公办园保基本、兜底线、引领方向、平抑收费的主渠道作用难以发挥。对此，应构建以公办园为主的学前教育资源格局。将公办学前教育资源供给纳入乡村振兴战略，在农村持续增加公办幼儿园比重，办好乡镇公办中心幼儿园，通过依托乡镇中心幼儿园举办分园、村独立或联合办园、巡回支教等方式，满足农村适龄儿童接受普惠性学前教育的需求。在城镇，充分考虑出生人口变化和城镇化发展趋势，适应人口迁移规律，及时修订和调整居住社区人口配套学位标准，推动城镇社区、易地搬迁安置区配套建设与人口规模相适应的幼儿园，缓解城镇公办学位紧缺等矛盾。

要特别强调的是，解决好城镇社区配套幼儿园的产权问题，并将其办成公办园，是保障学前教育资源供给的关键之举。对于城镇居民来讲，小区配套幼儿园能不能普惠，直接决定他们能不能就近就便享受普惠性学前教育。从近年实践看，小区配套幼儿园顺利移交、实现普惠，最关键的一环是产权归政府所有。其实，明确小区配套幼儿园产权，并不存在所谓法律规定的冲突问题。2021 年，教育部等九部门印发《“十四五”学前教育发展提升行动计划》，已明确要求“推动城市居住社区、易地搬迁安置区配套建设与人口规模相适应的幼儿园，产权及时移交当地政府”，笔者建议将这一经验和政策上升至法律层面，以确保普惠性学前教育资源供给。

第二，要建立以财政投入与成本分担为主的学前教育经费保障机制。发展普惠性学前教育，应在以安全优质为目标的前提下，通过合理分担成本提供优质学前教育。当前部分幼儿园一味追求低投入、低成本，因陋就简，一部分则盲目追求高投入、高成本、“贪大求洋”，进而导致普惠质量不高。在笔者看来，其根本原因在于没有科学核定学前教育实际成本。建议将科学核定普惠性幼儿园办园成本作为一项法定责任落实到地方政府，并作为制定学前教育财政及收费政策的基本依据。同时，要按照以公共财政投入为主的原则确定成本分担比例。学前教育作为非义务教育，并非公共财政全责保障，而是财政投入和收费共同保障。然而，以公共财政投入为主的学前教育投入保障机制已成为世界主要发达国家的基本政策取向，许多国家还将一定年限的学前教育纳入义务教育。因此，核定成本后由公共财政“拿大头”应成为法定责任。此外，还要强化落实政府的投入责任。学前教育是目前各级各类教育体系中最薄弱、保障最不健全的教育阶段，推进学前教育普及普惠安全优质发展，满足社会对高质量学前教育的热切期待，必须从立法层面将政府投入责任落到实处，特别要强化省级统筹责任，以支持解决县级财政力量不足等问题。

第三，要建立学前教育教师队伍发展机制。办好学前教育，关键在于健全幼儿园教师配备补充、工资待遇保障制度，建强学前教育教师队伍。建议学前教育立法重点解决两个问题：一是构建幼儿园教师培养培训和专业成长机制。二是解决好公办幼儿园教师编制问题。调研发现，编制是一线教师“希望学前教育立法解决的最突出问题”。一园两制、同工不同酬成为相当一部分幼儿园教师心中的痛。

编制与幼儿园教师地位、待遇相关，进而与其职业吸引力、队伍稳定性相关。建议学前教育立法从根本上解决这个问题，落实公办幼儿园教师编制，并要求民办园比照公办园落实教师工资待遇。

第四，要建立学前教育管理监督机制。办好学前教育，少不了强力高效的管理监督。学前教育体量大，办园规模小，分布广泛，管理难度大。特别是久治不绝的非法办园问题，需要在法律责任规定、加强执法力量等多个方面下狠功夫。同时，要严格规范学龄前儿童培训。对于各种巧立名目、哗众取宠、坑蒙拐骗的培训机构，对于打着校外培训的旗号行非法办园之实的机构，要从职业资格、从业范围、课程内容、收费合理性等多个方面予以规范。此外，还要加强价格监管。不仅要加强对公办园、普惠性民办园的价格监管，对其他类型幼儿园，特别是营利性民办幼儿园的收费监管，也应出台严格的法律规定。目前，某些营利性民办幼儿园被称为“贵族幼儿园”或“天价幼儿园”，实质上就是超高收费幼儿园，它们的问题不仅在于收费超高、利润超高，还进一步助长了错误的教育理念，危害社会风气。《价格法》明确规定：与国民经济发展和人民生活关系重大的极少数商品价格、资源稀缺的少数商品价格、重要的公用事业价格、重要的公益性服务价格等，政府在必要时可以实行政府指导价或者政府定价。这一规定显然适用于学前教育。因此，应将制定最高限价的法律责任交到县级以上人民政府及有关部门手中，并要求营利性民办幼儿园在当地最高限价基础上合理收费。

资料来源：李天顺．学前教育资源格局应以公办园为主．光明网，2023-10-10.

根据我国学前教育政策和法规，结合材料谈谈政府在举办人民满意的学前教育方面的举措。

第五章

幼儿园的法律地位

本章学习目标

1. 理解法律地位的含义。
2. 了解幼儿园法律地位的内在实质与外在形式。
3. 掌握幼儿园法律地位的特点。
4. 了解幼儿园与其他民事主体的法律关系及其特征。
5. 掌握幼儿园与教育行政机关的法律关系及其特征。
6. 理解幼儿园的法人地位与行政地位的差异。
7. 了解幼儿园的民事权利与义务。
8. 掌握幼儿园的教育权利与义务。
9. 理解权利与权力的区别。

导入案例

幼儿园不是在园幼儿的监护人

高甲（6岁）是某幼儿园大班孩子。1993年6月5日17时许，幼儿下课后由老师带着上厕所，准备放学。高甲跑进厕所，见金乙（5岁，该园中班孩子）正在小便，便一把将金乙推开，不料金乙没站住，摔倒在厕所的墙角。幼儿园老师赶忙把金乙扶起，并对高甲进行了批评。金乙当时感到腿部（右腿）很痛，待其父母把他接回家后，腿部更痛，并鼓起了一个大包。金乙的父亲连夜将金乙送到医院检查，医院诊断为右腿大腿骨骨折。金乙住院60天，共花去医疗费800多元。金乙的父母因照顾金乙而误工，减少收入 1 600 多元。金乙出院后，金乙的父亲以金乙法定代理人的身份向人民法院提起诉讼，要求高甲的父母赔偿金乙的医疗费及金乙父母因照顾金乙的误工收入。

对此案应如何处理，法院在合议时产生巨大分歧，共有三种截然不同的处理意见：第一，认为原告诉讼对象错误，应将幼儿园列为被告；第二，认为原告诉讼对象无误，但应将幼儿园列为共同被告；第三，认为前两种处理意见错误，不应将幼儿园列为本案被告，此做法没有法律依据。之所以产生以上的争议，在于对幼儿园法律地位认识的不清，误以为幼儿园也是幼儿的监护人，从而需要承担监护责任。而事实上，未成年人的监护人制度基于亲权。幼儿与幼儿园是民事法律关系中具有平等地位的双方，不同于有地位差异之亲权关系。

第一，根据《民法典》第一千一百九十九条规定，幼儿在幼儿园学习、生活期间受到人身损害的，幼儿园应当基于过错承担侵权责任。具体而言，幼儿家长如果认为自己的孩子在幼儿园受到了人身损害，想基于侵权法律关系，让幼儿园承担赔偿责任，必须用证据（向法院）证明以下三点：(1) 幼儿园或者幼儿园职员实施了相关侵权损害行为；(2) 孩子受到了人身损害；(3) 以上两者间存在法律上的因果关系。证明不了的，无法取得赔偿。而同时，幼儿园如果不想承担赔偿责任，必须用证据（向法院）证明以下两点：(1) 幼儿园已经充分尽到教育、管理职责，没有过错；(2) 存在其他免责事由。问题在于，案例中，被侵权人（受害方）金乙是被大班的高甲推倒而摔伤，显而易见侵权人（加害方）是高甲，而不是幼儿园。所以，要转而适用《民法典》第一千二百零一条的规定，由实际加害的第三人，也就是高甲承担侵权责任。这时候，幼儿园原则上不予赔偿，即使未尽到管理职责的，也仅仅承担与其过错相应的补充责任，也就是和高甲按照一定比例分摊赔偿金额。另外，《民法典》第一千二百零一条明确了幼儿园承担补充责任后可以向第三人追偿。回到此案，高甲 6 岁，根据《民法典》第二十条的规定为无民事行为能力人，所以实际应由其父母承担赔偿责任。故而，依照《民事诉讼法》的规定，金乙父亲作为金乙的法定代理人以侵权损害为由代为向人民法院提起诉讼，要求高甲父母承担侵权损害赔偿责任，这是正确的，人民法院应当受理。至于是否要将幼儿园列为共同被告，人民法院应当视权利人主张而定，即金乙父亲没有要求的，则无须将幼儿园列为共同被告。

第二，对“幼儿园不是在园幼儿的监护人”的解读，要从高甲着手分析才能更好地体现这一点（高甲作为 6 岁孩子犯的错，仅由也必须由其父母来“买单”）。监护人的地位特殊，而父母的监护人地位尤其特殊。首先，《民法典》规定的父母对子女的“监护”，实质上是种“亲权”。亲权意为父母基于身份关系对未成年子女进行教养、保护等权利和义务的总和。亲权实质上是血缘关系下的自然权利，法律只是进行了确认。监护，其适用的前提是亲权的消灭或不能，一般指父母均死亡或者均丧失管理权。由此可见，监护是亲权不能时的"替身"（有效补充和延伸）。《民法典》基于历史原因，将监护做广义解释，包含亲权和狭义的监护，以便利实务。有此认识，便可知将幼儿园当作在园幼儿的亲权人（父母）是不准确的。其次，《民法典》第二十七条规定，在未成年人的父母已经死亡或者没有监护能力时，"由下列有监护能力的人按顺序担任监护人：（一）祖父母、外祖父母；（二）兄、姐；（三）其他愿意担任监护人的个人或者组织，但是须经未成年人住所地的居民委员会、村民委员会或者民政部门同意"。这一穷尽式的有序列举，明确排除了幼儿园，除非幼儿园"愿意担任其监护人"，这在现实中不可想象。最后，幼儿园对于幼儿成长的作用不是万能的，其只是在现代市场经济下提供了针对幼儿的教育服务，其服务的内容是有限的，往往也是基础的。它无法替代幼儿的父母来负担过多的责任，也不应当成为幼儿父母在教养孩子方面不作为的替罪羊，更不能片面地被理解为幼儿获得全部安全感的"避风港"。父母终究是无可替代的，父母的一言一行都将影响孩子的未来。

资料来源：褚宏启．幼儿园不是在园幼儿的监护人．学前教育，2000（9）．根据《民法典》进行了修订。

第一节 幼儿园法律地位概述

一、幼儿园法律地位的内涵与特点

（一）幼儿园法律地位的内在实质与外在形式

法律地位是特定之人在法律上的地位，是法律人格的一种属性，是一种用法律语言确立在法律文本上的合法地位，也常常被称为"合法身份"。具体来说共有四种含义：（1）地位、状态或者条件，社会地位。（2）个体与团体中其他成员的法律关系。（3）决定个体属于某类的权利、责任、能力和无能力。（4）本质上非临时性的也非当事方单纯意志所能终止的个体之间的法律关系，这种关系与第三方和国家有关①。

幼儿园作为一种常见的主要的学前教育机构，它的法律地位主要是指其作为实施保育教育活动的法律主体在各种法律关系中所处的位置，主要体现为法律上的权利和义务②。由此，幼儿园法律地位的内在实质是其法律主体资格，等同于"法律人格"。根据我国现

① 申素平．教育法学：原理、规范与应用．北京：教育科学出版社，2009：138.

② 孙葆森，刘惠容，王悦群．幼儿教育法规与政策概论．北京：北京师范大学出版社，1998：68-69.

行各种法律的规定，可以成为法律主体的主要有两类：一是公民（自然人），一是机构和组织（法人）①。法人是法律上拟制的“人”。立法者通过法律规定的形式赋予符合一定标准的幼儿园独立人格，以便其像自然人一样可以自由发挥决策与执行能力，更好地在法律保护的范围内行使诸如教育管理、教学开展等权利，并承担侵权所可能带来的法律风险及责任，最终实现特定的社会功能。

幼儿园法律地位的外在形式基于法律条款。《民法典》第八十七条至第九十五条，相对详尽地对非营利法人做出规定，例如非营利法人的定义、非营利法人的主要法律分类，等等。

首先，《民法典》第八十七条第一款关于非营利法人的定义表述为“为公益目的或者其他非营利目的成立，不向出资人、设立人或者会员分配所取得利润的法人”。据权威机构专家的法律释义，成立非营利法人取决于两个关键条件：成立目的的非营利性和不分配利润。成立目的的非营利性主要体现为公益目的，即从事的是社会公益事业，其中包括教科文卫；不分配利润，表明出资人、设立人成立的目的本身不是赚钱，而是公益，但允许实际有营收，只要不用于利润分配即可（毕竟如幼儿园需要存续下去，必要开支不可避免）②。

其次，《民法典》第八十七条第二款，列举了事业单位、社会团体、基金会、社会服务机构这四种现存主要类型。据权威机构专家的法律释义，政府利用国有资产设立的幼儿园即为事业单位，非营利法人之一，而非行使公权力的机关法人，社会俗称“公立幼儿园”；自然人、法人或者其他组织为了提供社会服务（如教育），利用非国有资产设立的幼儿园即为社会服务机构，社会俗称“民办幼儿园”③。

《教育法》第三十二条规定：“学校及其他教育机构具备法人条件的，自批准设立或者登记注册之日起取得法人资格。学校及其他教育机构在民事活动中依法享有民事权利，承担民事责任。”这就真正明确了公立幼儿园事业单位的法人地位。随着经济快速发展，国家鼓励社会力量办学政策的影响，民办幼儿园曾一度兴起并发展迅猛。在这一过程中，由于利益驱使，很多民办幼儿园并不具备取得法人资格的条件，从而无法在幼儿伤害事故中独立承担侵权责任，幼儿的权利也无法得到基本的保障。根据《民办教育促进法实施条例》的规定，民办幼儿园设立前，其举办者本身可以在营利性和非营利性两者间选择。所以，民办幼儿园实际上分营利和非营利两种，营利的如早教机构，取得营利法人资格。非营利性幼儿园的举办者不得取得办学收益，其办学结余须全部用于办学。至此，基本上现存所有幼儿园，在理论上均可取得民法意义上的法人资格。

综上，法律所规定的幼儿园法人地位是一种应然状态，并非实然状态。在现实中还普遍

---

① 在法理学的相关教材中，往往还包括“国家”这一特殊的法律主体。在特殊情况下，它以整体的形态，直接以自己的名义参与国内外的法律关系，既不同于自然人，亦不同于法人。

② 黄薇．中华人民共和国民法典释义：上．北京：法律出版社，2020：165.

③ 同②166.

存在不具有独立法人资格的幼儿园，譬如农村地区大量存在的小学附属幼儿园、村委会办幼儿园和个人办幼儿园。何况，幼儿园还以“行政相对人”或“授权行政主体”的法律身份和上级教育主管部门发生行政法律关系，其在行政法律关系中的法律地位，由《宪法》和《教育法》等规定。除了民事、行政两种法律身份外，幼儿园还是经济法律关系的主体之一。幼儿园在日常运行中会和国家发生财政拨款、园办产业的税收优惠等经济法律关系，具有经济法规定的权利和义务，处于和行政法律关系相类似的被管理与被监督的地位①。

（二）幼儿园法律地位的特点②

1. 公共性

传统观念一般认为，教育机构的公共性源于其公法人或类似公法人的性质。在计划经济时代，大量的幼儿园确实属于公办性质，往往由部队、国家企事业单位、城市居民或农村村民基层自治组织等举办。教育主管部门不仅进行业务指导，更是直接干预幼儿园的日常管理。由此确定幼儿园为公法人并无不妥，但随着社会主义市场经济的建立与繁荣发展，国家鼓励一切社会资本办学，大量民办幼儿园出现，公法人的定性明显不恰当③。

我们认为，幼儿园法律地位上的公共性源于教育权力归属国家，教育权行使的目的是要促进全社会的福祉。具体而言，该特点体现在以下三个方面：

（1）教育机构法律地位是依具有行政法性质的《教育法》确立的，幼儿园的设立、变更、终止必须向教育行政部门注册登记。

（2）教育机构以提高全民族素质，培养人才，促进物质文明和精神文明建设为目的。各种教育机构的活动都要符合国家和社会公共利益的需要，对国家、人民和社会负责，不得损害国家、人民的利益和社会的公共利益。同时，无论是国家举办的幼儿园，还是社会力量举办的幼儿园，都必须接受国家和社会依法进行的管理和监督。

（3）教育机构行使的教育权，实质上属于国家教育权的一部分。进入现代社会，教育发展大趋势之一是教育权的社会化和国家化。然而教育活动本身的特有规律决定了国家的教育权不应当也不可能全部由国家直接行使。它必须把教育教学的实施权授予教育机构。对幼儿园来说，这种保育教育实施权，既是国家授予的权利，又是国家交予的任务，只能正确行使，而不能放弃。

2. 公益性

根据《民法典》，我国民法上的法人，依法人创立的目的和活动内容的不同可以分为营利法人、非营利法人、特别法人和非法人组织。以取得利润并分配给股东等出资人为目的成

① 郑佳珍. 幼儿园集团化管理的理念与实践. 北京：高等教育出版社，2004：16.

② 孙葆森，刘惠容，王悦群. 幼儿教育法规与政策概论. 北京：北京师范大学出版社，1998：69-71.

③ 而且，无论是在行政法上还是在民商法上，公私法（公私法人）之间的界限已变得愈加模糊，出现了政府与社会资本合作的“公私协力”或 PPP 项目以及民事关系公法化和刑事关系民法化两个不同的发展倾向。

立的法人，为营利法人。营利法人包括有限责任公司、股份有限公司和其他企业法人等。

《学前教育法（草案）》规定：“学前教育是国民教育体系的组成部分，是重要的社会公益事业。”为公益目的或者其他非营利目的成立，不向出资人、设立人或者会员分配所取得利润的法人，为非营利法人。非营利法人包括事业单位、社会团体、基金会、社会服务机构等。机关法人、农村集体经济组织法人、城镇农村的合作经济组织法人、基层群众性自治组织法人，为特别法人。非法人组织是不具有法人资格，但是能够依法以自己的名义从事民事活动的组织。非法人组织包括个人独资企业、合伙企业、不具有法人资格的专业服务机构等。

《学前教育法(草案)》

把教育机构规定为公益性机构，保证其育人宗旨，限制其广泛参与各种民事活动，是世界各国的惯例。《教育法》规定：“以财政性经费、捐赠资产举办或者参与举办的学校及其他教育机构不得设立为营利性组织。”《学前教育法（草案）》第五十五条规定：“国家鼓励向普惠性学前教育捐赠。”幼儿园不能像企业那样去营利，不能用其资产进行抵押、担保，幼儿园资产和举办者、捐赠者财产相分离，它的某些民事行为要受到禁止和限制。同时，法律在许多方面规定了对教育机构的优惠政策，如勤工俭学、学校用地、教学仪器设备的生产和供应、图书资料等的进口等，体现了其公益性的法律地位。

3. 多重性

我国教育机构在其活动时，根据条件和性质的不同，可以有多重主体资格。当其参与教育行政法律关系，取得行政法上的权利和承担行政法上的义务时，它就是教育行政法律关系的主体；当其参与教育民事法律关系，取得民事权利和承担民事义务时，它就是教育民事法律关系的主体。这里所说的教育行政法律关系，是指教育机构在实施教育活动中与国家行政机关发生的关系；所谓教育民事法律关系，是指教育机构与不具有行政隶属关系的行政机关、企业事业组织、集体经济组织、社会团体、个人之间发生的社会关系，这类关系涉及面颇广，例如财产、人身、土地、园址环境乃至创收中所涉及的权益，都会产生民事所有和流转上的必然联系。

教育机构在这两类不同的法律关系中的法律地位是不同的。在教育行政法律关系中，教育机构主要是作为行政管理相对人出现，处于被领导和被管理的地位，当然，这并不排除教育机构作为办学实体享有自己的权利和义务。在教育民事法律关系中，教育机构与其他主体处于平等地位。

二、幼儿园与其他民事主体的法律关系

（一）幼儿园与其他民事主体的法律关系性质

幼儿园作为具有独立民事权利能力和民事行为能力的法人，常常积极地参与各种民事

法律活动，例如幼儿园与另一方签订买卖合同来购买教学活动所需的设备，幼儿园租赁另一方所拥有的房屋作为教学场地来开展教学活动，幼儿园为了抓住机遇扩大发展而与另一方或几方进行合作办园，等等。在进行上述民事法律活动时，幼儿园就会与这个“另一方”发生民事法律关系。民事法律关系就是人与人之间的纳入民法调整范围的生活关系，也可以说，是人与人之间因民法调整而形成的民事权利和义务关系①。当然，民法上所讲的“人”，如前所述，包括了自然人和法人。民事权利和义务就是一切民事法律关系的核心，幼儿园在民法上享受与其他法人基本相同的权利并承担对等的义务。

（二）幼儿园与其他民事主体的法律关系特征

1．主体的多样性与平等性

主体的多样性是指参与民事法律关系的其中一方是固定的，即幼儿园；而另一方则是没有预先设定、可以自由加以选择的。法律没有也不应当去设定幼儿园进行商品交易或签订合同的对象是某个人，否则就不符合市场经济公平交易的基本原则，就具有了垄断的嫌疑。在民事法律关系中，幼儿园与另一方参与者的法律地位是平等的，不存在相互隶属关系。法律地位的平等性用法律术语表达为“权利能力一律平等”——取得权利的资格平等和当权利被侵害时法律给予的保护平等；也可以形象地表达为：亲兄弟明算账，抛开各自相互关联的身份，即不能利用一定的优势身份去命令处于身份劣势的一方做明显不等价的交易，过分扩大自己的权利，让对方承担过重的义务。

2．权利和义务的对等性

民事法律主体双方地位上的平等，具体表现在双方所享有权利与履行义务的对等。在民法上，义务是权利的对应物，一方权利的实现依靠另一方义务的履行②。权利不能推开义务而“独善其身”，它们是绑定在一起的。权利有多大，承担的义务就有多大。例如，甲幼儿园向某玩具厂订购一套户外大型滑梯，那么甲幼儿园享有获得这套户外大型滑梯的所有权，某玩具厂承担按时按要求交付这套户外大型滑梯的义务；同时，某玩具厂享有获得这套户外大型滑梯货款的权利，甲幼儿园承担按时按合同约定的价格交付货款的义务③。在“一手交钱，一手交货”的同时，双方才由于对方履行了义务而获得了权利。

---

① 江平．民法学．北京：中国政法大学出版社，2007：17.

② 同①35.

③ 需特别注意的是，事实上这是个典型的民事买卖合同关系。在这一法律关系中，主体为买卖双方，即甲幼儿园和某玩具厂，客体为交付行为（户外大型滑梯为“标的物”，客体指向的具体对象）。甲幼儿园和某玩具厂享有的都不是所有权，而是债权，即为一种请求权，请求对方交付物或金钱的行为以实现自己债权并移转“占有”，完成物权变动。若某玩具厂到期不愿交付户外大型滑梯，则属于违约。甲幼儿园尚未支付价款的，可以行使先履行抗辩权拒绝履行其合同义务；已经支付价款的，可以某玩具厂违约，或要求其继续履行合同并支付相应的违约金，或实际履行不能时要求解除合同，同时返还已经支付的价款（返还不当得利）并支付相应的违约金。但甲幼儿园只能通过自行发函或诉讼的形式要求某玩具厂实际交付户外大型滑梯或返还价款，不能直接去占有该户外大型滑梯（否则为非法占有），因为甲幼儿园不享有户外大型滑梯的所有权，只享有债权。具体的过程，非法学专业学生理解较为困难，所以做了不准确的表述，在此说明。

3. 相对意定性

意思自治原则是民法的基本原则之一，也是最核心最重要的原则。意思自治是指民事主体可以按照自己的判断设定自己的权利和义务，法律尊重这种选择。在西方法律传统中，也被称作“契约自由”思想。举个简单的例子来说明：某民办幼儿园要租赁甲公司的大楼作为教学场所，在它们所签订的租赁合同中，不管是租赁的价格还是租赁的期限，都是依据双方的意思而确定的，体现了双方的真实意愿。当然，这里的意定性是相对的，如同自由永远都是一定范围内的自由。意定性将受到法律规定和公序良俗的制约。在上面的例子中，租赁的期限就受到最高20年的法律限制，租赁的价格也要参考周边的平均市价和时价。

三、幼儿园与教育行政机关的法律关系

（一）幼儿园与教育行政机关的法律关系性质

幼儿园与教育行政机关的法律关系是行政管理关系。这是由教育的公共利益属性所决定的，教育是国家和地方公共团体的事业，是国家行政的一部分。因此，幼儿园与教育主管部门之间实际上是一种领导与被领导、管理与被管理的行政管理关系。这在教育法律法规中体现得非常明显。

（二）幼儿园与教育行政机关的法律关系特征

1. 主体的固定性与隶属性

幼儿园从举办到运行，都避免不了和教育行政机关或政府其他部门之间发生法律上的关系。而且，幼儿园往往没有权利也没有能力去选择参与这一法律关系的另一方。教育法严格规定了教育行政机关依法管理和监督各类学校及其他教育机构的权利。幼儿园不能像选择买家或卖家那样去选择到底听从谁的命令、服从谁的指挥。举办幼儿园需要在教育行政机关注册登记；幼儿园若对教育行政机关的某项规定、命令有异议，或不服其处罚决定，首先可以向教育行政机关提出复议；即使最后需要行政诉讼，幼儿园诉讼的对象还是教育行政机关。所以说，在行政法律关系中至少一方主体固定是国家教育行政机关或其授权单位。这是行政法律关系最本质的特征。

幼儿园与教育行政机关两者之间还具有显而易见的隶属关系。所谓“显而易见”是指它们的地位有高低、强弱之异，特别是出现在行政管理中，教育行政机关既扮演了行政法律关系主体的一方的角色，同时也扮演了一个居中裁判的角色，更是充当了最后的法律执行人。教育行政机关身兼三职，拥有无可比拟的强大权力，这就难保其行政执法的公平与公正。近几年，国家的法治建设开始重视限制公权力，会在一定程度上找到行政相对人的权利保护和行政管理机关行使行政执法的权力的平衡点，但主体隶属性的特点不会随之改变。

2. 权利和义务的不对等性

权利和义务的不对等性，即权力与权利的冲突性，其来源于幼儿园与教育行政机关地

位的不平等。作为行政法律关系一方当事人的教育行政机关，代表国家并以国家的名义行使行政管理权，处在领导者和管理者的地位。因此，在这一关系中，教育行政机关几乎没有义务需要履行，管理与监督是它的职责，是一种以强制性做后盾的权力（可通俗而不准确地理解为公权力），是一种对行政相对人的命令；反观幼儿园，它面对教育行政机关的命令必须服从，履行好义务，并往往无条件地遵守教育行政机关制定的法律或一般性规则以及个别性的裁决处理。诚然，幼儿园有权利就对其不利的裁决向教育行政机关提起行政复议，乃至向法院提起行政诉讼。但是，决定行政复议结果的主体还是教育行政机关，而行政诉讼往往复杂、漫长、经济效益低下且败诉风险较大。可见，在幼儿园与教育行政机关的关系中，后者占据主动，前者则处于被动的地位。

另外，在任何的行政关系中，行政机关权力的行使，无论合法与非法，都是对行政相对人权利的限制，都会不可避免地对行政相对人造成或多或少的损害。若行政管理与执法符合实体法和程序法的规范，那么，行政相对人有“容忍”的义务，否则，可要求行政机关对造成的损害予以赔偿或补偿。

3. 高度法定性

与民事法律关系不同，行政法律关系中幼儿园和教育行政机关的权利和义务都由法律条文事先予以明确，当事人双方只能按法律规定行事，不得私下相互商量以契约等形式排除法定权利及义务。例如，《幼儿园管理条例》及其他相关部门规章明确要求幼儿园教师须具有相应的文凭和幼儿园教师资格证书方可上岗执业，“法定性”的第一层次要求在于幼儿园应当遵守以上规定，不得以任何理由来降低标准，录用教师；“法定性”的第二层次要求（更为重要）在于即使某一具体教育行政机关或行政人员，在以上《幼儿园管理条例》及其他相关部门规章依然有效而未被更改的情况下，同意其管辖下的幼儿园降低教师录用标准，那么，这一做法也不产生法律效力，依然属于违规违法行为。

《幼儿园管理条例》

第二节　幼儿园的权利

幼儿园的法律地位决定了幼儿园所拥有的权利，法律所规定的权利是幼儿园在维护自身合法权益时的依据及有力保障。幼儿园的权利有狭义与广义之别。狭义的幼儿园权利，即以往教科书中所论之幼儿园的基本权利，指幼儿园在教育活动中依法享有的权利，故又被称作“办学自主权”。广义的幼儿园权利，则是幼儿园在多种法律关系中所实际存在的一切权利，除去在教育活动中的权利，主要包括作为独立的法人所具有的广泛的民事权利，是其一般权利与特别权利的总括。在教育学研究范围内的幼儿园权利，多指狭义。

一、民事权利

关于幼儿园的民事权利，我们先来看案例 5－1。

案例 5－1

强强是诺亚舟幼儿园中（一）班的小朋友。2008 年 5 月 14 日午睡时，强强忽然抽搐、呕吐，值班教师及时采取了救助措施，并将他送医治疗，但在途中强强不幸死亡。经诊断，强强是旧病复发而猝死。强强父母认为强强之死是幼儿园所致，多次上门找幼儿园的麻烦，在幼儿园墙上及周边建筑上到处张贴诬蔑幼儿园的大字报，严重影响了幼儿园的名誉。

资料来源：梁坤．幼儿园名誉权不可侵犯．早期教育（教师版），2008（10）．

案例 5－1 中的幼儿园作为“法人”这个独立的民事主体，其所享有的名誉权与自然人①相同，不容受到非法侵害。如果幼儿园依法享有的名誉权受到不法侵害，它作为与侵权案有直接利害关系的“法人”，可以作为原告向管辖法院提起民事诉讼，要求停止侵害、消除影响并恢复名誉、赔礼道歉乃至损害赔偿。若侵权人拒不执行法院生效判决，反而变本加厉继续侵害幼儿园之名誉，则人民法院可以采取公告、登报等方式，将判决的主要内容和有关情况公之于众，费用由被执行人（侵权人）负担；经济赔偿部分可通过强制执行的方式予以执行。还可依法对拒不执行者（侵权人）采取必要的强制措施（如罚款、拘留），甚至依情形可追究其刑事责任。

名誉权属法人人格权之一，此外，法人另享有名称权（命名、使用、变更与转让）、荣誉权等。幼儿园不仅拥有法人的人格权，还拥有法人的财产权。有关幼儿园财产权的相关内容，请看案例 5－2。

案例 5－2

新西方幼儿园与甲公司一直保持着良好的协作关系，公司职工的孩子全部就读该园，而公司每年赞助该园若干财物。在一笔货物买卖合同中，乙公司要求甲公司提供担保。于是，甲公司老总向新西方幼儿园求助。园长看在两家多年协作的情分上，便以幼儿园的 30 台电脑和一辆汽车为甲公司做担保，担保方式为抵押，并办理了汽车抵押登记。此后，由于甲公司未能按时付清货款，乙公司要求幼儿园承担担保责任。

资料来源：童宪明．幼儿园的财产可以抵押吗?．早期教育（教师版），2009（9）：35．

所引案例 5－2 的核心围绕着担保物权。担保物权，用非法律语言来解读，即在一场

① 自然人的民事权利将在后面关于幼儿与教师权利的章节中做具体叙述。

“交易”中，对方并不信任我能按时按约定进行履行，我为消除对方的不信任感以使“交易”继续顺利进行，就拿自己的财产或某人的财产作为保证：如果我不履行，则对方可以用经过折价、拍卖、变卖用于保证的财产得来的钱款，优先弥补损失。对方所享有的优先受偿的权利就叫作“担保物权”。担保物权具体分为抵押权、质权和留置权。案例 5－2 中的幼儿园就把自己的 30 台电脑和一辆汽车抵押给了乙公司。

幼儿园作为法人拥有财产权，财产权包括物权、债权与无形财产权（知识产权）。物权在三者中尤为重要，又可分为所有权①、用益物权②和担保物权。幼儿园是特殊的民事主体，是非营利性法人（国外亦称为“财团法人”），所以其财产性权利往往受到法律的限制而与众不同。例如，就案例 5－2 中幼儿园的抵押行为，《民法典》第三百九十九条明确规定，学校、幼儿园、医疗机构等为公益目的成立的非营利法人的教育设施、医疗卫生设施和其他公益设施，不得用于抵押。据此，新西方幼儿园不得将属于教育设施的 30 台电脑用作抵押，不得将一辆用作日常接送幼儿的校车进行抵押③。

最后，幼儿园的民事权利可以用图 5－1 表示。

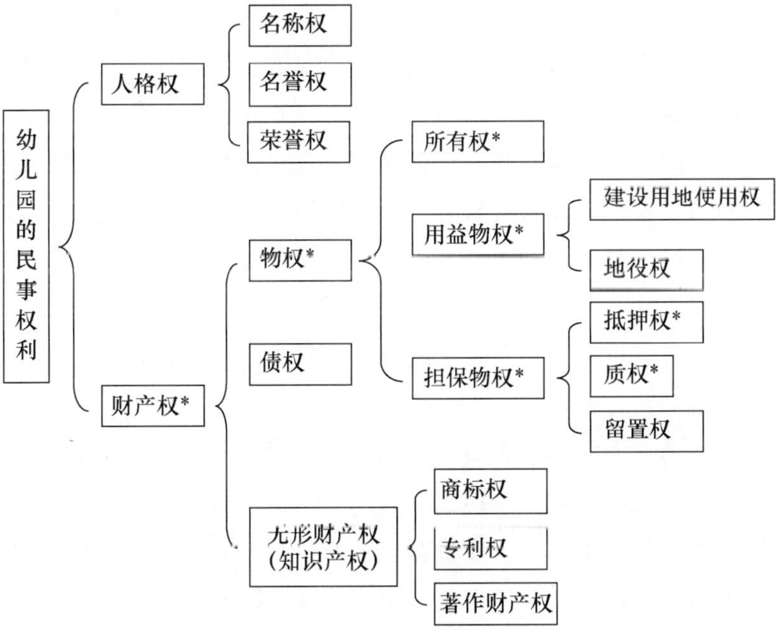

图 5－1　幼儿园的民事权利

注：标注“*”号的表示此权利受到法律的必要限制，是不充分的。
资料来源：申素平．教育法学：原理、规范与应用．北京：科学教育出版社，2009：164.

① 幼儿园所享有的是不完整的所有权，可对园舍、户外场地、设施设备完全行使占有、使用的权利，收益和处分的权利则受到一定限制。

② 幼儿园的用益物权主要包括建设用地使用权和地役权。

③ 若案例 5－2 中的“一辆汽车”被证实日常用于货物运输或专门接送领导等，则并非为教育设施，可以用于抵押。

二、教育权利

传统教科书论及幼儿园的教育权利，必会说明它有以下特点：其一，为幼儿园特有权利，已如前所述，不享有这些权利，即意味着幼儿园在法律（行政法律）上就不享有实施教育活动的资格和能力；其二，幼儿园所享有的此种权利不过是国家教育权的体现，本质上为一种公共权力，幼儿园不得根据自己的主观意志滥用此种权利，也不得自行放弃与转让。

这样的特点分析明显前后带有一定的“矛盾性”——一种本质上的权力缘何会外在表现为一种权利呢？而按以上观点，此种权利是不得放弃与转让的，但依据传统法学理论，除去个别自然人的人身权利（生命权、健康权等）不得放弃①与转让之外，并不存在一种不得自行放弃与转让的权利。

如要合理解释教育权利自身表现出的矛盾性，我们就要从分析一对在生活中常常被混淆而误用的概念——权利与权力开始。

权力来源于权利的让渡，权力为了维护权利而生，其存在的目的便是保障以及恢复权利。以教育为例，人的受教育权利定当先于国家公立教育机构设立之前存在，私塾教育是个很好的例证，甚或在国家产生之前的原始社会，原始先民也有受教育的需求和受教育的经历，他们通过各自的办法来享有和保护自己的受教育权利。后来的现代文明社会，为了更好地实现和保障每个公民的受教育权利，个人便通过与社会和政府订立契约的方式，向社会和政府交出自己的受教育权利，让其来代为实现和保护。国家管理教育公共事业的教育权力便由此产生②。而国家逐渐发现，自己不可能也毫无必要“事必躬亲”，一味地亲自兴办教育。于是，它通过与某些个人和组织订立另一份契约，将教育权力委托赋予合乎资格而依法成立的各类教育机构。

结合《教育法》第二十九条对教育机构权利的具体规定，就不难理解。《教育法》第二十九条赋予了幼儿园九项权利，概括起来为“办学自主权”或教育独立自主权，即幼儿园实际上是被国家委托赋予了独立行使教育权力的权利。对外，这项权利将不受国家其他权力的侵害和他人行权时可能产生的侵害；对内，幼儿园在日常教育管理中行使的便是独立的行政教育管理权力，因为它在代替国家行使教育权力，以实现和保障幼儿的受教育权利。

（一）招生权

《教育法》第二十九条规定了幼儿园“招收学生或者其他受教育者”的权利。

---

① 这其实亦有较大的争论。欧洲个别国家已通过立法允许“安乐死”，包括荷兰、比利时、瑞士和卢森堡。

② 这部分观点的论述实际采纳了社会契约论的思想，此种思想具体体现于洛克的《政府论》，以及霍布斯的相关著述中。

招生权是幼儿园的基本权利，是办学自主权的重要标志。其含义是指幼儿园根据自己的办学宗旨、培养目标、任务及办学条件和能力，依据国家相关招生政策、法规、规章和直接主管部门的具体管理规定，可以自行制定详细的招生办法，并对外发布招生广告、进行招生宣传，确定招生范围与来源，最终决定招生总人数与具体人员。

在幼儿园的招生过程中，教育主管部门不得利用行政权力进行不必要的干涉（无端限制与取消幼儿园招生权、以权谋私等）。只有在幼儿园违法招生①时，教育主管部门才可依据《教育法》第七十六条对该幼儿园进行行政处罚。

案例 5-3

2013 年 3 月，有市民以“一群幼儿园家长”的落款向某报社写信举报称：位于海口某社区广场周边的乐乐幼儿园、爱心幼儿园以及大拇指幼儿园，因无证办学被区教育局下达取缔通知书或告知筹备期内不允许开张招生，但三家幼儿园均不予理会，仍然对外张贴招生公告，并径自组织开展教学活动。

区教育局相关负责人此后确认，以上幼儿园均未获得办学许可证，不具备招生资格，尤其是大拇指幼儿园，根本没有向教育部门申报过。其同时表示，教育主管部门不具备强制执法权，只能以下发取缔通知书、张贴布告等方式提醒家长，莫将孩子送到未经审批的幼儿园就读。如果幼儿园无视处罚决定，只能寄希望于政府能够组织相关部门联合行动，对违法、违规招生的幼儿园进行综合治理。

资料来源：黑园违法招生牛哄哄. 南国都市报，2013 03 20.

（二）组织实施保育教育活动权

《教育法》第二十九条规定了幼儿园组织“实施教育教学活动”的权利。

组织实施保育教育活动是幼儿园日常工作的核心。其含义是指幼儿园可以根据国家教育主管部门颁布的旨在规范指导幼儿园各项教学工作的《幼儿园教育指导纲要（试行）》，结合自己的办园宗旨、任务和特色，自行制定和实施本幼儿园的学年度教学总体计划，在开设《幼儿园教育指导纲要（试行）》规定的健康、语言、社会、科学、艺术五大领域课程活动外，可讨论决定增设园本特色课程，决定选用何种教材，决定具体课时和教学进度，组织保教活动评比，集体备课，检查评议，广泛开展公开课观摩、研讨活动，积极开展教学研究等。

需要注意的是，所有的自由都是在一定范围内的自由。幼儿园享有这一权利并不意味着其可以不加限定、十分随意地选择任何种类的教材，开展任何形式的保教活动。《幼儿

① 违法招生的情况主要有：（1）未经批准无办学资格和相应办学权的主体乱招生；（2）超额、超计划招生；（3）弄虚作假，欺骗招生。

园管理条例》第十六条规定："幼儿园应当以游戏为基本活动形式。幼儿园可以根据本园的实际，安排和选择教育内容与方法，但不得进行违背幼儿教育规律，有损于幼儿身心健康的活动。"具体来说，必须禁止使用小学教材和以小学教育模式开展识字、算数课程①，禁止布置家庭作业增加幼儿学习负担，禁止针对幼儿的任何形式的考试与排名。

《幼儿园工作规程》重申了以游戏为基本活动形式的原则，并具体地规定一日生活的组织应当动静交替，活动内容安排应当循序渐进，符合幼儿的身心发展规律，应当充分运用集体、小组和个人等多元的活动组织形式，保证每个幼儿的活动参与权，从关注集体的学习结果到关注每一个幼儿的学习互动过程。另外，《幼儿园工作规程》重视幼儿作为一个人应当具有的（天赋的）自由表达的权利，明确规定保教活动的创立、实施要以幼儿为中心，给予其恰当且充分的自主选择、探讨权利，从而彻底否定并禁止了灌输填鸭式的传统教育方式，鼓励幼儿园从软硬件两方面创造条件，从集体统一的班级授课逐步转变为幼儿与教师共同设立、参与具有个性化的游戏活动②。最后，《幼儿园工作规程》第三十三条进一步说明幼儿园保教活动组织实施要注重幼小衔接，幼儿园不得提前教授小学教育内容，相对于《幼儿园管理条例》第十六条的规定更为具体与确切③。

《幼儿园工作规程》

（三）自主管理权

《教育法》第二十九条规定了幼儿园"按照章程自主管理"的权利。

自主管理权是幼儿园办学自主权的总括性授权，在教育权利中居于首要地位。其含义是指幼儿园根据章程确立的办学宗旨、管理体制及各项重大原则，可以制定具体的管理规章和发展规划，自主地做出管理决策，并建立、完善自己的管理系统，组织实施管理活动，不必事无巨细地向上级主管部门或举办者请示，让"上级"来做主决策，更不应久拖不决，贻误时机。

政府在幼儿园依照章程自主管理后，由对幼儿园的直接行政管理转变为宏观间接管理。需要注意的是，不要将政府的宏观间接管理简单理解为可以少管乃至完全放手不管，幼儿园可以摆脱政府的监管而完全按照它的章程任意行事。政府实质上仅仅放弃管理本就不应该由它亲力亲为的事项，腾出更多时间做好必须由它做的事项，如加强对幼儿园的监督，对幼儿园超越章程规定所进行的违法行为的行政处罚以及对其章程本身是否违背相关

① 甚者如德国，禁止正规的学前教育，幼儿园不被允许向幼儿教授专业知识。幼儿唯一应该做的工作就是纯粹的游戏。

② 具体参见《幼儿园工作规程》第五章相关条款，特别是第二十六条、第二十八条、第二十九条、第三十条。

③ 从反面看，同时说明了现实中幼儿园（特别是城乡、农村幼儿园和民办幼儿园）及各种幼教、早教机构超前教授小学课程以迎合大多数家长不让孩子输在起跑线上的畸形心理的情况十分严重。当然，更多的是幼教及早教市场混乱，各式机构利用家长急迫让孩子在日益激烈的社会竞争中立足的心理，过度虚假炒作以谋求经济利益，政府及相关部门继续通过行政与法律手段来规范和遏制。

法律法规的审查。

（四）学籍管理权

《教育法》第二十九条规定了幼儿园“对受教育者进行学籍管理，实施奖励或者处分”的权利。

编订学籍档案是任何教育教学机构招生工作后的重要环节，是全面统一管理在校学生的基础，也是最有效的手段。其含义是指幼儿园根据上级教育主管部门的学籍管理规定，有权制定具体的学籍管理办法；同时，可以根据国家有关学生奖励、处分的规定，结合本园的实际，制定具体的奖励和处分办法；并根据这些管理办法，对受教育者进行具体的管理活动。

幼儿园作为一种教育机构当然享有学籍管理权，但基于其教育对象和教育工作的特殊性，它的这一权利具体指有权确定关于幼儿报名注册的管理办法，并建立幼儿综合档案制度。现在幼儿园的幼儿档案形式多样，包含的信息丰富，且多与教育评价和幼儿成长相关联，一般包括幼儿花名册、幼儿各类登记表（健康与体检信息、家庭信息等）、幼儿身心发展状况记录册（如幼儿成长记录袋）等。

学籍管理权的含义还包括了对教育者奖励、处分的权利，对于幼儿园，通常认为其只有奖励幼儿的权利，而没有处分幼儿的权利①。而“奖励”包括精神奖励（如每一学期末的各类荣誉评比）与物质奖励（如教师在游戏活动中的实物奖励）。

（五）人事聘任权

《教育法》第二十九条规定了幼儿园“聘任教师及其他职工，实施奖励或者处分”的权利。

人事聘任权是幼儿园实施教育活动的保证，也是其作为法人被法律所确认的权利之一。幼儿园用好这项权利，有利于调动教职员工的积极性，提高办园质量和效益②。其含义是指幼儿园依据国家有关教师和其他教职员工管理的法规、规章和主管部门的规定，从本园的办学条件、办学能力和实际编制情况出发，有权自主决定聘任或解聘有关教师和其他职工，制定本园的教师及其他职工的聘任方法，签订和解除聘任合同，并有权对教师及其他职工实施包括奖励、处分在内的具体管理活动。

以上所说的解聘具有双重含义：一是指解除教师岗位职务聘任合同，被解聘者由幼儿园另行安排其他工作；二是指解除教师聘任合同，被解聘者另谋职业。

（六）设施和经费的管理、使用权

《教育法》第二十九条规定了幼儿园“管理、使用本单位的设施和经费”的权利。

---

① 幼儿需要正向积极的引导，通过这样的不断强化，以形成良好的规则意识。因为幼儿对于规则的突破便施以处分，常识上而言十分荒唐。幼儿本身是自由的，是自私自利的，其正是在不断地违反规则与被纠正的往复中学习规则，接触成人的社会。

② 张乐天. 学前教育政策与法规. 北京：中央广播电视大学出版社，2011：65.

这一权利的含义是指幼儿园对其占有的场地、教室、宿舍、教学设备等设施、办学经费及其他有关财产，享有财产管理权和使用权，必要时可对其占有的财产进行处分或取得一定的收益①。

为了防止国有资产的严重流失，幼儿园在行使此项权利时，首先要分清楚幼儿园所拥有的财产中哪些部分属于国有资产，因为根据《教育法》第三十二条规定："学校及其他教育机构中的国有资产属于国家所有。"这表明，对于这部分所有权属于国家的国有资产，幼儿园只享有占有、使用、收益的权利，而不能对其进行处分。因为只有所有权人才能完全支配所有物，享有所有权的全部权能，包括处分权。

在幼儿园拥有的财产中，以下几类所有权归属国家：

（1）以国家财政投入举办的幼儿园的资产。

（2）以国家财政投入举办的幼儿园的属于以国家资产投资兴建的校办产业②。

（3）国家与集体或个人联合举办的幼儿园中国家投入的资产部分③。

（七）排除非法干涉权

《教育法》第二十九条规定了幼儿园"拒绝任何组织和个人对教育教学活动的非法干涉"的权利。

排除非法干涉权是一种以自我保护为目的带有防御性的被动权利，这里的"被动"意指须有非法干涉保教活动的侵权行为在先发生，始生一种要求对方排除抑或做出赔偿的请求权。所以比较倾向于是一种私立救济的途径。其含义是指幼儿园对来自行政机关（包括教育行政机关）、企业事业组织、宗教团体、其他社会组织、个人及国外势力等任何方面的非法干涉保教活动的行为，都有权加以拒绝和抵制。

在解读这一权利的具体含义时，特别要注意"非法"二字。幼儿园所能拒绝和抵制的是非法干涉。所言"非法干涉"，指行为人违背法律法规和有关规定做出的不利于保教活动正常开展的行为。例如，个人或社会组织强行占用幼儿活动用房和场地，随意抽调教职员工另作他用，随意要求幼儿园停课；商业营利机构以营利为目的在幼儿园乱办兴趣班；社会对幼儿园的乱摊派，要求幼儿园代收各种与教学无关的费用；教育行政部门对幼儿园保教活动随意、过多、毫无必要的检查；等等。幼儿园排除非法干涉的权利与教育及其他相关行政部门通过合法途径对幼儿园保教工作的监督、管理并无冲突。

案例 5-4　　物业被指侵占小区幼儿园食堂

2010 年 3 月 16 日上午，丰台区三环新城小区业主"lf8006"（网名）在网上发帖，称

① 林雪卿. 幼儿教育法规. 北京：科学出版社，2010：35.

② 如属于教职工出资兴建的，则不属于国家所有。

③ 其中集体或个人投入的资产部分，则不属于国家所有。

物业占据丰台区第六幼儿园（以下简称“六幼”）的食堂，导致幼儿园无法扩招，业主孩子入托难。该帖引发业主热议。据了解，3 月 15 日，六幼接受 2011 年入园孩子报名，100 多个孩子报名，但招生名额只有 60 人。

下午，记者在调查时从幼儿园大楼西侧门处看到，该玻璃门上写着“物业餐厅”，门口的大红招牌上还写着“就餐对外”字样，餐厅与大楼整体装饰风格一致。据一名工作人员介绍，该餐厅是物业食堂，从小区开始建设时就已在用了。

六幼方面随后称已将此事汇报上级部门。据知情人士透露，幼儿园多次就此事和物业交涉，物业不理睬，也不腾地方。就此事，丰台区教委一负责人称，该幼儿园属于小区配套，且已于 2009 年移交教委接管，教委还投资数百万元对该园做了整体装饰装修。幼儿园自 2009 年 9 月开园至今，因食堂的一部分被物业占用，无法扩招。但由于物业不属于教育部门主管，教育部门盼望有关部门能介入解决。

资料来源：物业被指侵占小区幼儿园食堂. 京华时报，2010-03-18.

（八）其他合法权益

《教育法》第二十九条规定了幼儿园享有“法律、法规规定的其他权利”。

此法律条文体现出立法技术上的一种在列举权利与义务等情况下的常用手段，即在一一列明现行法律赋予幼儿园所有权利之后，附上一条“兜底性”条款[①]。具体而言，其表明幼儿园除享有以上阐述的各项权利外，还享有现在法律法规以及将来出台的法律法规赋予的其他权利，包括开展教学或学术交流的权利、接受国内外捐助的权利、组织幼儿参与社会实践的权利、承办教育行政机关交办的其他活动的权利，等等。

第三节　幼儿园的义务

法律主体的义务和权利是对等的。幼儿园的义务分为民事义务（民事法律关系中的义务）和教育义务（行政法律关系中的义务）[②]。幼儿园的基本义务是指幼儿园在保教活动中所必须履行的法定义务，即幼儿园在保教活动中必须做出一定行为（作为，积极义务），

① 为何需要“兜底性”条款？其理由在于，任何法律不可能在制定时以列举的方式言明所有现在正发生和未来将要发生的社会现实情况。与此不同，社会总是不受人的意志左右而时刻变化着向前发展。这里就会产生巨大的矛盾。解决这一矛盾很好的方法是法律解释，但法律解释需要有法律依据。“兜底性”条款为法律的具体适用敞开了巨大的空间，为法律自身发展留有余地，也为法律解释提供依据。

② 在民事法律关系中，主体一方所要履行的义务就是平等的另一方所有的权利，两者指向的是同一个内容，仅从不同的主体角度看待而已。民法学教科书也以民事权利为核心，不曾将民事义务作为一章一节单独论述。所以，这一节只介绍幼儿园的教育义务。

或不得做出一定行为（不作为，消极义务的约束）[①]。

依照《教育法》第三十条的规定，幼儿园必须履行以下六项义务：

（一）遵守法律、法规

《教育法》第三十条规定幼儿园须履行“遵守法律、法规”的义务。

“守法”义务是法律对公民和其他组织包括一般法人的要求，是《宪法》规定的一项基本义务[②]。幼儿园很显然是一种社会组织，进一步而言是一个法人，其在守法的主体范围之内。《教育法》的守法义务与《宪法》的守法义务不同，具有双重含义：第一，幼儿园普遍意义上的守法；第二，幼儿园对教育法律法规所设定的义务的遵守，以及对自己制定的合法合理的章程与其他办园规章制度[③]的遵守。

理解此义务的重点和难点在于确定“法律法规”的范围。我们认为这个范围是较广的，包括了全国人大及其常委会制定的基本法律、国务院制定的行政法规、地方人大及其常委会制定的地方性法规、自治条例和单行条例、部门规章、地方政府规章，以及其他各类法律性文件、中央和地方相关的政策性文件，乃至幼儿园自行制定的内部各项规章制度[④]。这在法理学上称为对于法律条款的扩大解释，超出了“法律法规”字面上通常具有的文字含义。

（二）保证保教质量

贯彻国家的教育方针，执行国家保教标准。《教育法》第三十条规定幼儿园须履行“贯彻国家的教育方针，执行国家教育教学标准，保证教育教学质量”的义务。

这一义务的具体内容为：第一，幼儿园在整个保教活动中要坚持社会主义的办学方向，贯彻《教育法》第五条规定的国家总体教育方针，按照国家规定的保教目标，面向全体幼儿，实施身心全面发展的优良教育；第二，执行国家关于幼儿园的保教标准，努力改善办园条件，加强育人环节，保证不断提高保教水平。

国家教育方针体现在《教育法》第五条：“教育必须为社会主义现代化建设服务、为人民服务，必须与生产劳动和社会实践相结合，培养德智体美劳全面发展的社会主义建设者和接班人。”如何来理解这句话所要表达的基本精神内涵呢？可以从以下四方面入手：第一，“教育必须为社会主义现代化建设服务、为人民服务”规定了我国教育工作的总方向。社会主义现代化建设是一个整体的体系建设，包括经济建设、政治建设、文化建设、

---

① 《教育法》强调幼儿园义务的主要意义在于满足两大需要：一是幼儿园保证实现其办学宗旨，实施保教活动的需要；二是保护幼儿这一受教育者的需要。根本目的是保障后者受教育权的实现。

② 《宪法》规定：“一切国家机关和武装力量、各政党和各社会团体、各企业事业组织都必须遵守宪法和法律。一切违反宪法和法律的行为，必须予以追究。”“任何组织或者个人都不得有超越宪法和法律的特权。”

③ 幼儿园自行制定的规章制度主要包括：领导制度、教职员工奖惩制度、工作制度、卫生保健制度、安保制度、教学制度、科研制度、财务制度和家园合作及社区联系制度等。

④ 幼儿园自行制定的大部分内部规章制度仅具有对内的法律效力，对于幼儿园（管理范围）之外的第三人没有任何法律效力。

社会建设和生态文明建设五个方面。所以，单纯把教育必须为社会主义现代化建设服务理解成只为经济建设服务是不全面乃至错误的。第二，教育“必须与生产劳动和社会实践相结合”是培养全面发展的社会主义建设者和接班人的根本途径。教育与生产劳动和社会实践相结合的理念和做法不仅符合马克思主义的思想，也符合新时代中国的国情；不仅被当代中国赋予了新的内涵、新的生命力，也顺应了世界各国教育改革和发展的大趋势。第三，“德智体美劳全面发展”是培养目标的重要内容。我国教育方针的理论基础是马克思主义关于培养全面发展新人的学说。第四，“社会主义建设者和接班人”是我国各级各类学校教育总的培养目标。把受教育者培养成什么人是学校教育的根本性问题，也是党和国家所主要关心的问题。

《幼儿园工作规程》第五条大致从德（包括情感）、智、体（包括身体与心理两方面）、美（包括感受与表现两方面）四个方面确立了幼儿园保教的主要目标，而国家保教的具体标准主要体现在《幼儿园教育指导纲要（试行）》中对教育目标与内容的要求。

（三）维护合法权益

维护幼儿、教师及其他相关人员的合法权益。《教育法》第三十条规定幼儿园须履行“维护受教育者、教师及其他职工的合法权益”的义务。

这一义务的具体内容为：第一，幼儿园自身的行为不得侵犯幼儿、教师及其他职工的合法权益；第二，当幼儿园以外的其他社会组织和个人侵犯了本园幼儿、教师及其他职工的合法权益时，幼儿园应当以合法正当的方式，积极协助有关单位查处有违法行为的当事人，维护幼儿、教师及其他职工的合法权益。前一种情况如幼儿园对于其聘任的教师及其他职工，不得以任何理由克扣、拖欠教职工工资，不得在与教师签订合同时收取保证金、押金等；对于其招收的幼儿，应当守护好他们的人身安全，确保他们的身心健康，不得体罚与变相体罚幼童等。后一种情况如发生社会闲杂人员进入幼儿园拐骗或伤害幼儿的，幼儿园有义务在发现后及时制止并报警，在事发后积极配合警方的调查取证工作，若自身有过失之处（未严格执行门禁制度、未配备必要的安保人员和设施等）还须承担一定的补充责任。

案例 5－5

小郭和小王刚从某幼儿师范学校毕业，她们在一场学校举办的招聘会上向 A 幼儿园投了简历。过了几天，A 幼儿园向小郭和小王通知面试。经过一般性的问答、个人才艺展示和专业课考核后，两人成功被 A 幼儿园录用。在签订劳动合同时，A 幼儿园要求小郭和小王同时签订一份培训协议。协议的主要内容是：“每月扣除小郭和小王每人 300 元奖金作为她们的录用和培训保证金，并约定，培训人员在培训期间无故旷课、事假每月超过 3 天、考试不合格的，保证金不予退还。”

后来，在工作期间，A幼儿园以小郭多请了一天假为由将其解聘，而小王也因病假被解聘。两人随即要求A幼儿园退还保证金共计每人2 100元整，但遭到A幼儿园以按事先签订的协议办事为由拒绝。后经劳动监察部门调解，A幼儿园同意退还保证金。但没过多久，A幼儿园便反悔，仍然不向小郭和小王退还保证金。无奈，两名幼儿教师将A幼儿园告上法庭。

最终，经法院公开审理查明，幼儿园在招聘工作人员时，违反了“用人单位与劳动者订立劳动合同时，不得以任何形式向劳动者收取保证金”的相关规定，因而依法做出一审判决，被告分别退还给两原告2 100元保证金。

资料来源：两幼儿教师走上法庭讨要保证金．三晋都市报，2008-08-06.

（四）便利幼儿发展

以适当方式为幼儿监护人了解幼儿发展状况等有关情况提供便利。《教育法》第三十条规定幼儿园须履行“以适当方式为受教育者及其监护人了解受教育者的学业成绩及其他有关情况提供便利”的义务。

这一义务的本质是保障作为幼儿法定监护人的家长的相关知情权。同时学前教育大力提倡家园合作，这也是加强幼儿园教育与家庭教育相互联系的需要。具体而言，“以适当方式”指幼儿园应通过设立和开展家长开放日、亲子活动、家园联系本、家长学校、教师家访、幼儿作品展览等合法的、正当的方式保障幼儿监护人的知情权；不得以诸如公布幼儿档案（侵害幼儿隐私权）等非法的方式保障这种知情权。

案例5-6　　旺财被抱养，老师应保密

幼儿旺财是其父母的养子，不过父母一直不想让外人知道旺财的养子身份，以免给孩子造成不必要的心理负担，为此旺财的妈妈还专门请幼儿园林老师对这件事予以保密。有一天，孩子们因为小事情而发生了争吵，有个孩子突然说：“旺财，你爸妈的年纪这么大，你不是他们亲生的，是抱养的！”旺财一听大哭起来。晚上妈妈来幼儿园接他。他说他听小朋友们说，他不是妈妈的孩子，不肯跟妈妈回家。旺财的妈妈非常伤心。经了解才知道，原来是林老师在和其他保育员聊天时谈起这事，被在一旁玩耍的孩子听见了。旺财的父母认为幼儿园答应为他们保密但却失信，使孩子受到伤害，决定找园长讨个说法。

案例5-6中旺财的养子身份应当属于隐私。但他有没有隐私权呢？

隐私权一般是指自然人享有的对自己的个人秘密和个人私生活进行支配并排除他人干涉的权利。《民法典》第一千零三十二条规定，自然人享有隐私权。任何组织或者个人不得以刺探、侵扰、泄露、公开等方式侵害他人的隐私权。隐私是自然人的私人生活安宁和不愿为他人知晓的私密空间、私密活动、私密信息。《民法典》第一千零三十四条规定，自然人的个人信息受法律保护。个人信息是以电子或者其他方式记录的能够单独或者与其他信息结合识别特定自然人的各种信息，包括自然人的姓名、出生日期、身份证件号码、生物识别信息、住址、电话号码、电子邮箱、健康信息、行踪信息等。

案例 5-6 中旺财的身份属于旺财个人秘密，属于其家庭私生活的范围，旺财的父母已明确表示不愿向外人公开。林老师既然已经受旺财父母之托，答应为旺财的身份保密，就应当履行诺言。但林老师在与同事聊天的时候说出了这件事，她虽然没有主观故意，而是由过失导致秘密公开，但在客观上损害了旺财的名誉，给旺财及其家庭的正常生活带来不良影响。鉴于情节轻微，后果并不严重，因此林老师应向旺财及其父母赔礼道歉，幼儿园还应配合家长尽量把伤害降到最低。

随着通信技术的不断发展，人与人联系的途径愈加多元化，幼儿教师可以使用方便快捷的即时网上通信手段（QQ、微信、微博和电子邮件等）和家长进行交流。而现今隔代抚养现象也对幼儿教师采用合适的方式与不同年龄段的幼儿照料人交流提出更高的要求和挑战。"提供便利"一方面指幼儿园不得拒绝幼儿监护人了解幼儿在园情况的要求，另一方面指幼儿园应当提供便利条件，帮助幼儿监护人行使他们的知情权。

《幼儿园工作规程》第十五条，配合《中华人民共和国反家庭暴力法》，对于幼儿园特别新增加了一种义务："幼儿园应当结合幼儿年龄特点和接受能力开展反家庭暴力教育，发现幼儿遭受或者疑似遭受家庭暴力的，应当依法及时向公安机关报案。"也就是说，幼儿园保教人员及其他教职工负有发现幼儿正在或将要遭受家暴时及时报案的义务。

（五）依法收费

遵照国家有关规定收费并公开收费项目。《教育法》第三十条规定幼儿园须履行"遵照国家有关规定收取费用并公开收费项目"的义务。

这一义务的具体内容为：幼儿园按照省、自治区、直辖市或市级教育行政部门会同有关部门（主要为物价部门和财税部门）制定的收费项目和标准，从公益性质出发，按照成本分担原则①，公平、合理确定本园收费标准并向家长、社会及时公布收费项目。

我国对不同性质和阶段的学校教育机构有不同的收费原则，综合而言，公办中小学（义务教育）不收取学杂费；民办中小学（义务教育）收取一定的学杂费，收费项目和标准由学校制定，报有关部门批准并公示；其他非义务教育阶段的学校可以适当收取学杂

---

① "成本分担原则"来源于 20 世纪 70 年代美国经济学家 D. 约翰斯通所提出的高等教育成本分担理论。该理论研究高等教育经费由谁及如何支付的问题，即高教成本如何在政府、社会、企业团体、个人、家庭等社会各方之间合理分担并最终实现的问题。

费，高中的收费项目和标准一般由省级教育主管部门、物价主管部门确定，高等学校一般由各中央主管部门或省级教育主管部门、物价主管部门确定，公办幼儿园一般由县级、市级教育主管部门、物价主管部门确定，民办幼儿园则一般自己制定，报有关部门备案并公示。

拓展阅读

北京市与上海市幼儿园收费项目和标准简介

1. 北京市幼儿园收费项目和标准

（1）收费项目（不分公办与民办）：住宿费、保育教育费、代办服务性收费（伙食费、幼儿生活必需品费、幼儿外出活动费、学生儿童大病医疗保险费、延时服务费）。

（2）收费标准（公办幼儿园）：住宿费统一为 300 元/生·月。保育教育费按幼儿园等级收取，具体为：一级园 750 元/生·月，二级园 600 元/生·月，三级园 450 元/生·月，无级类园 250 元/生·月。

（3）收费标准（民办幼儿园）：由幼儿园按照《民办教育促进法》及其实施条例及相关规定，根据保育教育和住宿成本合理确定。

2. 上海市幼儿园收费项目和标准

（1）收费项目（不分公办与民办）：保育教育费、代办服务性收费。

（2）收费标准（公办幼儿园）：保育教育费按幼儿园等级分全日制和寄宿制最高收取，具体为：一级园全日制 225 元/生·月，寄宿制 390 元/生·月；二级园全日制 175 元/生·月，寄宿制 340 元/生·月；三级园全日制 125 元/生·月，寄宿制 290 元/生·月；市级示范园全日制 700 元/生·月，寄宿制 800 元/生·月。另外，对外籍人员的偕行子女，保育教育费最高收取全日制 1 300 元/生·月，寄宿制 2 300 元/生·月。

（3）收费标准（民办幼儿园）：保育教育费，根据办园成本、经济社会发展水平、办学质量和群众承受能力等因素合理制定；代办服务性收费，按照“确有必要、自愿、非营利”的原则确定。具体而言，地段生管理费为小班 230 元/生·月，中大班 200 元/生·月，托班则按照民办幼儿园托班管理费标准的 70%收费。实际上，民办幼儿园入门费用基本上均在每月每人 2 000 元左右。

资料来源：2012 年 9 月 1 日起施行的《北京市幼儿园收费管理实施细则（试行）》；2015 年 9 月 16 日印发的《上海市幼儿园收费管理办法》；相关收费标准参见 http://shanghai.xinmin.cn/xmwx/2016/03/14/29662406.html。

（六）依法接受监督

《教育法》第三十条规定幼儿园须履行“依法接受监督”的义务。

这一义务是幼儿园作为行政相对人和独立法人双重身份均须承担的法定义务。其具体含义为：幼儿园对来自行政机关依法进行的检查、监督，应当积极予以配合，不得拒绝，更不得妨碍检查、监督工作的正常进行。

我国存在法律监督的体系，并可依监督主体不同分为国家监督和社会监督两大系统，国家监督细分为权力机关的监督、行政机关的监督和司法机关的监督，社会监督细分为政治或社会组织的监督、社会舆论的监督和公民的直接监督①。就法律监督的概念来看，无论是狭义还是广义的概念解释，都意指对法的全部运行过程（立法、执法、司法、守法）的合法性所进行的监察、控制和督导②。那么，幼儿园对教育行政机关执法的监督属于社会组织的监督，而《教育法》第三十条规定的却是另一种监督，即教育行政机关对幼儿园守法的监督，属于行政机关的监督，在理解领会这两者的过程中注意不要产生偏差。

思考与练习

一、问答题

1. 幼儿园是幼儿的临时监护人吗？
2. 什么是法律地位？
3. 简述幼儿园法律地位的内在实质与外在形式。
4. 论述幼儿园法律地位的特点。
5. 分析幼儿园的法人地位与行政地位的差异。
6. 什么是意思自治原则？
7. 举例说明幼儿园享有的某种民事权利。
8. 试论权力与权利的联系与区别。
9. 简述幼儿园的教育权利。
10. 简述幼儿园应尽的义务。

二、材料分析题

某房地产公司在早慧幼儿园前面开发新楼盘。在修建之后，幼儿园一直就采光事宜和开发商、建设局交涉，二者均置之不理。现在楼已经建了一半，对幼儿园采光权的侵害已成事实。

幼儿园将建设局告上法庭，请求依法撤销被告做出的行政许可，判令被告履行行政职责，责令拆除违法建筑。法院要求幼儿园提供相关证据。立案后的一天，幼儿园的一位老

① 张文显．法理学．2版．北京：高等教育出版社，2003：291-296.
② 同①285.

师发现建设局的几名工作人员到施工现场指指点点，还有一名男子提着摄像机在跟拍。后来，建设局将那天的录像作为证据提交到了法庭。该幼儿园提出被告提供的录像不能作为证据使用，因其系诉讼开始后收集的，但在播放时该录像上显示的时间却是诉讼开始之前。为此，开庭时幼儿园提供了用手机拍下的照片和视频作为证据，法院最终对被告的录像不予采信。

开庭当天，建设局没有出庭，而是在局里开会研究是否需要再补充一些证据。

请分析材料中幼儿园承担的举证范围。行政诉讼中被告的举证规则是如何规定的？

第六章

幼儿园的设立与运行

本章学习目标

1. 掌握法律对举办幼儿园的主体资格的限定情形。
2. 掌握举办幼儿园的四大实体要件，了解幼儿园登记注册程序。
3. 了解幼儿园准入制度以及与登记注册的关系。
4. 掌握教师聘任制的概念要素与内容，能运用相关法条分析相关案例。
5. 熟悉幼儿园经费的各种来源渠道，了解有关经费管理的政策与法规。
6. 理解幼儿园作为法人的变更、终止与清算。
7. 了解教育行政部门对幼儿园的外部管理与监督，以及幼儿园的内部管理与监督。

导入案例

一位鞋厂老板办园梦的破裂

几年前，许某在A镇开办了一家皮鞋厂。一开始，皮鞋厂因不错的质量和低廉的价格，生意十分红火。后来因为逃避缴纳税款63 702余元，许某被一审法院判处有期徒刑一年六个月，并处罚金5万元。许某刑满释放后，皮鞋厂的生意也日渐衰败，最后不得不停工。一次，镇中心幼儿园因为装修房子而借用他的闲置厂房做教室。许某看到幼儿园老师每天只是带着孩子玩玩，觉得办幼儿园真是再简单不过了，心里就盘算着何不把厂房改造一下办个幼儿园呢？

举办幼儿园真的是那么简单的事情吗？任何人或组织是否都可以举办幼儿园？

举办幼儿园需要符合哪些法律规定的条件？要经过怎样繁杂的程序，才能圆许老板的办园梦呢？

资料来源：沈巧英．一位鞋厂老板办园梦的破裂．早期教育（教师版），2007（4）：18.

第一节　幼儿园的举办资质与程序

一、举办幼儿园的主体资格

举办幼儿园的主体资格是指哪些组织和公民可以兴办幼儿园的能力限定①。法律认为，并非社会中的任何人或任何组织都有足够能力去举办幼儿园。我国的法律法规对举办幼儿园的主体分别做出了正向许可性的规定和反向禁止性的规定。

（一）正向许可性的规定

《宪法》第十九条规定："国家举办各种学校，普及初等义务教育，发展中等教育、职业教育和高等教育，并且发展学前教育。国家发展各种教育设施，……国家鼓励集体经济组织、国家企业事业组织和其他社会力量依照法律规定举办各种教育事业。"由此可知，国家（包括各级地方政府）是举办幼儿园的一个重要的主体，国家还鼓励各种社会力量来举办幼儿园。

《教育法》第二十六条规定："国家制定教育发展规划，并举办学校及其他教育机构。国家鼓励企业事业组织、社会团体、其他社会组织及公民个人依法举办学校及其他教育机构。国家举办学校及其他教育机构，应当坚持勤俭节约的原则。以财政性经费、捐赠资产举办或者参与举办的学校及其他教育机构不得设立为营利性组织。"这里需要重点注意两点：第一，企业事业组织、社会团体、其他社会组织及公民个人依法举办幼儿园的限制性条件是"不得设立为营利性组织"；第二，这里的"社会团体"当然应包括基督教教会等宗教团体，但宗教团体若举办面向社会大众的普通幼儿园，不得利用宗教妨碍国家教育制度，即不得进行宗教宣传和开设宗教课程②。

总括而言，法律明确了国家及其各级地方政府、企事业单位（组织）、社会组织（团体）和个人均可成为举办幼儿园的主体，确立了多渠道通过多种方式共同参与并共同促进我国学前教育事业发展的合法权利和地位。

---

① 孙葆森，刘惠容，王悦群．幼儿教育法规与政策概论．北京：北京师范大学出版社，1998：82.

② 若明确举办宗教性质的幼儿园，需向国务院或地方政府的宗教事务部门提出审批申请。事实上，各国政府大多主张宗教和教育分离，故而我国宗教团体一般不被允许正式举办幼儿园，仅在教会内部开办以传播《圣经》知识为主的"主日学"。"主日学"不是正规的学校教育，是一种在星期日上午面向信徒孩子的宗教传播活动。

(二) 反向禁止性的规定

《教育法》在规定社会组织及公民个人可以依法举办幼儿园的同时，提出了“不得设立为营利性组织”的禁止性前提条件。从另一个角度来表述，即主管教育的行政部门可以依法剥夺违反前述禁止性规定的社会组织及公民个人举办幼儿园的主体资格。

《民办教育促进法》第二条和第十条分别对举办民办幼儿园的主体，即社会组织及个人做了法律上的必要限定：举办民办学校的社会组织，应当具有法人资格；举办民办学校的个人，应当具有政治权利和完全民事行为能力。

《学前教育法（草案）》第六十六条规定：“擅自举办幼儿园或者招收学前儿童实施半日制、全日制培训的，由县级人民政府教育行政部门或者有关部门依照教育法第七十五条、民办教育促进法第六十四条的规定予以处理，对非法举办幼儿园的单位和个人，视情节轻重，五至十年内不受理其举办幼儿园或者其他教育机构的申请。”

二、举办幼儿园的实体要件

案例 6-1

（续“导入案例”）许某虽然因逃避缴纳税款而受到了相应的刑事处罚，但并未被剥夺政治权利，所以他享有举办幼儿园的主体资格。可是，有了举办幼儿园的主体资格，就一定能办成幼儿园吗？其实，拥有举办幼儿园的主体资格就如同拥有民事权利能力却不一定拥有民事行为能力一样，仅仅代表着法律给予了你参与办园的机会，并不代表着法律已确认你所举办的幼儿园是符合标准而有效的。要想取得办园的许可，首先必须具备一定的实体要件。

根据《教育法》第二十七条关于设立学校及其他教育机构所必须具备的基本条件的概括规定，举办幼儿园应具备以下四大实体要件：

(一) 有组织机构和章程

幼儿园的组织机构一般包括园长室、保教室、办公室、财会室、教职工（代表）大会等。《幼儿园工作规程》特别强调幼儿园应当建立起园务委员会。园务委员会的组成除园长、副园长、幼儿教师代表外，还必须包括党组织负责人和除幼儿教师外的其他各方面工作人员的代表及幼儿家长代表。园务委员会主要承担幼儿园日常运行中方方面面的问题的审议和决定工作，主要包括规章制度的建立、修改、废除，全园工作计划的制订，工作总结的审议，人员奖惩的决定，财务预算和决算方面的审议等。园务委员会制度是幼儿园贯彻实行民主集中原则的重要体现，兼顾了党组织的政治核心作用、家长的知情权和参与权以及内部管理的高效要求。

幼儿园章程应载明的内容包括：幼儿园的名称、办园宗旨、保教工作的主要任务、幼儿园内部管理体制、教职工参与民主管理与监督的制度、财务管理制度、人事管理制度、举办者及其权利与职责、章程的修改、其他必要事项。

幼儿园的章程即幼儿园一切活动的“宪法”，它对于落实幼儿园的法律地位和办学自主权，实行依法治国，对于幼儿园建立起自我发展、自我约束的良性运行机制，具有非常重大的意义。

由于幼儿园章程独有的重要性，《教育法》强制规定章程是申报设立幼儿园的重要条件之一。对于《教育法》出台实施前已合法设立但仍未制定章程的幼儿园，《国家教委关于实施〈中华人民共和国教育法〉若干问题的意见》要求应依法逐步制定和完善章程，并报主管教育行政部门核准。基于这种情况，也有教育行政部门开展了促进幼儿园建立健全自身章程的活动，如在2012年7月，受杭州市教育局委托的杭州市教育法学会，按照体现现代学校制度要素的原则，编制出台了《公办幼儿园章程参考样本》，并建议将参考样本适用于未建立理事会的公办幼儿园和实施集团化办园的单法人多园区公办幼儿园。此章程亦可给所有公办或民办幼儿园规范制定章程提供参考。

拓展阅读

公办幼儿园章程参考样本（节选）

第一章　总　则

第二条【幼儿园名称与地址】

本园全称为________，英文表述为________；住所地址为________________，邮政编码为________________；官方网址为________________，注册域名为________________，微博名称为________________。

第五条【办园理念与办园目标】

（说明：幼儿园应将办园核心理念、价值追求在本条予以凝练概括，并适当展开阐释。本条内容也可进一步涉及学校的社会使命，强调公益性。在此基础上明确发展定位，分款将发展愿景、办园目标、中长期发展目标等在本条展开全面而精炼的阐述。）

第六条【培养目标】

（说明：幼儿园应围绕办园核心理念分款列项提出幼儿培养目标与教师发展目标，并可具体展开，如：幼儿培养目标应凸显在教育部《3－6岁儿童学习与发展指南》指引下本园所要培养目标的具体化、特色化；教师发展目标中应参照《幼儿园教师专业标准（试行）》，体现现代教育理念、师德要求并作为引领。）

第二章　幼儿园的权利和义务

第三章　教师及其他职工的权利和义务

第四章　幼儿的权利和监护人的义务

第五章　组织机构和行政管理体制

第二十五条【园内维权制度】

本园建立健全园内权益救济制度，保障幼儿和教职工的合法权益。

建立健全园内申诉制度。分别成立园内幼儿家长申诉处理委员会和园内教师申诉处理委员会，明确受理幼儿家长和教师申诉的部门和程序。

建立健全争议调解机制。通过劳动（人事）争议调解委员会，就教职工与幼儿园的劳动（人事）争议进行调解；通过人民调解委员会，就幼儿家长、教职工、幼儿园间产生的纠纷进行调解。

第二十六条【财务管理制度】

本园建立健全财务管理制度。本园依法向政府部门提出年度预算安排意见，经批准后执行，并接受上级教育行政部门和财政、税务、审计、监察等相关职能部门的监督。本园按照园务公开制度的规定公开财务情况。

本园执行国家统一的会计制度，配备具有专业资格的会计人员，依法进行会计核算，建立健全内部会计监督制度，保证会计资料合法、真实、准确、完整。

第六章　课程与保育教育

第三十一条【课程开设与组织形式】

本园遵循课程改革原则，认真执行国家和地方课程要求，以幼儿的全面发展为本，开展课程园本化研究，防止幼儿园课程小学化。

本园秉持一日生活皆课程的教育理念，将游戏作为幼儿学习的主要方式。

第三十四条【幼儿发展评价】

本园遵循全面性、发展性、动态性、客观性的原则，开展幼儿发展评价工作，并建立幼儿成长档案。

第三十五条【教师专业发展】

本园建立并负责管理教师个人业务成长档案，建立健全教师评价激励制度，定期开展园本研修活动，提升教师专业素养。

第七章　卫生保健与安全管理

第三十七条【环境卫生与禁烟】

本园严格管理园内环境卫生，营造卫生整洁的工作、学习和生活环境，确保园内无果壳、纸屑、痰迹，墙壁无污迹，公物无损坏。园内严禁吸烟。

第四十条【体格锻炼】

本园制订与幼儿生理特点相适应的体格锻炼计划，保证幼儿每天户外活动不少于2小时，其中体育活动不少于1小时，通过健康活动、游戏活动或其他形式的活动增强幼儿体质，培养幼儿基本运动技能和锻炼习惯，增进幼儿身心健康。

第四十三条【平安校园制度】

本园建立健全平安校园制度。严格执行《中小学幼儿园安全管理办法》，制定安全应急预案，定期开展安全教育培训和检查，加强园舍、交通、消防、饮食卫生、健康、周边环境治安以及保育教育安全管理，严格执行接送制度，防范安全事故发生。

本园不组织幼儿参加商业性活动和无安全保障的活动。

第四十四条【校方责任险】

本园按照国家有关规定投保学生意外伤害校方责任险。鼓励幼儿家庭自愿参加人身意外伤害保险。发生校园意外伤害事故，立即启动相关应急预案，及时救助受伤害幼儿，并依法进行善后处理。

第八章　幼儿园与家庭、社区

第四十六条【家长委员会】

本园遵循民主、公开、自愿的原则，组织家长选举成立家长委员会。

家长委员会在幼儿园的指导下履行参与幼儿园管理、参与保育教育工作、沟通幼儿园与家庭等职责，做好德育、保障幼儿安全健康、防止和纠正学前教育小学化、化解家园矛盾等工作。

本园建立与家长委员的联席会议制度，通报本园发展规划及其进展、保育教育工作情况，听取家长委员会的意见和建议，取得支持和帮助。

第四十七条【家长学校与家园联系机制】

本园通过家长学校、家长沙龙、亲子活动、家庭访问、网络论坛活动等平台，建立教师与家长的日常联系机制，加强对家庭教育的指导，形成家园教育合力。

本园发挥家长专业和职业优势，协助幼儿园组织实践活动，开展各类家长助教活动和家长志愿者活动。

第九章　幼儿园资产

第五十二条【资产保护】

本园资产受法律保护，任何单位、个人不得侵占、私分和挪用。

本园对侵占园舍、场地、设施等的行为和侵犯幼儿园名称权及无形资产的行为，应积极履行国有资产管理职责，依法追究侵权者的责任。

对幼儿园财物造成损坏的应当依法赔偿。

第五十四条【社会捐赠】

本园依法接受社会各界的捐赠，建立健全受赠财产的使用制度，加强对受赠财产的管理并接受社会监督。

第五十五条【资产安全】

本园如遇因政府规划调整等不可抗拒因素而需要迁址、合并、分立或终止时，应当及时制订保护幼儿园资产安全的方案，并依法进行资产清算。

第十章　附则

第五十七条【章程生效程序】

本章程经本园教职工（代表）大会审议，园务委员会通过，并经杭州市__________教育局同意备案之日起实施。

第五十八条【法制统一原则】

本章程未尽事宜按照法律法规及上级规范性文件政策执行。如有抵触处，以法律法规及上级规范性文件为准。

第五十九条【章程修订程序】

本章程的修改需由园务委员会或1/3以上教职工（代表）大会代表提议方可进行，经教职工（代表）大会审议，园务委员会通过，报杭州市______教育局同意备案后生效。

第六十条【章程解释】

本章程由园务委员会负责解释。

资料来源：http://edu.hangzhou.gov.cn/art/2016/9/11/art_1694676_38704745.html.

（二）有合格的教师

幼儿教师是代表国家利益，培养新生一代的；幼儿教师是引领幼儿走出家庭，走向社会，进入正规学习生活的重要中介和桥梁[①]。教师是太阳底下最光辉的职业，捷克著名教育家夸美纽斯的赞誉是无比贴切的。既然幼儿教师的好坏能影响幼儿一生的发展，幼儿园是否有合格的幼儿教师是其成败的关键，那么，就应该用法律将教师的从业资格予以明确，并使之成为设立幼儿园的必要条件之一。当然，幼儿园由于其保教合一的特殊性，“教师”还包括了保育人员、医务人员及其他工作人员。

《幼儿园管理条例》第九条对在幼儿园从事幼儿保教工作的各类人员的基本要求和条件做了比较具体的规定：“（一）幼儿园园长、教师应当具有幼儿师范学校（包括职业学校幼儿教育专业）毕业程度，或者经教育行政部门考核合格。（二）医师应当具有医学院校毕业程度，医士和护士应当具有中等卫生学校毕业程度，或者取得卫生行政部门的资格认可。（三）保健员应当具有高中毕业程度，并受过幼儿保健培训。（四）保育员应当具有初中毕业程度，并受过幼儿保育职业培训。慢性传染病、精神病患者，不得在幼儿园工作。”

《幼儿园管理条例》

怎样才能成为一个合格的教师？简单地说就是通过合法途径已取得教师资格证书的人员。《教师法》第十条规定：“国家实行教师资格制度。中国公民凡遵守宪法和法律，热爱

① 张燕. 幼儿教师专业发展. 北京：北京师范大学出版社，2006：3.

教育事业，具有良好的思想品德，具备本法规定的学历或者经国家教师资格考试合格，有教育教学能力，经认定合格的，可以取得教师资格。”第十一条规定，“取得幼儿园教师资格，应当具备幼儿师范学校毕业及其以上学历”。从以上可以看出，无论是《幼儿园管理条例》还是《教师法》，以往我国对于幼儿教师认定的学历要求不高，只需中专毕业即可。而英美等发达国家对于幼儿教师学历的要求则普遍较高，一般需要大学本科毕业并取得相应的学士学位①。

我国于1993年颁布《教师法》，1995年颁布《教师资格条例》，2000年颁布《〈教师资格条例〉实施办法》，初步形成教师资格制度框架。2010年发布的《规划纲要》明确提出：“完善并严格实施教师准入制度，严把教师入口关。国家制定教师资格标准，提高教师任职学历标准和品行要求。建立教师资格证书定期登记制度。”2011年，教育部颁发《关于开展中小学和幼儿园教师资格考试改革试点的指导意见》。面对新形势新任务新要求，现行教师资格制度存在教师资格学历标准偏低、教师资格认定缺乏严格把关机制等不适应的方面，全面完善并严格实施教师资格制度，严把教师入口关，迫在眉睫。

2012年发布的《关于加强幼儿园教师队伍建设的意见》② 再次重申幼儿园教师上岗须持相应教师资格证书。2013年印发的《中小学教师资格考试暂行办法》和《中小学教师资格定期注册暂行办法》，确立幼儿园教师资格考试今后实行全国统考，且新规定了教师资格定期（五年一周期）注册的审评制度，改变了以往取得教师资格便可一劳永逸的状况，加强了国家对幼儿教师任教资格长期持续的考核监督，也确保了幼儿教师的职后培训与终身发展。

根据中共中央、国务院的决策部署，在教育部党组的高度重视和精心部署安排下，中小学教师资格考试改革和定期注册试点于2011年在浙江、湖北两省率先启动，2012年扩大到河北、上海、海南、广西等六个省份，从2013年下半年开始，新增山西、安徽、山东、贵州四个省参加试点。教育部的统计显示，试点前教师资格考试通过率一般在70％以上，而在试点工作开始后，通过率降至27.5％。至2015年，我国已正式全面推行教师资格证书考试改革，师范生不再允许免试取得教师资格证书，申请教师资格证书的必须首先报考并通过全国统一考试。报考幼儿园教师资格的应当具备大学专科及以上学历，从实际上大大提高了取得幼儿教师资格的门槛。

《幼儿园工作规程》第四十条和第四十二条分别对幼儿园园长和保育员的任职资格从法律法规上做出了更高的要求，特别是规定了园长必须取得幼儿园园长岗位培训合格证

---

① 成丽媛，李佳，李海霞，等．美国幼儿教师资格及其认证方式简介．学前教育研究，2007（12）：45-49；冉永会．国外学前教育师资的要求及培养．幼儿教育，2000（Z1）：44；童宪明．法德幼儿教育的比较与借鉴．教育探索，2010（11）：157-159.

② 该意见第三条规定：“全面实施幼儿园教师资格考试制度，印发幼儿园教师资格考试标准，深化教师资格考试内容改革。幼儿园教师须取得相应教师资格证书。具有其他学段教师资格证书的教师到幼儿园工作，应在上岗前接受教育部门组织的学前教育专业培训。”

书，保育员应当具备高中以上学历。

一个合格的幼儿教师（包括保育员）不仅仅需要在学历上达标，需要具有必备的专业知识和技能，更需要有良好的职业道德。

新时代对广大教师落实立德树人根本任务提出新的更高要求，为进一步增强教师的责任感、使命感、荣誉感，规范职业行为，明确师德底线，引导广大教师努力成为有理想信念、有道德情操、有扎实学识、有仁爱之心的好老师，着力培养德智体美劳全面发展的社会主义建设者和接班人，教育部研究制定了《新时代幼儿园教师职业行为十项准则》，从坚定政治方向、自觉爱国守法、传播优秀文化、潜心培幼育人、加强安全防范、关心爱护幼儿、遵循幼教规律、秉持公平诚信、坚守廉洁自律、规范保教行为等十个方面明确新时代幼儿园教师职业规范，划定基本底线，深化师德师风建设。对此，《幼儿园工作规程》在总则中也明确规定："幼儿园教职工应当尊重、爱护幼儿，严禁虐待、歧视、体罚和变相体罚、侮辱幼儿人格等损害幼儿身心健康的行为。"

拓展阅读

新时代幼儿园教师职业行为十项准则

教师是人类灵魂的工程师，是人类文明的传承者。长期以来，广大教师贯彻党的教育方针，教书育人，呕心沥血，默默奉献，为国家发展和民族振兴作出了重大贡献。新时代对广大教师落实立德树人根本任务提出新的更高要求，为进一步增强教师的责任感、使命感、荣誉感，规范职业行为，明确师德底线，引导广大教师努力成为有理想信念、有道德情操、有扎实学识、有仁爱之心的好老师，着力培养德智体美劳全面发展的社会主义建设者和接班人，特制定以下准则。

一、坚定政治方向。坚持以习近平新时代中国特色社会主义思想为指导，拥护中国共产党的领导，贯彻党的教育方针；不得在保教活动中及其他场合有损害党中央权威和违背党的路线方针政策的言行。

二、自觉爱国守法。忠于祖国，忠于人民，恪守宪法原则，遵守法律法规，依法履行教师职责；不得损害国家利益、社会公共利益，或违背社会公序良俗。

三、传播优秀文化。带头践行社会主义核心价值观，弘扬真善美，传递正能量；不得通过保教活动、论坛、讲座、信息网络及其他渠道发表、转发错误观点，或编造散布虚假信息、不良信息。

四、潜心培幼育人。落实立德树人根本任务，爱岗敬业，细致耐心；不得在工作期间玩忽职守、消极怠工，或空岗、未经批准找人替班，不得利用职务之便兼职兼薪。

五、加强安全防范。增强安全意识，加强安全教育，保护幼儿安全，防范事故风险；不得在保教活动中遇突发事件、面临危险时，不顾幼儿安危，擅离职守，自行逃离。

六、关心爱护幼儿。呵护幼儿健康，保障快乐成长；不得体罚和变相体罚幼儿，不得歧视、侮辱幼儿，严禁猥亵、虐待、伤害幼儿。

七、遵循幼教规律。循序渐进，寓教于乐；不得采用学校教育方式提前教授小学内容，不得组织有碍幼儿身心健康的活动。

八、秉持公平诚信。坚持原则，处事公道，光明磊落，为人正直；不得在入园招生、绩效考核、岗位聘用、职称评聘、评优评奖等工作中徇私舞弊、弄虚作假。

九、坚守廉洁自律。严于律己，清廉从教；不得索要、收受幼儿家长财物或参加由家长付费的宴请、旅游、娱乐休闲等活动，不得推销幼儿读物、社会保险或利用家长资源谋取私利。

十、规范保教行为。尊重幼儿权益，抵制不良风气；不得组织幼儿参加以营利为目的的表演、竞赛等活动，或泄露幼儿与家长的信息。

然而在现实中，即使在一些优秀的幼儿园中，也会存在一些幼儿教师违反职业道德的现象。《幼儿园教师违反职业道德行为处理办法》第四条规定了应予处理的教师违反职业道德的行为："（一）在保教活动中及其他场合有损害党中央权威和违背党的路线方针政策的言行。（二）损害国家利益、社会公共利益，或违背社会公序良俗。（三）通过保教活动、论坛、讲座、信息网络及其他渠道发表、转发错误观点，或编造散布虚假信息、不良信息。（四）在工作期间玩忽职守、消极怠工，或空岗、未经批准找人替班，利用职务之便兼职兼薪。（五）在保教活动中遇突发事件、面临危险时，不顾幼儿安危，擅离职守，自行逃离。（六）体罚和变相体罚幼儿，歧视、侮辱幼儿，猥亵、虐待、伤害幼儿。（七）采用学校教育方式提前教授小学内容，组织有碍幼儿身心健康的活动。（八）在入园招生、绩效考核、岗位聘用、职称评聘、评优评奖等工作中徇私舞弊、弄虚作假。（九）索要、收受幼儿家长财物或参加由家长付费的宴请、旅游、娱乐休闲等活动，推销幼儿读物、社会保险或利用家长资源谋取私利。（十）组织幼儿参加以营利为目的的表演、竞赛活动，或泄露幼儿与家长的信息。（十一）其他违反职业道德的行为。"需要特别注意其中第六项所列举的"体罚和变相体罚幼儿，歧视、侮辱幼儿，猥亵、虐待、伤害幼儿"。

《幼儿园教师违反职业道德行为处理办法》

幼儿园教师如果有以上违反职业道德的行为，将会因为行为性质、情节、危害程度的不同，而从轻到重面临警告和记过处分，降低岗位等级或撤职处分、开除处分等。

另外，举办幼儿园所需的教师不仅仅要在质量上过关，还要在数量上达标。具体而言，根据2013年1月由教育部制定并发布的《幼儿园教职工配备标准（暂行）》的规定，全日制幼儿园的教职工配备需满足以下最低标准：全园教职工与幼儿必须达到1∶5～1∶7，全园保教人员与幼儿必须达到1∶7～1∶9；每班配备2名专任教师和1名保育员，或者配备3名专任教师；6个班以下的幼儿园设1名园长，6～9个班的幼儿园不超过2名园长，

10个班及以上的幼儿园可以设立3名园长；少于三餐一点的幼儿园在每40～45名幼儿配备1名专职炊事人员的基础上酌减。

（三）有符合规定标准的教学场所及设施、设备等

我国目前学前教育活动的组织和开展是以一日活动为主，以五大领域的游戏活动为具体内容，以游戏为基本形式。幼儿教师在特定的时间，将幼儿集中起来有目的、有计划地引导他们主动地开展并参与某一室内或室外的游戏活动，势必需要一个相对封闭、固定、设施完善而安全的保教场所。《教育法》《民办教育促进法》《幼儿园管理条例》《幼儿园工作规程》等法律法规都对房屋、场地、设备等办园最基础也是最必要的物质条件做了相应的规定。幼儿园应根据如下具体规定，积极地、因地制宜地创造条件。

1. 园舍方面的要求

幼儿园的园舍首先必须符合国家的卫生标准和安全标准①，这是底线性的规定。幼儿园应设活动室、寝室、卫生间、保健室、综合活动室、厨房和办公用房等。有条件的幼儿园应当优先扩大幼儿游戏与活动的空间。寄宿制幼儿园应增设隔离室、浴室和教职工值班室等②。除具体设置以上室内保教场地外，幼儿园应有与其规模相适应的户外活动场地，配备必要的游戏和体育活动设施，并创造条件开辟沙地、水池、种植园地等，并根据幼儿活动的需要绿化、美化园地③。此外，幼儿园建筑规划面积定额、建筑设计和功能要求，以及设施设备、玩教具的配备，按照国家和地方的相关规定执行④。

就幼儿园建筑规划面积定额问题，国家教育委员会和建设部于1988年联合发布了《城市幼儿园建筑面积定额（试行）》。其中，幼儿园建筑总面积分为园舍建筑面积（见表6－1）和用地面积（见表6－2）两部分。园舍建筑由活动及辅助用房、办公及辅助用房，以及生活用房三部分组成，幼儿园用地包括建筑占地、室外活动场地、绿化及道路用地等。

表6－1 城市幼儿园园舍建筑面积定额

规模	园舍建筑面积（平方米）	建筑面积定额（平方米/生）
6班（180人）	1 773	9.9
9班（270人）	2 481	9.2
12班（360人）	3 182	8.8

① 《幼儿园管理条例》第八条。
② 《幼儿园工作规程》第三十四条。
③ 《幼儿园工作规程》第三十五条。
④ 《幼儿园工作规程》第三十七条。

表 6-2　城市幼儿园用地面积定额

规模	用地面积（平方米）	用地面积定额（平方米/生）
6 班	2 700	15
9 班	3 780	14
12 班	4 680	13

当然，由于《城市幼儿园建筑面积定额（试行）》发布的时间较早，相对的标准较低且较为笼统，各省（区、市）均在其基础上制定了详细的“幼儿园建设标准”，并规定了各类幼儿园的具体用地面积指标和建筑面积指标。以浙江省 2007 年 11 月发布的《普通幼儿园建设标准》（地方强制性标准，DB 33/1040—2007）为例，6 个班级规模的幼儿园用地面积基本指标不宜低于 2 287 平方米，生均用地面积基本指标不宜低于 12.71 平方米，园舍建筑面积基本指标不宜低于 1 802 平方米，生均建筑面积基本指标不宜低于 10.01 平方米，活动及辅助用房使用面积基本指标不宜低于 864 平方米，办公及辅助用房使用面积基本指标不宜低于 209 平方米，生活用房使用面积基本指标不宜低于 98 平方米。9 个班级规模及 12 个班级规模的幼儿园的用地面积指标和建筑面积指标相应地提高①。

就建筑设计要求问题，早在 1987 年国家教育委员会和城乡建设环境保护部就联合颁布了《托儿所、幼儿园建筑设计规范（试行）》。最新版《托儿所、幼儿园建筑设计规范》，于“建筑设计”一章，写明幼儿园的生活用房包括活动室（每班面积不小于 70 平方米）、寝室（每班面积不小于 60 平方米）、卫生间（包括厕所、盥洗室，每班面积不小于 20 平方米）、衣帽储藏室（每班面积不小于 9 平方米）等。服务管理用房包括保健观察室、晨检室、教师值班室、教师办公室、会议室、警卫室、储藏室、园长室、财务室、教具制作室、隔离室②及教职工厕所、浴室③等。供应用房包括幼儿园厨房、消毒室、开水间、洗衣间④及库房等。同时明令禁止将幼儿生活用房设在地下或半地下室；必须设置各班专用的室外游戏场地，每班的游戏场地面积不应小于 60 平方米，且各游戏场地之间宜采取分隔措施⑤。于总体细节而言，在诸如室内最低净高、事关采光的窗地面积比、幼儿卫生间内部设备标准与数量、建筑材料防火性、走廊最小净宽度、主体防风御寒标准等方面都有

---

① 具体的数据参见：http://www.hzedu.gov.cn/sites/main/template/detail.aspx?id=35988.

② 应为防患传染病之需而设，如普通呼吸道疾病（流感）以及低龄幼儿常患的手足口病与疱疹等。此用房常被幼儿园忽视，笔者认为有设置之必要性。

③ 成人与幼儿生理构造方面毕竟有差异，故所用厕所与浴室须独立分开并因人设计。保教人员在使用中也不可贪图便捷而占用、共用幼儿卫生间，恐有不利卫生之嫌。

④ 笔者认为消毒室、开水间、洗衣间既可集中一处，也可分开设立（融合于生活用房之中）。现实中，多数幼儿园倾向于选择后者。

⑤ 早先建设的老幼儿园或设于城中心老小区内的幼儿园，因历史原因或土地被逐年不法侵占，难以达到这一要求。严重者可能全园游戏场地面积不过 100 平方米（当然不包括大型游乐器械所占面积）。这需要引起土地、教育等多部门的重视。个别幼儿园似乎找到一种解决方式，即将游戏场地移至平坦的屋顶。这虽勉强达到数量标准，却难达到质量标准，且不方便一些户外体育活动的开展（如投掷飞盘或放风筝等），更隐藏巨大安全隐患，非长久之计。

详尽的规定以供参照执行。

2. 园址环境方面的要求

幼儿园除了要有一个符合标准的园舍，其整体环境也对幼儿健康成长和教学活动开展的效果起着举足轻重的作用。《幼儿园教育指导纲要（试行）》在总则第四条，从环境创设对教育效果的影响角度，提出了对园址环境的要求："幼儿园应为幼儿提供健康、丰富的生活和活动环境，满足他们多方面发展的需要，使他们在快乐的童年生活中获得有益于身心发展的经验。"

《幼儿园管理条例》第七条从幼儿园设立的条件角度，规定："举办幼儿园必须将幼儿园设置在安全区域内。严禁在污染区和危险区内设置幼儿园。"所谓安全区域，一般指不会出危险、不会出事故、不会使幼儿身心受到威胁的区域；污染区，通常是指有粉尘污染、大气污染、水质污染、噪声污染的区域；危险区，通常是指危及人们健康与生命的区域①。此外，《托儿所、幼儿园建筑设计规范》则更为翔实地规定："托儿所、幼儿园的基地应符合下列规定：1 应建设在日照充足、交通方便、场地平整、干燥、排水通畅、环境优美、基础设施完善的地段；2 不应置于易发生自然地质灾害的地段；3 与易发生危险的建筑物、仓库、储罐、可燃物品和材料堆场等之间的距离应符合国家现行有关标准的规定；4 不应与大型公共娱乐场所、商场、批发市场等人流密集的场所相毗邻；5 应远离各种污染源，并应符合国家现行有关卫生、防护标准的要求；6 园内不应有高压输电线、燃气、输油管道主干道等穿过。"

以上的种种要求不仅对于新设立的幼儿园在选址上有法律约束力，即使已合法设立的幼儿园在办园过程中，原有达标的环境变得不符合法律法规的标准要求了，其法人代表也应着手进行解决，不能放任其威胁幼儿的健康。

3. 设备方面的要求

幼儿教师开展各种教学活动需要传统教具和电子设备等，幼儿进行室内外游戏活动需要学具、玩具、运动器材和大型游乐设备等，幼儿午间或晚上休息需要床、枕头、被褥等。幼儿园运作需要很多的设备，对于这些设备国家都有哪些规定呢？这些规定是建议性的，还是强制性的？

《幼儿园工作规程》第三十六条②规定："幼儿园应当配备适合幼儿特点的桌椅、玩具架、盥洗卫生用具，以及必要的玩教具、图书和乐器等。玩教具应当具有教育意义并符合安全、卫生要求。幼儿园应当因地制宜，就地取材，自制玩教具。"这是一个强制性的规定。

---

① 张乐天. 学前教育政策与法规. 北京：中央广播电视大学出版社，2011：74.

② 此条删除了原有的"寄宿制幼儿园应配备儿童单人床"的规定。笔者认为，此规定删除的原因一是现存寄宿制幼儿园较少，二是任何一个有条件的幼儿园都应当配备儿童单人床，而不是单单寄宿制幼儿园需要特别配备。原有的这个规定没有太大的实际意义。另外，修订后的条款将原有的"教具、玩具"合二为一表述为"玩教具"，符合寓教于乐的理念。

对于幼儿园具体如何按照以上要求进行实际操作，可参照《幼儿园教育指导纲要（试行）》的指导性意见。1992年国家教委教学仪器研究所编制的《幼儿园玩教具配备目录》仍具有一定的参考价值。该目录将幼儿园的玩教具分为体育类，构造类，角色、表演类，科学启蒙类，音乐类，美工类，图书、挂图与卡片类，电教类，劳动工具类等九大类。此目录只是一个指导性文件，各地幼儿园可根据实际条件参照配备。

《民办教育促进法》第十一条规定："民办学校的设置标准参照同级同类公办学校的设置标准执行。"

2000年以来，城市和农村地区都在广泛实施幼儿园的"标准化建设"。以上海市为例，2005年出台了《普通幼儿园建设标准》，采取"撤、转、连、改、换、建"① 的方法并结合新时代信息化建设，有效改变了幼儿园园所的面貌，提高了教学效率和质量。

（四）有必备的办园资金和稳定的经费来源

幼儿园正常开展保教工作的最基本也是最重要的保障便是有必备的办园资金和稳定的经费来源，特别是保有独立的资金乃是真正实现幼儿园法人主体资格地位，积极承担法律责任的物质前提，也是提高幼儿园自我保护能力，抵御社会风险的最好方式。

1. 我国教育经费的主要来源

我国教育经费的主要来源有"财、税、费、产、集、捐、金"七个渠道。"财"指财政拨款；"税"指各种教育附加费，包括城市教育费附加、农村教育费附加及其他用于教育的地方附加费；"费"特指学费及其他费用；"产"指校办产业；"集"指农村教育的社会集资；"捐"指各种社会主体（主要为慈善基金）的捐资助学；"金"指运用金融信贷手段支持教育，即具有优惠性质的教育贷款等。

2. 当前我国幼儿园经费的主要来源

《学前教育法（草案）》第五十条规定："学前教育实行政府投入为主、家庭合理负担保育教育成本、多渠道筹措经费的投入机制。"

根据《幼儿园管理条例》第十条"举办幼儿园的单位或者个人必须具有进行保育、教育以及维修或扩建、改建幼儿园的园舍与设施的经费来源"和《幼儿园工作规程》第四十六条"幼儿园的经费由举办者依法筹措，保障有必备的办园资金和稳定的经费来源"等学前教育法律法规的具体规定，前述七个教育经费来源渠道中，"产""集""金"明确被法律所禁止，"财"与"税"被归入一类，与"费""捐"成为幼儿园经费的三大主要来源。

（1）举办者资金投入。对应不同性质的办学机构，公立幼儿园的举办者往往是政府教

① "撤"即对规模小、条件差、生源少，不具备办园条件的园所采取"撤销"措施；"转"即对一些有条件的幼儿园进行"转制"，扩大资金渠道，改善办园条件；"连"即对地域上接近，只有一墙之隔的托幼园所，打通阻隔，使之连成一体，成为托幼一体化的幼儿园所；"改"即对一些生源少、条件差、不适合办小学的学校实行改造，让其成为达标的幼儿园所；"换"，即通过置换的方式，实现幼儿园位置达标；"建"即新建的公建配套托幼园所，必须达到标准。

育行政管理部门，其经费来源主要是财政拨款；民办、私立、附属幼儿园的举办者一般是企业事业组织、各类社会团体及其他社会组织与个人，其经费则需自行筹措。

（2）家长交纳保教费用。尽管近些年不断有学者提出将学前教育纳入义务教育的观点，但仅仅停留在学术讨论上，现行《义务教育法》并未将其上升至法律层面，且《幼儿园管理条例》第二十四条明确规定："幼儿园可以依据本省、自治区、直辖市人民政府制定的收费标准，向幼儿家长收取保育费、教育费。"国家发改委、教育部、财政部三部委联合下发的《幼儿园收费管理暂行办法》第三条更是写明"学前教育属于非义务教育"。当然，《幼儿园工作规程》第四十七条至第五十一条对幼儿园的收费做出了限制，例如：收费要严格按照相关部门的标准，不得以任何其他名目变相、重复收费，不得以任何名义收取与新生入园相挂钩的赞助费；严禁以幼儿表演为手段，以营利为目的的商业活动。

（3）接受社会捐助。幼儿园接受社会的捐资助学费首先要坚持捐赠者主动自愿的原则，否则将导致这一具有慈善性质的行为变味为法律所禁止的面向社会公众的集资行为，即俗称的"拉赞助"和"民间借贷"；其次，要贯彻捐助的量力而为性和无偿性；最后，在使用这一来源经费时要保证"取之于民而用之于民"，真正发挥教育利民强国的本质作用。

三、举办幼儿园的程序要件

案例 6-2

（续"导入案例"）许某办园的决心已定，经过咨询了解到设立幼儿园所需具备的种种条件。于是，他将旧厂房进行了彻底的改造以符合建园标准，购置了合格的室外大型游戏设施以及室内必备的教学用具，更是从当地一所小有名气的民办幼儿园挖来了老教师做园长，从幼儿师范学校招聘了几位拥有幼儿教师资格证书的毕业生作为首批教师，从人才市场和劳务市场聘用了保健医生、保育员和厨师。在此基础上，他与园长讨论制定了幼儿园的简易章程，将幼儿园定名为"雪绒花幼儿园"，并与园长另行投入 15 万元作为幼儿园日常运作的资金。

就这样，一所新幼儿园风风火火地办了起来。因为硬件设备好，老师较负责，关键是收费比其他民办幼儿园低，吸引了很多家长将自己的孩子送到雪绒花幼儿园就读。

可好景不长，一年后的某天，当地教育部门接到幼儿园周围群众举报称有人在非法办学。于是，雪绒花幼儿园被勒令停止办学，作为举办者的许某还受到行政罚款……

事后，许某很是纳闷：明明都按相关政策规定办的园，怎么就成了非法的呢？

现实生活中，与许某有同样困惑的民办幼儿园设立者不在少数。他们在办园初期，只关注了办园的实体要件，认为“万事俱备”，便可“开张”。但法律却告诉我们，就算“万事俱备”，可欠了“东风”依旧不成。这“东风”就是现当代法律要求的“程序”要件。

根据有关法律规定：首先，程序内容与实体内容同等重要。其次，程序规则在某些情况下比实体规则更具有决定性意义。例如，在刑事诉讼过程中，法官定罪量刑的依据是法律规则（“大前提”）和案件事实（“小前提”），而案件事实必须靠“证据”来予以证明。证据的真实性、客观性、有效性和关联性固然非常重要，但都要以使用合理合法手段搜集为前提。因为一旦被证明证据是用诸如“刑讯逼供或诱供”等暴力、威胁手段获取的，那么尽管它真实、客观、有关联，都将被法院依据“非法证据排除”原则不予采信。

对于设立幼儿园的法律行为，其中的道理是相同的，既要符合前述的四大实体要件，又要符合唯一的程序要件——经过教育主管部门“登记注册”。

（一）登记注册制度

《教育法》第二十八条规定：“学校及其他教育机构的设立、变更和终止，应当按照国家有关规定办理审核、批准、注册或者备案手续。”这表明，我国各类学校和教育机构的设立分别有审批与登记注册两种制度。具体到幼儿园的设立，《幼儿园管理条例》第十一条规定：“国家实行幼儿园登记注册制度，未经登记注册，任何单位和个人不得举办幼儿园。”

“登记”和“注册”这两个词语在法律中有丰富的含义，因使用的语境不同，具体意思各异。比如，在物权变动中，登记是不动产物权变动的公示方法，由此还引申出登记成立主义和登记对抗主义；在成立公司时，公司设立人必须按法定程序向公司登记机关（工商管理部门）申请登记在册。又比如，商标注册、专利注册和律师资格注册以及公司资本注册也是完全不同的概念。但总体来看，登记注册大致是一种将某些法律认为重要的信息记录在案并加以公示以备查阅与管理的手段和过程。

在教育法领域，通常认为，登记注册制度是指主管部门对申请者提交的申请设立教育机构的报告进行审核，如未发现有违背法律、法规规定的情形，只要拟办的教育机构符合设置标准，都必须予以登记注册，使其取得合法地位；对不符合设置标准的，予以拒绝，并以书面形式通知申请者。其实质是确认申请者所办教育机构的法律地位或事实。

（二）登记注册程序

由于国家层面的幼教相关法律法规暂时并未对各类不同幼儿园的登记注册做出详细的程序性规定（《幼儿园管理条例》仅规定了各类幼儿园登记注册的机关①），只有《民办教育促进法》提及了可适用于民办幼儿园设立的登记注册程序，且各地登记注册机关在实际操作过程中因政策也有略微差异。所以，此处重点阐述民办幼儿园的登记注册程序，其次

① 《幼儿园管理条例》第十二条规定：“城市幼儿园的举办、停办，由所在区、不设区的市的人民政府教育行政部门登记注册。农村幼儿园的举办、停办，由所在乡、镇人民政府登记注册，并报县人民政府教育行政部门备案。”

以江苏省和山东省为例，根据两省出台的幼儿园机构登记注册办法，简要介绍地方性的普通幼儿园登记注册程序，以做参考。

1. 民办幼儿园登记注册的普通程序

依照《民办教育促进法》第二章“设立”的相关规定，民办幼儿园的设立需要经过两个步骤：

（1）举办者向审批机关提交材料，申请筹设。筹设的具体流程如图 6－1 所示。

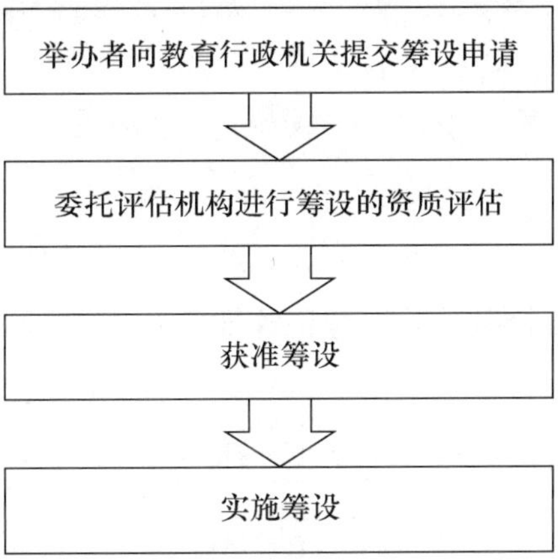

图 6－1　民办幼儿园筹设的具体流程

注：《民办教育促进法》第十四条规定：“审批机关应当自受理筹设民办学校的申请之日起三十日内以书面形式作出是否同意的决定。同意筹设的，发给筹设批准书。不同意筹设的，应当说明理由。筹设期不得超过三年。超过三年的，举办者应当重新申报。”

（2）当办学条件已成熟，进而申请正式设立。正式设立的具体流程如图 6－2 所示。

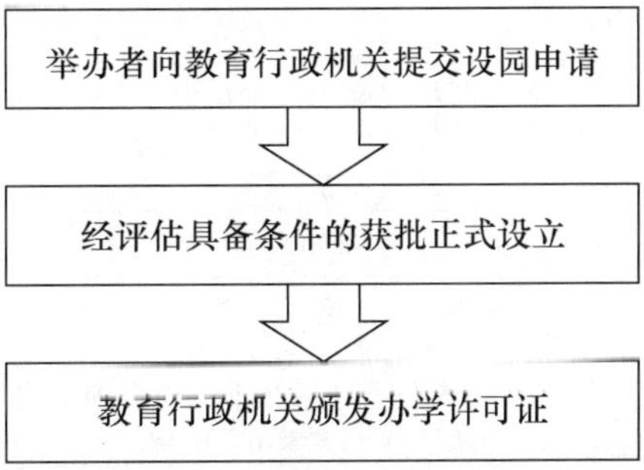

图 6－2　民办幼儿园正式设立的具体流程

注：《民办教育促进法》第十六条规定，“具备办学条件，达到设置标准的，可以直接申请正式设立”，并应当提交必要的材料。第十七条规定：“申请正式设立民办学校的，审批机关应当自受理之日起三个月内以书面形式作出是否批准的决定，并送达申请人；其中申请正式设立民办高等学校的，审批机关也可以自受理之日起六个月内以书面形式作出是否批准的决定，并送达申请人。”

2. 民办幼儿园设立所需提交的材料

《民办教育促进法》第十三条和第十五条分别对民办幼儿园在设立的两个阶段所需提交的材料做了明确规定，现将其归纳，如表 6－3 所示。

表 6-3　民办幼儿园设立所需提交的材料

	申请筹设	申请正式设立
所需提交的材料	申办报告[1] 举办者姓名、住址或者名称、地址 资产来源、资金数额及有效证明文件，并载明产权 捐赠协议[3]	筹设批准书 筹设情况报告 学校章程、首届决策机构[2]组成人员名单 学校资产的有效证明文件 校长、教师、财会人员资格证明文件

[1] 内容应当主要包括：举办者、培养目标、办学规模、办学层次、办学形式、办学条件、内部管理体制、经费筹措与管理使用等。

[2] 决策机构包括理事会、董事会或其他决策机构。

[3] 只有属于捐赠性质的校产才需提交。捐赠协议须载明捐赠人的姓名、所捐资产的数额、用途和管理方法及相关有效证明文件。

拓展阅读

南京鼓楼区幼儿园登记注册行政许可行为流程图

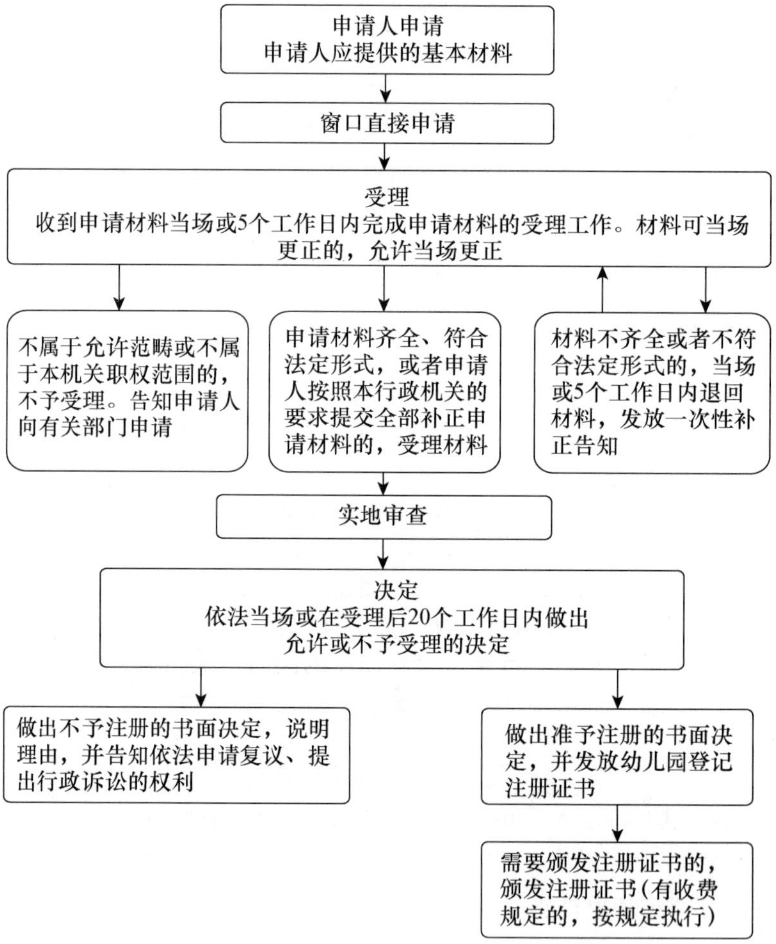

资料来源：http://www.njgljy.com/NewShow-442.aspx.

3. 地方普通幼儿园的登记注册程序

江苏省教育厅于 2004 年 7 月 16 日颁发了《江苏省学前教育机构登记注册办法》，该办法明确了招收 0～6 岁婴幼儿的各类学前教育机构（当然包括各类幼儿园）均应当进行登记注册，没有登记注册并取得《江苏省学前教育机构登记注册证书》的不得举办。违反以上规定或不符合登记条件而登记注册失败的，如果是该办法实施之前已经举办但需要重新登记注册的幼儿园，则暂缓登记并停止招生限期整改，限期整改仍不通过的，责令其停办；如果是该办法实施之后新举办的幼儿园，视情节轻重给予停止招生、停办等行政处罚。更为严格的是，登记注册实行年审制。年审不合格的，限期整改；连续两年不合格的，取消登记并公告。

江苏省幼儿园登记注册的程序共有三个步骤：第一，由举办单位或个人向县（市、区）登记注册机关提出书面申请；第二，填写《江苏省学前教育机构登记注册表》；第三，教育行政部门在接到申请的 20 日内对申请者的办学资质进行审查，对符合规定条件的准予登记注册，发给《江苏省学前教育机构登记注册证书》，并报市级教育行政部门备案。

登记注册过程中需要提交大量的材料，大多数为能够证明该幼儿园有能力运作的材料，包括：申请报告，举办者的资格证明材料（正本），拟任园、所长或主要行政负责人及拟聘教师、工作人员的资格证明、健康证明、福利待遇材料、聘任合同等，拟办园、所的资产及经费来源的证明材料（正本），拟办园、所的场地证明，卫生行政部门提供的卫生保健合格证明、公安消防部门提供的消防安全证明、建筑部门提供的房屋安全合格意见书，符合法规的拟办园、所的章程和发展规划，审批部门按法律法规要求提供的其他材料。

山东省教育厅于 2015 年 12 月颁布了《山东省学前教育机构登记注册管理办法》。与江苏省的登记注册办法不同，该登记注册管理办法所称的学前教育机构仅指招收 3～6 周岁幼儿实施保教活动的幼儿园，并不包括各类早教机构。该办法相对更为严格的一点是对于幼儿园的名称做了限制，原则上要求幼儿园的名称不能使用足以对公众造成误导的词语。而其较为新颖的是对幼儿园实行年检公示制度的同时，实行统一的标识制度，让公众一目了然地知晓该幼儿园是否登记注册、是否年检合格、是否受到行政处罚，便于社会和家长的监督。

山东省幼儿园登记注册的程序相对也较为复杂，分筹集设立幼儿园和正式设立幼儿园。规定幼儿园提交筹设申请及相关材料之后，登记机关应在受理之日起 20 日内以书面形式做出是否同意的决定。同意筹设的，发给筹设批准书；不同意筹设的，应当说明理由。规定幼儿园提交正式设立申请及相关材料之后，登记机关应在受理之日起在规定时限内（可以认为这个期限要比筹设时的长）以书面形式做出是否同意的决定。同意正式设立的，核发《登记注册合格证》并公告；不同意设立的，需要说明理由。该办法并没有明确筹集设立程序是正式设立程序的前置程序。但由于在申请正式设立时，必须提交筹设情况报告，推测可得出在开始正式设立程序前一般须先行经过筹集设立程序。

这两个省出台的幼儿园登记注册办法，规定了有所不同的登记注册程序，可作为全国其他省份地方性幼儿园登记注册办法的代表。

第二节　幼儿园的运行机制

幼儿园依法设立只是在办园之路上迈出的第一步。俗话说，良好的开端是成功的一半。对于“导入案例”中的主人公许某而言，假设他费了九牛二虎之力顺利拿到了幼儿园办学许可证，之后的难题便是如何将雪绒花幼儿园正常并良好、持久地运作下去。运行机制作为一个一般的学术词汇，意指在人类社会有规律的运动中，影响这种运动的各因素的结构、功能及其相互关系，以及这些因素产生影响、发挥功能的作用过程和作用原理及其运行方式①。结合幼儿园这个特定对象，运行机制就是指某家幼儿园开展日常保教活动时，其内部各部门之间、与外部机构之间，主要在人事、财务等方面相互作用，以及作为整体其本身发展、变更的过程和方式。

一、准入制度

准入，顾名思义，就是准许进入（某些领域）的实体和程序要求。此处所提及的“准入制度”，其基本含义等同于上一节“举办幼儿园的程序要件”部分叙述的“登记注册制度”，但细究之下还是略有不同。一些政策指导性文件既使用了含义较为宽泛的“准入制度”，同时又出现了“登记注册制度”。如 2010 年颁布的《国务院关于当前发展学前教育的若干意见》规定：“加强幼儿园准入管理。完善法律法规，规范学前教育管理。严格执行幼儿园准入制度。各地根据国家基本标准和社会对幼儿保教的不同需求，制定各种类型幼儿园的办园标准，实行分类管理、分类指导。县级教育行政部门负责审批各类幼儿园，建立幼儿园信息管理系统，对幼儿园实行动态监管。完善和落实幼儿园年检制度。未取得办园许可证和未办理登记注册手续，任何单位和个人不得举办幼儿园。对社会各类幼儿培训机构和早期教育指导机构，审批主管部门要加强监督管理。”

很明显，准入制度不再仅仅是种“门槛”，而是作为教育行政部门对幼儿园动态管理

① 张乐天. 学前教育政策与法规. 北京：中央广播电视大学出版社，2011：78.

的一种手段，具体包括了登记注册制度和年检制度。严格意义上，年检手续是登记注册手续向后的延伸，因为相隔固定时间一次的年检就相当于登记注册手续的重复，好比学生每学期或每学年开学所要进行的报到注册。年检制度进一步加强了对幼儿园教育质量的监管，形成了具有主动清退不合格者功能的较为完全的准入机制。

对民办幼儿园举办过程中暴露出的种种乱象，《国务院关于当前发展学前教育的若干意见》就无证幼儿园问题做出了排查、指导与整改的解决意见，要求“各地要对目前存在的无证办园进行全面排查，加强指导，督促整改。整改期间，要保证幼儿正常接受学前教育。经整改达到相应标准的，颁发办园许可证。整改后仍未达到保障幼儿安全、健康等基本要求的，当地政府要依法予以取缔，妥善分流和安置幼儿”。

二、人事制度

人事制度是关于用人以治事的行动准则、办事规程和管理体制的总和。广义的人事制度包括工作人员的选拔、录用、培训、工资、福利、监督、退休与抚恤等各项具体制度。狭义的人事制度指国家公务人员的任用、管理制度。可见，幼儿园的人事制度指的是广义上的人事制度，且探讨的主要内容是教师的聘任制度。

（一）教师人事制度的改革——从任命制到聘任制

我国曾长期将教师作为一类干部安排和调配，这个制度的特点是国家计划分配，它曾在历史上发挥过积极作用。随着20世纪90年代以来国有企业改制、福利市场化等改革的进行，学前教育事业受到较大影响，福利性质的幼儿园及其工作人员逐渐减少，对应的是幼儿园教师工资待遇不高，师资队伍流动性变大。

在幼儿园教师人事调配制度由计划转向市场的过渡期，政府鼓励社会力量办园，一大批社会力量参与其中，也有个别地区存在公转民、幼儿园缺编少编等现象，此时幼儿园办园质量较低，尤其是师资呈现良莠不齐的局面，幼儿园改制引发教师资格认定没有得到有效落实，幼儿教育领域各种问题频发。《国务院关于当前发展学前教育的若干意见》指出，“合理确定生师比，核定公办幼儿园教职工编制，逐步配齐幼儿园教职工。健全幼儿教师资格准入制度，严把入口关。”教育部门通过组织公开招聘具备条件的毕业生充实幼儿教师队伍，并依法落实幼儿教师地位和待遇、完善学前教育师资培养培训体系等途径有效促进幼儿园教师聘任制落实。

（二）教师聘任制的概念要素及主要内容

1. 法律上的概念与要素

《教师法》第十七条规定：“学校和其他教育机构应当逐步实行教师聘任制。教师的聘任应当遵循双方地位平等的原则，由学校和教师签订聘任合同，明确规定双方的权利、义务和责任。”

从以上法条可以看出，聘任制的概念涵盖了以下几个要素：聘任方和受聘者处于完全平等的地位，并本着完全自愿的原则，任何一方都无权强求或干涉另一方必须同意某些条款；以合同形式约定下来的有关责权利等方面的内容具有法律效力并受法律保护。

2. 主要内容

教师聘任制的具体内容主要包括了四大形式——招聘、续聘、解聘和辞聘①，这也是一名新任职的幼儿园教师所必然经历的全部或部分环节。

（1）招聘。招聘是指用人单位（幼儿园）向社会公开、择优选拔具有教师资格的所需人员，具有公开、直接、自愿和透明度高等优点。在招聘环节中，必须高度重视的是双方一定要签订纸质的、规范的聘用合同②。

（2）续聘。续聘是指招聘时订立的合同所确定的聘用期满后，用人单位（幼儿园）与教师继续签订聘任合同。在续聘时，教师可就工资待遇等一系列问题与幼儿园进行协商更改，并写入续聘合同之中③。

（3）解聘。解聘是最容易导致劳动合同纠纷的一个环节，是指用人单位（幼儿园）因某种原因不继续聘任教师，双方解除合同关系。解聘广义上分为到期自动解除聘任和用人单位提前解除合同两类，在此是狭义的解聘，仅指后者。解聘的理由可能是幼儿教师的过错，也可能是幼儿园出现了某些危机，如民办园经营不佳进行人员精减。无论是哪一方的原因导致解聘，幼儿园都需要有充分合理并合法的理由，否则要因过错承担违约责任。

案例 6-3

王莉和冯静在大学是同班同学，毕业后在机缘巧合下均竞聘到一所幼儿园担任幼儿教师。两个人都同该园签订了为期 5 年的劳动合同，月工资为 2 300 元，试用期为 3 个月。双方另约定，除非发生不可抗力或意外事件，合同期满前任何一方不得解除合同，否则将承担违约责任。

在工作的第二年，王莉怀孕了。学期末，相关部门下发通知将对全市幼儿园进行全方位的评估。为应对教育主管部门的评估和检查，该幼儿园组织全园教师加班加点进行准备。王莉因为怀有身孕，一些工作无法完成。幼儿园最终便以她不能胜任工作为由将其解聘。

① 张乐天. 学前教育政策与法规. 北京：中央广播电视大学出版社，2011：80.

② 聘用合同包括两类，即劳动合同和雇佣合同。劳动合同针对的是未退休人员，退休人员由于在法律上丧失了劳动资格和能力，所以同时也丧失了和用人单位签订劳动合同的主体资格。用人单位若要返聘退休人员，双方签订的合同即为雇佣合同。当然，值得注意的是，《工伤保险条例》并不调整雇佣关系。

③ 特别是就聘用期长短，幼儿园出于教师队伍稳定的考虑，往往希望可以与幼儿教师订立长达三年或五年的聘用合同；而幼儿教师一般出于“跳槽”方便、自由，大部分愿意只签订一年乃至半年的聘用合同。故而，对于这类问题，新教师需要仔细斟酌。

无独有偶，冯静在参加工作的第四年，也由于工作压力过大，患上了严重的抑郁症。其虽多次去医院治疗，但病情仍没有好转。于是，幼儿园以其因病不能胜任工作为由将其解聘。

试问：幼儿园能否以怀孕为由将王莉解聘？冯静所患的抑郁症是否属于职业病①？幼儿园又能否以此为理由将其解聘？

资料来源：武祥海，李小红．以案释法：幼儿园涉法事务全解析．南京：南京师范大学出版社，2011：61-62.

拓展阅读

幼儿园不能解除劳动合同的情形

根据《中华人民共和国妇女权益保障法》和《民法典》等法律规定，任何单位不得因结婚、怀孕、产假、哺乳等情形，降低女职工的工资，辞退女职工，单方解除劳动（聘用）合同或者服务协议；但是，女职工要求终止劳动（聘用）合同或者服务协议的除外。所谓孕期，是指妇女怀孕期间；产期，是指妇女生育期间；产假原为 90 天，2012 年 4 月 18 日通过、4 月 28 日公布并实施的《女职工劳动保护特别规定》第七条将产假延长至 98 天，其中产前可以休假 15 天②；哺乳期，是指从婴儿出生到 1 周岁之间的时间。

资料来源：武祥海，李小红．以案释法：幼儿园涉法事务全解析．南京：南京师范大学出版社，2011：62.

拓展阅读

《企业职工患病或非因工负伤医疗期规定》节录

企业职工因患病或非因工负伤，需要停止工作医疗时，根据本人实际参加工作年限和在本单位工作年限，给予 3 个月到 24 个月的医疗期：

（一）实际工作年限 10 年以下的，在本单位工作年限 5 年以下的为 3 个月；5 年以上的为 6 个月。

（二）实际工作年限 10 年以上的，在本单位工作年限 5 年以下的为 6 个月；5 年以上 10 年以下的为 9 个月；10 年以上 15 年以下的为 12 个月；15 年以上 20 年以下的为 18 个月；20 年以上的为 24 个月。

---

① 职业病是指用人单位的劳动者在职业活动中接触粉尘、有毒有害物质或放射性物质而引起的疾病。

② 《女职工劳动保护特别规定》第七条规定：“女职工生育享受 98 天产假，其中产前可以休假 15 天；难产的，增加产假 15 天；生育多胞胎的，每多生育 1 个婴儿，增加产假 15 天。女职工怀孕未满 4 个月流产的，享受 15 天产假；怀孕满 4 个月流产的，享受 42 天产假。”

对于案例6－3中的王莉来说，如果幼儿园方面确实认为其不能胜任原工作，可以将其调换至适合她现有状况、较为轻松的岗位①，而不是将其无情地解聘。

对于案例6－3中的冯静来说，她在幼儿园已工作了4年，按照以上规定，其享有3个月的医疗期。幼儿园不得在医疗期内提出解除聘用合同的要求。但是值得注意，按照职业病的定义，冯静所得之病虽与工作压力有着间接的关联，但并不属于法律所规定的职业病范围。

（4）辞聘。辞聘正好与解聘相反，是指教师主动请求幼儿园解除聘用合同的行为。辞聘的理由五花八门，教师可以随时终止聘用合同的继续履行，但若由于自己的过错而导致合同无法履行，要承担相应的违约责任。教师能证明是对方先行违反合同内容的，则无须承担法律责任。若双方均有过错，就按过错大小分担责任。需要指出的是，以合理理由辞聘的，应该提前1个月向幼儿园负责人提交书面辞职报告。

案例6－4

赵小雪于2003年7月21日与河南郾城区某幼儿园达成聘用意向书。意向书约定：幼儿园将与赵小雪签订为期两年的聘用合同，其基础工资、职务工资、工龄补助等每月合计约625元。同日双方签订培训协议书，约定由幼儿园出资2 500元让赵小雪去北京接受专业培训，回来后赵小雪须在幼儿园工作两年，两年期内不得提出调离。若调离，要赔偿幼儿园培训费2 500元。

2003年9月16日，培训结束后，赵小雪与幼儿园签订聘用合同。聘用合同载明聘用期为三年，工资支付标准“按不低于现行法律法规规定的最低工资标准支付”，改变了聘用意向书中“签订为期两年的聘用合同，工资标准按约625元支付”的内容。双方同时约定：幼儿园按国家规定为赵小雪缴纳养老、失业、医疗等社会保险费用。赵小雪未对聘用合同提出异议，双方均在聘用合同上签了字。自此以后，聘用合同得到实际履行。幼儿园支付赵小雪的工资是每月500元左右，赵小雪一直认可。

2005年2月26日是新学期开学的第一天，赵小雪却没有上班。经多次催问，赵小雪表示要辞职。幼儿园一时招不到合适的教师，致使许多幼儿退学。幼儿园多次要求赵小雪继续履行聘用合同回来上班，但被赵小雪拒绝。幼儿园遂于4月6日向郾城区人事争议仲裁委员会申请仲裁，要求依法裁决赵小雪赔偿幼儿园培训费2 500元，赔偿因擅自离职造成的经济损失3 000元。

---

① 《女职工劳动保护特别规定》第五条规定：“用人单位不得因女职工怀孕、生育、哺乳降低其工资、予以辞退、与其解除劳动或者聘用合同。”第六条规定：“女职工在孕期不能适应原劳动的，用人单位应根据医疗机构的证明，予以减轻劳动量或者安排其他能够适应的劳动。对怀孕7个月以上的女职工，用人单位不得延长劳动时间或者安排夜班劳动，并应当在劳动时间内安排一定的休息时间。”

郾城区人事争议仲裁委员会查清事实后，依法做出裁决：(1) 赵小雪赔偿幼儿园各种损失 5 730 元，其中培训费 2 500 元、直接经济损失 3 080 元、单方违法解除劳动合同赔偿金 150 元。(2) 幼儿园依法为赵小雪办理社会保险手续，缴纳双方存在劳动（聘用）关系期间的社会保险费（养老、失业、医疗等）。

（三）教师聘任制的现状与发展

现今在幼儿园里的教师大致分为两类：在编的和未在编的。两者所指向的是一个关乎每个幼儿教师职场命运的词语——编制。实质上，在编的教师是人事任命制异变的产物，而未在编的教师是人事聘任制的产物。因为前者的人事关系在教育行政机关内部的人事处，其工资由财政拨款全额给付，并享受近乎公务员的社保和医保待遇。2000 年以后，越来越多的地方采用人事聘任制来聘用教师。很多地方出台了相关政策，让未在编的教师享受和事业单位工作人员一样的待遇。

可以说，人事聘任制是幼儿园人事制度未来发展的大方向。但在很长一段时间内，在编的和未在编的教师及其差异仍将存在，幼儿园教师编制考试的激烈竞争也还将持续一段时间。

三、经费管理

（一）幼儿园收费行为的规范

2010 年《国务院关于当前发展学前教育的若干意见》对幼儿园收费行为做了五个方面的总体性规定。

《国务院关于当前发展学前教育的若干意见》

第一，国家有关部门出台幼儿园收费管理办法，规范收费项目，明确管理职责，加强收费监管。

第二，省级有关部门根据城乡经济社会发展水平、办园成本和群众承受能力，按照非义务教育阶段家庭合理分担教育成本的原则，制定公办幼儿园收费标准。

第三，加大对民办幼儿园收费的监管力度，完善备案程序，实行分类指导。

第四，严格执行幼儿园收费公示制度。幼儿园要对收费项目、收费标准等内容予以公示，加强社会监督。

第五，坚决查处乱收费。

依照法律，权利与义务是对等的，幼儿园拥有收费权利的同时也必须尽到相关的法律义务，即“遵照国家有关规定收取费用并公开收费项目”的义务。为了规范收费，杜绝乱收费现象，特别是回应近些年社会对“入园难”“入园贵”问题的议论，国家出台了多项全国性的法规与政策，归纳如表 6-4 所示。《学前教育法（草案）》第五十八条更是明确规定：“幼儿园收取的费用主要用于保育和教育活动、保障教职工待遇、促进教职工发展和改善办园条件。伙食费应当专款专用。幼儿园应当执行收费公示制度，收费项目和标准、服务内容、退费规则等应当向家长公示，接受社会监督。”

表 6－4　全国性的规范收费的法规与政策

法规或政策名称	条文编号	具体内容
《教育法》	第三十条	遵照国家有关规定收取费用并公开收费项目
	第七十八条	学校及其他教育机构违反国家有关规定向受教育者收取费用的，由教育行政部门或者其他有关行政部门责令退还所收费用；对直接负责的主管人员和其他直接责任人员，依法给予处分
《民办教育促进法》[1]	第三十八条	民办学校收取费用的项目和标准根据办学成本、市场需求等因素确定，向社会公示，并接受有关主管部门的监督。非营利性民办学校收费的具体办法，由省、自治区、直辖市人民政府制定；营利性民办学校的收费标准，实行市场调节，由学校自主决定。民办学校收取的费用应当主要用于教育教学活动、改善办学条件和保障教职工待遇
《幼儿园管理条例》	第二十四条	幼儿园可以依据本省、自治区、直辖市人民政府制定的收费标准，向幼儿家长收取保育费、教育费
《幼儿园工作规程》	第四十七条	幼儿园收费按照国家和地方的有关规定执行。幼儿园实行收费公示制度，收费项目和标准向家长公示，接受社会监督，不得以任何名义收取与新生入园相挂钩的赞助费。幼儿园不得以培养幼儿某种专项技能、组织或参与竞赛等为由，另外收取费用；不得以营利为目的组织幼儿表演、竞赛等活动[2]
《关于幼儿教育改革与发展的指导意见》	第四条	民办幼儿园（班）要按照国家有关规定，根据办学成本合理确定收费标准，报有关部门备案并公示
	第九条	价格主管部门和财政部门负责向已取得办园许可证并办理登记手续的幼儿园颁发收费许可证、提供行政事业性收费专用票据[3]
	第十条	幼儿园不得以开办实验班、特色班和兴趣班等为由，另外收取费用，不得收取与幼儿入园挂钩的赞助费、支教费等
《幼儿园收费管理暂行办法》	第三条	学前教育属于非义务教育，幼儿园可向入园幼儿收取保育教育费（以下简称“保教费”），对在幼儿园住宿的幼儿可以收取住宿费
	第四条	公办幼儿园的保教费、住宿费收入纳入行政事业性收费管理，民办幼儿园的保教费、住宿费收入纳入经营服务性收费管理
	第八条	公办幼儿园住宿费标准按照实际成本确定，不得以营利为目的
	第九条	民办幼儿园保教费、住宿费标准，由幼儿园按照《民办教育促进法》及其实施条例规定，根据保育教育和住宿成本合理确定，报当地价格主管部门、教育行政部门备案后执行。享受政府财政补助（包括政府购买服务、减免租金和税收、以奖代补、派驻公办教师、安排专项奖补资金、优惠划拨土地等）的民办幼儿园，可由当地人民政府有关部门以合同约定等方式确定最高收费标准，由民办幼儿园在最高标准范围内制定具体收费标准，报当地价格、教育、财政部门备案后执行
	第十一条	幼儿园为在园幼儿教育、生活提供方便而代收代管的费用，应遵循“家长自愿，据实收取，及时结算，定期公布”的原则，不得与保教费一并统一收取……幼儿园不得收取书本费

续表

法规或政策名称	条文编号	具体内容
《幼儿园收费管理暂行办法》	第十二条	幼儿园除收取保教费、住宿费及省级人民政府批准的服务性收费、代收费外，不得再向幼儿家长收取其他费用。幼儿园不得在保教费外以开办实验班、特色班、兴趣班、课后培训班和亲子班等特色教育为名向幼儿家长另行收取费用，不得以任何名义向幼儿家长收取与入园挂钩的赞助费、捐资助学费、建校费、教育成本补偿费等费用
	第十四条	幼儿园对入园幼儿按月或按学期收取保教费，不得跨学期预收
	第十七条	幼儿园应通过设立公示栏、公示牌、公示墙等形式，向社会公示收费项目、收费标准等相关内容
	第十八条	公办幼儿园收取保教费、住宿费，应到价格主管部门办理收费许可证，按规定进行收费许可证年审，并按照财务隶属关系使用财政部或省级财政部门印（监）制的财政票据。民办幼儿园收取保教费、住宿费，要按规定使用税务机关统一印制的税务发票

[1] 在有些教材中，民办园的经费管理被称作“资产与财务管理”而单独叙述。这有一定的道理，因为民办园在经费管理上确实与公办园有差异。但考虑到逻辑的连贯性和内容的整体性，本书并未将其分列为两部分，设想也可以方便上下对照。学习时注意区分。

民办园提供的是非学历教育，可以参照公办园的收费标准执行，也可根据办学成本自主确定收费项目和收费标准，且只需向相关部门备案，而不需要其批准。这与公办园有所差异，公办园的收费项目和标准由相关教育行政部门会同价格等部门联合制定。

[2] 与原《幼儿园工作规程》相比较，新规定了收费公示制度，将收费标准提高到了国家层面，特别强调禁止收取入园赞助费和组织、参与营利性的竞赛活动。

[3] 在2012年《幼儿园收费管理暂行办法》实施之前，可以将此条款中的幼儿园理解为所有幼儿园，包括民办园。基于此，有学者认为民办园收费必须使用财政部门统一印刷的行政事业性收费专用票据向缴费的家长开具收据，而不得随意使用市面上购买的收据或自印的收据。但2012年之后出现了重大变化，民办园收取费用不得再开具收据，而应按规定开具税务机关统一印制的税务发票。对于此点，家长也需着重注意。

（二）幼儿园经费的使用管理

对于交纳了保教费、住宿费和其他服务性收费的家长而言，他们关心幼儿园在收取各种费用后是否很好地用在自己孩子身上。而对于幼儿园园长来说，首先要回应家长可能存在的质疑，其次要保障本园的良性运转，这需要对经费的使用进行管理。理论上说，每个幼儿园都是按照财务规范进行财务管理的。但实际上，每个园都有各自管理经费的方式，具体操作各异。具体有关幼儿园经费管理的法规与政策如表6－5所示。而《学前教育法（草案）》第五十九条明确规定：“幼儿园应当依法建立健全财务、会计及资产管理制度，严格经费管理，合理使用经费，提高经费使用效益。幼儿园应当按照有关规定实行财务公开，接受审计和社会监督。民办幼儿园每年应当向县级人民政府教育行政部门提交经审计的财务会计报告。”

表6－5　有关幼儿园经费管理的法规与政策

	条文	内容
原则： 合理开支、专款专用	《幼儿园管理条例》第二十四条	幼儿园应当加强财务管理，合理使用各项经费，任何单位和个人不得克扣、挪用幼儿园经费
	《幼儿园工作规程》第四十八条	幼儿园的经费应当按照规定的使用范围合理开支，坚持专款专用，不得挪作他用

续表

		条文	内容
具体管理规范	公办园[1]	《幼儿园工作规程》第四十九条、第五十条、第五十一条	幼儿园举办者筹措的经费，应当保证保育和教育的需要，有一定比例用于改善办园条件和开展教职工培训[2]
			幼儿膳食费应当实行民主管理制度，保证全部用于幼儿膳食，每月向家长公布账目
			幼儿园应当建立经费预算和决算审核制度，经费预算和决算应当提交园务委员会审议，并接受财务和审计部门的监督检查[3]。幼儿园应当依法建立资产配置、使用、处置、产权登记、信息管理等管理制度，严格执行有关财务制度[4]
	民办园[5]	《民办教育促进法》第三十五条、第三十九条：财务管理	民办学校应当依法建立财务、会计制度和资产管理制度，并按照国家有关规定设置会计账簿[6]
			民办学校资产的使用和财务管理受审批机关和其他有关部门的监督。民办学校应当在每个会计年度结束时制作财务会计报告，委托会计师事务所依法进行审计，并公布审计结果
		《民办教育促进法》第三十六条、第三十七条：资产权[7]	民办学校对举办者投入民办学校的资产、国有资产、受赠的财产以及办学积累，享有法人财产权
			民办学校存续期间，所有资产由民办学校依法管理和使用，任何组织和个人不得侵占。任何组织和个人都不得违反法律、法规向民办教育机构收取任何费用

[1] 在此所谓公办园并非特指这些规定只针对公办园，而是针对所有幼儿园的。之所以这样称呼，仅为了在体例上做区分。

[2] 相比较原有的规定，删除了提留一定比例作为幼儿园基金，增加了将经费用于教职工培训的规定。

[3] 相比较原有的规定，经费的预算和决算不再提交教职工（代表）大会审议，充分提高了园务委员会在幼儿园管理中的作用。

[4] 此为新增条款。

[5] 指适用于民办园的特殊规定。

[6] 民办园必须配备专职财会人员。在管理好资金的同时，更要管理好资产，包括无形资产。要划清固定资产和低值易耗品的界限，设置固定资产账卡。防止因财、物管理不善造成浪费、破损、丢失，努力克服管理中重财轻物的倾向。另外，要依照《中华人民共和国会计法》的规定规范设置会计账簿，搞好日常会计核算和监督工作。要分清幼儿园中国有财产、创办者投入教育机构的财产和教育机构通过办学积累的财产，并分别登记建账；及时记账、结账、对账及编报各种财会报表，做到账证相符、账账相符、账表相符、账物（钱）相符；及时清理往来款项，库存现金不得超过银行核定的限额（张乐天. 学前教育政策与法规. 北京：中央广播电视大学出版社，2011：92-93）。

[7] 民办幼儿园作为法人，其享有独立的财产权，即民办园的举办者和资金投入者一旦对幼儿园出资，那么出资的资金便不再属于前者所有，而是归民办园这个法人整体独立支配。至于幼儿园如何具体行使独立财产权，可交由成立时所设立的董事会或理事会等决策机构。

四、幼儿园的变更与终止

幼儿园①是法人，法人如同自然人，有出生到死亡的过程，也就是法人的设立与成

① 各类幼儿园。

立、变更、终止。以下将简要介绍民办幼儿园的变更与终止。

（一）民办幼儿园的变更——分立与合并

随着幼教事业的蓬勃发展，出现了各种各样的问题，如重复办学、重复建设。这必然导致各类民办幼儿园之间的分立与合并。分立与合并是法人变更的两种相反的形式。

关于幼儿园的变更，不少人第一反应认为要么是改了名称、换了地址，要么是变更了老板。确实，这些也属于幼儿园变更的范畴，但属于不能导致法人组织形态变化进而变动其根本法律地位的其他重要事项的变更。民办幼儿园的分立与合并是较为复杂、涉及法律问题颇多的变更行为。

法人的分立，是指一个法人分成两个或两个以上的法人。分立的方式有两种：一是创设式分立，即一个法人分成两个及以上的法人，原法人消灭；二是存续式分立，即原法人存续，但分出某一部分财产和人员设立新法人①。前者是原有的幼儿园拆解成完全不相干、彼此独立的两家及以上新幼儿园；后者指原有的学前教育集团为拓展业务，成立新的分园。

法人的合并，是指两个及以上的法人合并为一个法人。合并的方式同样有两种：一是新设合并，即两个及以上的法人合并为一个新法人，原来的法人消灭，新的法人产生；二是吸收合并，即一个或多个法人归并到一个现存的法人中去，被合并法人的主体资格消灭，存续法人的主体资格仍然存在②。

《民办教育促进法》第五十三条就幼儿园分立、合并的程序做了明确规定，“民办学校的分立、合并，在进行财务清算后，由学校理事会或者董事会报审批机关批准。申请分立、合并民办学校的，审批机关应当自受理之日起三个月内以书面形式答复”。当然，在这里有关民办学校分立、合并的实质条件、种类并未做相关规定。

在民办幼儿园分立与合并的过程中，必须妥善安排好原所在幼儿园幼儿的继续学习，不能在此过程中，损害幼儿及其家长的利益。

（二）民办幼儿园举办者的变更

民办幼儿园作为“第五类”法人③，不同于企业法人。为保护交易的安全，《民法典》第六十四条规定：“法人存续期间登记事项发生变化的，应当依法向登记机关申请变更登记。”《民办教育促进法》第五十四条规定：“民办学校举办者的变更，须由举办者提出，在进行财务清算后，经学校理事会或者董事会同意，报审批机关核准。”在这里，并不要求登记与公告，而是明确应当履行报批的程序，以防止擅自变更行为的发生，有利于更好地维护幼儿园的合法权益。

---

① 马俊驹，余延满．民法原论．4版．北京：法律出版社，2010：138.

② 同①139.

③ 在实际的工商登记注册中，民办幼儿园被登记为“民办非企业单位”，成为民法上四类法人（企业法人、机关法人、事业单位法人、社会团体法人）之外的“第五类”法人。

（三）民办幼儿园名称、层次和类别的变更

《民办教育促进法》第五十五条进一步规定，“民办学校名称、层次、类别的变更，由学校理事会或者董事会报审批机关批准。申请变更为其他民办学校，审批机关应当自受理之日起三个月内以书面形式答复”。幼儿园的举办者在申请筹设和正式设立幼儿园时，都应当提交有关幼儿园的名称、办学层次和学校类别等方面的材料。经有关审批机关批准后，幼儿园的名称、层次和类别就成了该园作为独立法人的标志。幼儿园发布招生简章和广告，从事保教活动等，都必须在批准登记的范围内进行。

（四）民办幼儿园的终止

如前所述，法人也会像自然人一样死亡，被称作法人的终止，即法人主体资格的完全消灭。法人一旦终止，则它的民事权利能力和民事行为能力随之丧失。近年来，乘着国家大力扶助学前教育发展的“东风”，民办幼儿园之间的竞争日趋激烈，由于各种原因，一些民办幼儿园被迫终止办学。《民办教育促进法》第五十六条规定：“民办学校有下列情形之一的，应当终止：（一）根据学校章程规定要求终止，并经审批机关批准的；（二）被吊销办学许可证的；（三）因资不抵债无法继续办学的。”为了最大限度地保护幼儿的合法权益，《民办教育促进法》第五十七条规定：“民办学校终止时，应当妥善安置在校学生。”

在民法理论上，“终止”和“解散”不像日常生活中是可以混同使用的。法人的终止不同于法人的解散。法人的终止是指法人在实体意义上已消灭，而法人的解散是指法人将要终止，在清算完结并向登记机关办理注销登记与公告后，法人才告消灭①。所以，《民办教育促进法》第五十六条规定的民办学校应当终止的情形，实为应当解散的情形。

（五）民办幼儿园的清算

民办幼儿园的终止，无论是自行终止，还是被强制终止，均须依法进行清算。幼儿园终止时的财务清算是清理已解散幼儿园的财产（收回债权、偿还债务、依法分配剩余财产）、了结其民事法律关系，从而使其归于消灭的程序，也是幼儿园终止的最终法律后果。

法人的清算分破产清算与非破产清算，前者依照《中华人民共和国企业破产法》规定的程序执行，后者不依照。《民办教育促进法》第五十八条对不同的终止情况规定了不同的清算方式。“民办学校自己要求终止的，由民办学校组织清算；被审批机关依法撤销的，由审批机关组织清算；因资不抵债无法继续办学而被终止的，由人民法院组织清算。”

民办学校决定清算或法院决定依法清算后，任何人未经清算组批准，不得处分学校财产。《民办教育促进法》第五十九条规定：“对民办学校的财产按照下列顺序清偿：（一）应退受教育者学费、杂费和其他费用；（二）应发教职工的工资及应缴纳的社会保险费用；（三）偿还其他债务。非营利性民办学校清偿上述债务后的剩余财产继续用于其他非营利

① 马俊驹，余延满．民法原论．4版．北京：法律出版社，2010：139．

性学校办学；营利性民办学校清偿上述债务后的剩余财产，依照公司法的有关规定处理。”若学校财产不足以清偿同一顺序债务或费用时，则按比例清算。

《民办教育促进法》第六十条规定：“终止的民办学校，由审批机关收回办学许可证和销毁印章，并注销登记。”一所行将终止的幼儿园，在清算程序结束后，还要进行的一个小程序就是由审批机关收回办学许可证，并注销登记。等程序都走完后，表明这所幼儿园彻底不再具备办学的民事主体资格，不得再以该幼儿园的名义从事任何教育教学活动了。

五、幼儿园与家庭和社区教育

教育，从来不是一个与世隔绝的社会活动，它与我们生活的方方面面有着看不见、摸不着的千丝万缕的联系；幼儿，从来不可能脱离整个社会而单独存在，他们的良好成长需要一个大环境的共同和谐作用。这便是现当代幼儿教育重视家园合作和社区教育的理念根源所在。

《幼儿园教育指导纲要（试行）》指出：家庭是幼儿园重要的合作伙伴。应本着尊重、平等、合作的原则，争取家长的理解、支持和主动参与，并积极支持、帮助家长提高教育能力①。其实，社区也是幼儿园的伙伴，家庭、幼儿园、社区是一个相互依赖、相互弥补、相互支撑的三角。幼儿园应该积极主动地在自己、家庭和社区之间架设沟通的桥梁。

不仅在学术理论上，幼儿教育重视家园合作和社区教育，相关法规与政策也特别强调三者间的关系，详见表 6-6 所列的法规与政策。《学前教育法（草案）》第十条明确规定：“全社会应当为适龄儿童接受学前教育、健康成长创造良好环境。图书馆、博物馆、文化馆、美术馆、科技馆、纪念馆、体育场馆、青少年宫、儿童活动中心等公共文化服务机构应当提供适合学前儿童身心发展的公益性教育服务，并按照有关规定对学前儿童免费或者优惠开放。”

表 6-6　幼儿教育重视家园合作和社区教育的相关法规与政策

法规或政策名称	条文编号	具体内容
《幼儿园工作规程》	第五十二条	幼儿园应当主动与幼儿家庭沟通合作，为家长提供科学育儿宣传指导，帮助家长创设良好的家庭教育环境，共同担负教育幼儿的任务
	第五十三条	幼儿园应当建立幼儿园与家长联系的制度。幼儿园可采取多种形式，指导家长正确了解幼儿园保育和教育的内容、方法，定期召开家长会议，并接待家长的来访和咨询。幼儿园应当认真分析、吸收家长对幼儿园教育与管理工作的意见与建议。幼儿园应当建立家长开放日制度[1]

① 蔡伟忠. 幼儿常规建立的道与法. 北京：中国农业出版社，2012：62.

续表

法规或政策名称	条文编号	具体内容
《幼儿园工作规程》	第五十四条	幼儿园应当成立家长委员会。家长委员会的主要任务是：对幼儿园重要决策和事关幼儿切身利益的事项提出意见和建议[2]；发挥家长的专业和资源优势，支持幼儿园保育教育工作[3]；帮助家长了解幼儿园工作计划和要求，协助幼儿园开展家庭教育指导和交流。家长委员会在幼儿园园长指导下工作
	第五十五条	幼儿园应当加强与社区的联系与合作，面向社区宣传科学育儿知识，开展灵活多样的公益性早期教育服务，争取社区对幼儿园的多方面支持
《关于幼儿教育改革与发展的指导意见》	第十三条	要充分利用幼儿园和社区的资源优势，面向家长开展多种形式的早期教育宣传、指导等服务，促进幼儿家庭教育质量的不断提高

［1］此条中，将原来的可以建立家长开放日制度更改为应当建立家长开放日制度，由建议性规定变为强制性规定，说明幼儿园应当重视与家长的及时沟通，将学前教育自然地延伸到家庭教育。

［2］此项规定是新增的，特别强调了家长对幼儿园一些重大园务决策的参与权。

［3］此项规定是新增的，体现了家园合作的双向性。幼儿园成立家长委员会，不是说仅仅对家长传授相关的家庭教育等知识，而是要反过来，让家长来发挥他们的优势和积极性，帮助幼儿园开展保教工作和园区的创设。如通过家长委员会，让有兴趣并符合一定要求的家长定期来为幼儿组织某些游戏活动。

家园合作的形式是多种多样的，幼儿园可以定期开展亲子活动，如六一儿童节的篝火晚会、亲子游园或运动会等；定期召开家长会，有条件的还可另外开设家长学校，推广正确的育儿理论与方法，设立家长开放日，邀请家长来观摩幼儿园的一日活动，让更多家长了解幼师的工作与教学方法，从而认可和理解并尊重幼儿教师；组织幼儿教师每学期的家庭访问，亲自走进孩子背后的家庭去真正用心认识幼儿的全部；利用快速便捷的互联网即时与家长就孩子的成长做沟通，开放多种渠道接受家长的建议与批评；最核心的是成立家长委员会，使其成为家长与幼师及幼儿园之间相互协调的中间人。

案例 6－5

某幼儿园的部分家长提出：幼儿在幼儿园应多学点知识，每天至少要学 1 小时的语文和算术。当时，为了幼儿园的生源，园长便答应了，并要大班老师借小学一年级的课本给大班幼儿上课。幼儿入园后，园长觉得幼儿学这些知识是不对的，便向家长们宣传幼儿园应按幼儿年龄特点对孩子进行教育，幼儿园应以游戏为基本活动，否则不利于孩子的身心健康。有些家长的工作做通了，便让孩子留下了；有个别家长想不通，便把孩子送往了别的幼儿园。

请站在家长和园长不同的角度，分别分析此案例中为什么到最后会出现这样尴尬的局面。

资料来源：李志宇，谢志东．幼儿园法律问题案例评析．北京：知识出版社，2001：60.

对于教育部门来说，要推进学前教育机构与家庭和社区的联系，初步形成家庭、幼儿园和社区相结合的早教网络。教育部门要主动与卫生部门、社区、村民自治组织密切合作，充分利用社区资源，建立托儿所、幼儿园、游戏小组、社区玩具图书馆、家庭教育咨询服务等正规与非正规形式相结合的社区早教服务网络；依托社区，面向 0～6 岁儿童家长开展多种形式的早期教育宣传、指导等服务，促进学前教育与家庭教育质量的不断提高①。

第三节　幼儿园的管理与监督

一、教育行政部门的外部管理与监督

根据举办者主体资格的不同，我国幼儿园大体可分为公办幼儿园、民办幼儿园、企事业单位幼儿园和其他部门举办的幼儿园等四大类。其中最为主要的是公办幼儿园和民办幼儿园，企事业单位幼儿园和其他部门举办的幼儿园正在逐步减少。为了保证学前教育事业的健康发展，《民办教育促进法》《关于幼儿教育改革与发展的指导意见》《国务院关于当前发展学前教育的若干意见》等法规政策对不同类型的幼儿园，明确提出了不同的管理侧重点。

（一）公办幼儿园

《关于幼儿教育改革与发展的指导意见》指出：“地方各级人民政府要加强公办幼儿园建设，保证幼儿教育经费投入，全面提高保育、教育质量。”要以公办幼儿园为骨干，发挥其示范、培训、管理等多种功能，同时发挥其在贯彻党和国家教育方针、落实各项法规、实施和宣传先进的教育理念、开展教育科研、指导家庭教育等方面的独特作用，发挥公办幼儿园对其他类型幼儿园的示范和辐射作用，以扩大优质教育资源，提高学前教育的整体质量。为达到这一目的，政府要致力于提高其保教质量。

第一，保证经费投入。《学前教育法（草案）》分别从投入机制、财政分担、经费保障、支持普惠和社会投入等五个方面做出了规定。《关于幼儿教育改革与发展的指导意见》明确提出各地不得借转制之名停止或减少对公办幼儿园的投入。

第二，保证幼儿园事业健康发展。《学前教育法（草案）》第十六条规定，县级以上地方人民政府应当统筹当前和长远，根据人口变化和城镇化发展趋势，科学规划学前教育资源配置，有效满足需求，避免浪费资源。县级以上地方人民政府应当以县级行政区划为单位制定幼儿园布局规划，将普惠性幼儿园建设纳入城乡公共管理和公共服务

《学前教育法（草案）》

① 张乐天. 学前教育政策与法规. 北京：中央广播电视大学出版社，2011：97.

设施统一规划，并按照非营利性教育用地性质划拨供地，不得擅自改变用途。《关于幼儿教育改革与发展的指导意见》明确提出不得出售或变相出售公办幼儿园和乡（镇）中心幼儿园，已经出售的要限期收回。

第三，加强对公办幼儿园转制的审核。《关于幼儿教育改革与发展的指导意见》明确提出公办幼儿园转制必须报经省级教育主管部门审批，这是为了规范对幼儿园的管理与监督，防止私自转制损害幼儿的权益。

第四，加强农村公办幼儿园的建设。在农村学前教育资源缺乏的现状下，为加强公办幼儿园的建设，明确城乡中小学布局调整后空余的校舍要优先用于举办幼儿园（班），以促进农村学前教育的不断发展。

基于公办学前教育资源严重不足的状况，《国务院关于当前发展学前教育的若干意见》把“大力发展公办幼儿园，提供‘广覆盖、保基本’的学前教育公共服务”作为扩大普惠性学前教育资源、提高政府公共服务能力的重要举措。《国务院关于当前发展学前教育的若干意见》提出加大政府投入，通过新建、改建、扩建等方式扩大公办资源：

（1）在公办资源短缺的城乡地区，新建一批公办幼儿园；

（2）利用中小学布局调整的富余资源和其他富余公共资源，优先改建成幼儿园；

（3）鼓励优质公办幼儿园通过设立分支机构或通过合作办园的方式扩大公办资源；

（4）制定优惠政策，支持街道、农村集体办园。

在保障公办幼儿园举办方面，从法规到政策均有规定。《学前教育法（草案）》第十七条规定，新建居住区等应当按照相关标准配套建设幼儿园。建设单位应当保证配套幼儿园与首期建设的居住区同步规划、同步设计、同步建设、同步验收、同步交付使用，并作为公共服务设施，按照有关规定移交地方人民政府，用于举办公办幼儿园。配套幼儿园不能满足本区域内适龄儿童入园需求的，县级人民政府应当通过新建、扩建以及利用公共设施改建等方式统筹解决。《关于幼儿教育改革与发展的指导意见》指出，建设部门要会同教育部门在城镇规划中合理确定幼儿园的布局和位置，在城镇改造和城市小区建设的过程中，要建设与居住人口相适应的幼儿园。新区建设和旧区改造的幼儿园由当地政府统筹规划，利用各种资源安排，教育部门要加强对小区配套幼儿园的管理，可采取面向社会公开招标的办法举办幼儿园，任何单位和个人不得改变用途，也不得收取国家规定以外的费用。

（二）民办幼儿园

发展学前教育必须充分调动各方面的积极性。国家积极鼓励社会力量通过捐资或投资来参与办园。《国务院关于当前发展学前教育的若干意见》指出，各级政府要在大力发展公办幼儿园的同时，采取多种措施鼓励和扶持社会力量举办幼儿园，为社会提供多层次、多样化的教育选择空间。《关于幼儿教育改革与发展的指导意见》也指出：“积极鼓励和提倡社会各方面力量采取多种形式举办幼儿园。”推进以公办为示范、民办为主体的多元化办园体制，形成公办与民办幼儿园共同发展的局面。各地要认真贯彻《民办教育促进法》，把民办学前教育纳入当地学前教育事业发展的总体规划，广泛吸纳社会人才和资金，大力支持社会组织和个人投资办园。《学前教育法（草案）》第十五条规定："接受政府扶持、收费实行政府指导价管理的非营利性民办幼儿园可以认定为普惠性民办幼儿园。普惠性民办幼儿园认定标准由省、自治区、直辖市人民政府或者其授权的设区的市级人民政府制定，由县级人民政府教育行政部门组织认定。公办幼儿园和普惠性民办幼儿园为普惠性幼儿园，应当按照有关规定提供普惠性学前教育服务。政府可以依法向民办幼儿园购买普惠性学前教育服务。"

《国务院关于当前发展学前教育的若干意见》突出强调了鼓励和扶持民办幼儿园的几点措施：

第一，通过保证合理用地、减免税费等方式，支持社会力量举办幼儿园。

第二，创新支持方式，积极扶持民办幼儿园，特别是面向大众、收费较低的普惠性民办幼儿园发展。采取政府购买服务、减免租金、以奖代补、派驻公办教师等方式，引导和支持民办幼儿园提供普惠性幼教服务。

第三，公办民办一视同仁，进一步强调民办幼儿园在审批登记、分类定级、评估指导、教师培训、职称评定、资格认定、表彰奖励等方面与公办幼儿园具有同等地位。

民办幼儿园虽发展迅猛，但教育质量参差不齐，容易走向两个极端，这要求加强教育主管部门的引导和监督，积极将民办幼儿园导向良性发展的路径。《关于幼儿教育改革与发展的指导意见》提出："各级教育部门要加强对社会力量举办幼儿园保育、教育工作的指导和监督，规范办园行为，保证办园的正确方向。"各地要着力扶持一批办园方向端正、具有良好社会信誉的民办幼儿园成为榜样。

同时，《民办教育促进法》第六章规定了政府主管部门对民办学校的管理与监督问题，目的是要建立一种对民办学校的外部约束机制。《民办教育促进法》中的相关规定同样适用于民办幼儿园。根据《民办教育促进法》的规定，国家教育行政部门及有关部门对民办幼儿园的管理与监督的范围和方式主要包括：

第一，指导民办幼儿园的教育教学和开展教师培训。《民办教育促进法》第四十条规定："教育行政部门及有关部门应当对民办学校的教育教学工作、教师培训工作进行指导。"政府主管部门对幼儿园教育教学工作的指导是本职工作的重要内容。民办幼儿园的教育教学工作绝不仅仅是民办幼儿园自己的事，而是关系到贯彻国家的教育方针、政策，培养社会需要的合格人才之大事，所以民办幼儿园有义务接受政府主管部门对其教育教学工作的指导。教师素质的高低，关系着学前教育的质量和办学效益的高低，关系着幼儿园的生存和发展，为此，政府主管部门对教师培训工作的指导，历来是教育教学管理的重要内容。

第二，对民办幼儿园的督导和评估。《民办教育促进法》第四十一条规定："教育行政部门及有关部门依法对民办学校实行督导，……促进提高办学质量；组织或者委托社会中介组织评估办学水平和教育质量，并将评估结果向社会公布。"学前教育督导是指教育行政部门根据党和国家的教育方针、政策，遵循教育规律，采用科学方法，对幼儿园工作进行有目的、有计划的考察与分析，并做出实事求是的科学评定，提出积极可行的建议，给出明确中肯的指导。学前教育评估是指政府主管部门按照国家的法律、法规、方针、政策，对幼儿园的办学水平和教育质量进行估量和评价。评估民办幼儿园，可以由政府主管部门组织人员成立评估委员会进行，也可以委托社会中介组织进行。政府主管部门可以结合督导和评估，对民办幼儿园实行定期检查制度。

第三，审批民办幼儿园的招生简章和广告。《民办教育促进法》第四十二条规定："民办学校的招生简章和广告，应当报审批机关备案。"民办幼儿园的招生简章和广告，是民办幼儿园面向社会公开招生的重要宣传手段。招生简章和广告中的重要内容，如收费项目与标准，需要教育和物价部门批准的，还应注明批准文号。民办幼儿园招生简章和广告的发布适用于《中华人民共和国广告法》。民办幼儿园招生简章和广告的宣传是直接面对幼儿及其家长的，因此，首要的是内容真实可信。

第四，及时处理受教育者及其亲属的申诉。《民办教育促进法》第四十三条规定："民办学校侵犯受教育者的合法权益，受教育者及其亲属有权向教育行政部门和其他有关部门申诉，有关部门应当及时予以处理。"由于民办幼儿园的特殊性质，在对幼儿的收费和退费、招生简章与实际不符、管理混乱、保教质量低下、幼儿的人身伤害事故等问题上极易引起幼儿家长的不满。为此，有关部门对于幼儿家长的申诉，应当及时予以妥善处理，不得以任何理由拖沓乃至拒绝，从而保护幼儿的合法权益。

二、幼儿园的内部管理与监督

幼儿园的运行不仅要靠外部的管理与监督，自我管理与监督同样十分重要。这部分内容主要包括园长负责制，以及园长负责制实行之下的幼儿园教职工民主参与管理制。

教职工民主参与管理制的核心是教职工（代表）大会。《学前教育法（草案）》第三十四条规定："幼儿园园长由其举办者或者决策机构依法任命或者聘任，并报主管教育行政部门备案。幼儿园应当保障教职工依法参与民主管理和监督。幼儿园应当设立家长委员会，家长委员会可以对幼儿园重大事项决策和关系学前儿童切身利益的事项提出意见和建议，对幼儿园保育教育工作和日常管理进行监督。"《民办教育促进法》第二十七条规定："民办学校依法通过以教师为主体的教职工代表大会等形式，保障教职工参与民主管理和监督。"教职工大会，就是以教师为主的代表大会，它是幼儿教师实现民主参与幼儿园行政管理，保护自身政治与民事权益的平台，与园长负责制不可分割。

具体而言，教职工大会应建立定期的会议制度，不设常设机构，幼儿园工会承担教职工大会工作机构的任务，充当常设机构的角色。工会是维护教职工合法权益，保障教职工参与民主管理的组织。除教职工大会外，幼儿园的园务委员会是幼儿园日常管理民主化的另一重要形式，它由保教、医务、财会等人员的代表以及家长代表组成，其主任为园长。园长作为园务委员会主任，定期召开会议，对全园工作计划、工作总结、人员奖惩、财务预决算方案，规章制度的建立、修改、废除，以及其他涉及全园工作的重要问题进行审议。不设园务委员会的幼儿园，上述重大事项由园长召集全体教职工开会商议。

思考与练习

一、问答题

1. 法律对举办幼儿园的主体资格的禁止性规定有哪些？
2. 简述举办幼儿园的实体要件。
3. 简述当前幼儿园教育经费的来源渠道。
4. 什么是幼儿园登记注册制度？什么是法人的分立与合并？
5. 试分析登记注册制度与准入制度的异同。
6. 教师聘任制的概念涵盖了哪些要素？
7. 简述教师聘任制的主要内容。
8. 请分析法人的终止是否等同于法人的解散。
9. 简述教育行政部门及有关部门对民办幼儿园管理与监督的范围和方式。

二、材料分析题

办园利润是否可以随意支配？

王某投资办了一所民办幼儿园。在学期将要结束时，幼儿园进行了财务核算，结果是结余了5万元。于是，王某便打算用结余的5万元去开一家杂货店。可他亲自聘任的幼儿园园长却竭力反对他这样做，说他违反了幼儿园管理的相关规定。

请问王某可不可以这样做？为什么？幼儿园的经费管理到底有哪些规定呢？

设立分园需依法

闻莺幼儿园有16个教学班，教职员工70余人，但依然不能满足广大幼儿的入园需求。幼儿园董事会就扩大幼儿园规模的问题讨论了多次，但始终未能敲定具体方案。

为了满足幼儿的入园需求，幼儿园在园外租用了所在社区的部分办公用房，并将托班幼儿和小班幼儿全部安排在此就读。有家长对此表示不满，向教育局举报该幼儿园擅设分园。南都小区的开发商提出要与闻莺幼儿园合作，称只要闻莺幼儿园在小区内的配套场地上开设分园，该场地可以免费使用 30 年。闻莺幼儿园董事会决定利用这一机会重新规划幼儿园，并根据就读幼儿的分布情况，将幼儿园分立为闻莺一幼、闻莺二幼和闻莺三幼。

由于闻莺幼儿园将要分解成三个独立的幼儿园，所以需对财务进行清算。然而，负责财务清算的两名财会人员根本不知道从何入手。在做好基本的准备工作之后，新园于当年 9 月开始招生。但不久后幼儿园收到了区教育局的《教育行政处罚告知书》，称闻莺三所幼儿园未经注册登记就擅自对外招生，违反了相关规定，故拟对幼儿园处以停止招生、停止办园的行政处罚。

结合上述材料分析幼儿园分立的一般程序。

第七章

幼儿园的保育与教育

本章学习目标

1. 了解学前教育机构保教结合的必要性及措施。
2. 熟悉学前教育机构保育工作的意义及基本要求。
3. 熟悉学前教育机构教育工作的特点、原则和基本要求。
4. 熟悉《幼儿园工作规程》的基本内容。
5. 掌握《幼儿园教育指导纲要（试行）》的基本要求。
6. 掌握《3－6岁儿童学习与发展指南》的基本内容。

导入案例

“诚实”主题沙龙

10月，我园老师会聚一堂，针对老师们普遍反映的问题——如何对孩子进行诚实教育，在保教结合的工作中培养孩子良好的品质，开展了一次有意义的主题沙龙活动。

（一）谈谈心目中的诚实

庞老师主持了活动，她引导大家思考“诚实教育存在的主要问题是什么”，大家反映了很多问题，于是她让大家思考这些问题的实质是什么，接着又问大家怎么理解“诚实”一词。

有的说：“诚实就是不说谎。”有的说：“诚实就是踏踏实实做事。”有的说：“如果人生是一座花园，诚实就是阳光。”还有的说：“诚实是人生的桥梁，没有这座桥梁，就不能到达人生的彼岸。”

（二）通过故事解读诚实、解决问题

心理阅读组的老师们将她们搜集到的《手捧空花盆的孩子》《皇帝的新装》等故事通过PPT的形式在沙龙中和大家分享。

通过老师们的讨论，大家认识到“人以诚为本，以信为天”。诚实表现的是自尊和对别人的尊重。

王老师：学龄前期是孩子形成良好思想品德的关键期。在这一时期的孩子经常会说谎，当孩子说谎时，千万不能一味地去批评、指责他们。作为他们的教师，应该正确分析他们说谎的原因，以各种形式去引导他们做一个诚实的孩子，养成良好的行为习惯。

庞老师：在我们班曾出现这样的情况。红红突然跑来对我说：“老师，我的书不见了。”希希说：“老师，我看见洁洁把书放到她的柜子里了。”我走到洁洁的柜子边，发现果然在她的柜子里有一本书。但是，当我问她的时候，她却不承认。这个时候该怎么办？

吴老师：我觉得我们应该分析一下，造成孩子不诚实的原因有很多，孩子会把看到的与联想的、真实的与希望的、做过的与记忆的混淆；有的是成人言行引起孩子说谎；有的是为达到某种目的而说谎。先要搞清楚是属于哪一种原因。

讨论后老师们建议，先向孩子介绍诚实的品德观念，有针对性地找一些诚实的故事讲给孩子听，然后观察孩子的言行，改正了错误，就及时表扬他；如果还没有效果，则可以采用其他教育方式。

吴老师：我们班也发生过孩子不诚实现象。午餐时，贝贝突然对我说：“老师，我肚子不舒服，吃不完菜了。”我说：“是不是想上厕所，还是早上吃太多了消化不良，不舒服就少吃些。”后来，我发现她不是不舒服，而是挑食。针对这种情况，我分析了她说谎的原因，及时了解她的情况。在集体活动中，通过讨论“挑食好不好”以及“健康的食物人人爱”等活动，让孩子们从中了解到各种菜对人体提供的不同营养。对贝贝不喜欢吃的菜，每次我鼓励她少吃点，慢慢增多，渐渐地她开始尝试一些不喜欢吃的食物，对于她的改变，我总是及时地在小朋友们面前表扬她。

庞老师小结：老师们要及时纠正孩子的不诚实行为，也要身体力行。对于任何一位老师来说，任何欺骗和不诚实的举动，都有可能让自己在成长的道路上“搁浅”。

（三）帮助孩子养成诚实品质

庞老师：爱因斯坦曾经说过，诚实就是实在、不虚假。诚实是一个人的美德，有了诚实二字，一个人就会表露出坦荡从容的气度。诚实既是一种品格，也是一种素质和能力，那么，如何培养孩子的诚实品质，希望踊跃献出宝贵意见。

王老师：可以满足孩子合理的要求和愿望。

沈老师：可以创造一种宽松、愉快、民主、和谐的氛围。只有保持诚实真挚的态度，使孩子感到成人的爱护和关心，他才能够信赖成人，有了过失才敢于承认。

马老师：让“诚实教育”主动化。可利用故事，把诚实做人的道理寓教于故事之中，使孩子明白什么是诚实，什么是虚假和欺骗，应该怎样做，不该怎样做。

陆老师：要有正确的教育方法。当发现孩子有不诚实的言行时，要采取细致、耐心的方法，冷静地听听孩子的想法，分析原因，对症下药。切不可急躁、粗暴，甚至施加暴力，进行打骂、体罚等，这样只会适得其反，造成孩子为了躲避责罚打骂而说谎。

蔡老师：和孩子建立真诚和相互信任的关系。对孩子必须言而有信，以诚相待，这样，孩子才会信任你，有什么事、有什么想法都愿意告诉你。

周老师：制定一些规则并严格要求。例如，不是自己的东西不能带回家；没有得到别人的同意，不可随便拿别人的东西。

（四）家园合作让诚实之花绽放

王老师：诚实教育不仅是在幼儿园，在家里也很重要。我们要和家长沟通交流，让家长配合，一定能事半功倍。

曹老师：对。当孩子说谎时，让家长不要发火，要心平气和地与孩子进行交流，才能清楚孩子说谎的动机或目的是什么。

周老师：家长要教育孩子讲信用，答应别人的事要做到，自己更要给孩子树立良好的榜样，对孩子讲信用。

郭老师：及时鼓励也很重要，告诉家长当孩子守时守信时，不管事情多么微小，都要及时鼓励、褒奖。

庞老师：作为老师，让我们携手并肩为孩子们架起诚实的心灵彩虹，开辟出诚实教育的一片蔚蓝的天空，让我们的孩子们养成诚实习惯，成就美好未来，诚实做人、诚挚待人、诚恳学习、诚信做事，让诚实伴随美丽人生！

《学前教育法（草案）》第二十五条规定：“幼儿园应当坚持保育和教育相结合的原则，面向全体儿童，关注个体差异，注重良好习惯养成，创造适宜的生活和活动环境，有益于学前儿童身心发展。”

《幼儿园管理条例》规定：“幼儿园应当保障幼儿的身体健康，培养幼儿的良好生活、卫生习惯；促进幼儿的智力发展；培养幼儿热爱祖国的情感以及良好的品德行为。”

《幼儿园工作规程》规定：“幼儿园的品德教育应当以情感教育和培养良好行为习惯为主，注重潜移默化的影响，并贯穿于幼儿生活以及各项活动之中。”

《幼儿园教育指导纲要（试行）》规定：“在体育活动中，培养幼儿坚强、勇敢、不怕困难的意志品质和主动、乐观、合作的态度。”“在共同的生活和活动中，以多种方式引导幼儿认识、体验并理解基本的社会行为规则，学习自律和尊重他人。”“与家庭、社区合作，引导幼儿了解自己的亲人以及与自己生活有关的各行各业人们的劳动，培养其对劳动者的热爱和对劳动成果的尊重。”“充分利用社会资源，引导幼儿实际感受祖国文化的丰富与优秀，感受家乡的变化和发展，激发幼儿爱家乡、爱祖国的情感。”“适当向幼儿介绍我国各民族和世界其他国家、民族的文化，使其感知人类文化的多样性和差异性，培养理解、尊重、平等的态度。”“在幼儿生活经验的基础上，帮助幼儿了解自然、环境与人类生活的关系。从身边的小事入手，培养初步的环保意识和行为。”

《未成年人保护法》规定：“幼儿园应当做好保育、教育工作，遵循幼儿身心发展规律，实施启蒙教育，促进幼儿在体质、智力、品德等方面和谐发展。”

《新时代幼儿园教师职业行为十项准则》第四条规定：“潜心培幼育人。落实立德树人根本任务，爱岗敬业，细致耐心”；第六条规定：“关心爱护幼儿。呵护幼儿健康，保障快乐成长；不得体罚和变相体罚幼儿，不得歧视、侮辱幼儿，严禁猥亵、虐待、伤害幼儿”。

《3－6岁儿童学习与发展指南》规定：“重视幼儿的学习品质。幼儿在活动过程中表现出的积极态度和良好行为倾向是终身学习与发展所必需的宝贵品质。要充分尊重和保护幼儿的好奇心和学习兴趣，帮助幼儿逐步养成积极主动、认真专注、不怕困难、敢于探究和尝试、乐于想象和创造等良好学习品质。忽视幼儿学习品质培养，单纯追求知识技能学习的做法是短视而有害的。”

2010年，胡锦涛在全国教育工作会议上指出：要基本普及学前教育，重点发展农村学前教育，遵循幼儿身心发展规律，坚持科学保教方法，加强学前教育管理，保障幼儿快乐健康成长。

2018年《中共中央　国务院关于学前教育深化改革规范发展的若干意见》指出：以习近平新时代中国特色社会主义思想为指导，全面贯彻党的十九大精神和党的教育方针，认真落实立德树人根本任务，遵循学前教育规律，牢牢把握学前教育正确发展方向，完善学前教育体制机制，健全学前教育政策保障体系，推进学前教育普及普惠安全优质发展，满足人民群众对幼有所育的美好期盼，为培养德智体美劳全面发展的社会主义建设者和接班人奠定坚实基础。

诚实是一种无形资本，从小培养孩子诚信的品质就等于为孩子的未来融资。本次沙龙主要围绕诚实主题进行研讨，旨在培养孩子的良好品质。沙龙以“头脑风暴”的形式开展，鼓励老师人人发言，毫无保留地诉说自己的困惑，并利用集体力量寻找原因。老师们群策群力，结合自己的教学经验以及阅读的相关书籍，对诚实教育问题提出了各自的意见和看法。

第一节　保教结合是学前教育的根本

学前教育是整个国民教育的一个有机组成部分，须贯彻《教育法》所确定的我国教育的基本原则。同时，幼儿教育由于其对象的特殊性，使它在《教育法》所确定的教育活动的基本原则指导下，把实行保教结合作为一个重要的原则。

一、保教结合的必要性

（一）实行保教结合是学前教育的特点

学前教育与学校教育的教育对象不同，教育要求、教育内容、教育方法也不尽相同。它和大、中、小学最明显的区别在于它在教育工作中要实行保教结合的原则。这是因为学前教育对象是三周岁至入学前的幼儿。幼儿的生理、心理机能比较脆弱，对自然环境、社会环境的适应能力不强，对疾病的抵抗能力弱，同时缺乏必要的独立生活能力，因此，特别需要成人的照料和保护，更需要成人的爱护、指导和引导。按照幼儿身心发展特点，强调实行保教结合，是学前教育的根本特点。

（二）保教结合是幼儿生理、心理发展的需要

《学前教育法（草案）》第二十八条规定："幼儿园应当按照国家有关规定，根据学前儿童身心发展规律和年龄特点，科学实施保育和教育活动；防止保育和教育活动小学化，不得教授小学阶段的课程内容、采用小学化的教育方式，不得开展违背学前儿童身心发展规律或者与年龄特点不符的活动。"

《学前教育法（草案）》

《幼儿园管理条例》第十三条规定："幼儿园应当贯彻保育与教育相结合的原则，创设与幼儿的教育和发展相适应的和谐环境，引导幼儿个性的健康发展。"

幼儿时期是幼儿生长发育十分迅速、旺盛的时期，也是身体各种器官、各个系统的机能还没有发育成熟和完善的时期。从生理指标上看，幼儿骨化没有完成，骨骼坚固性差，容易受损，容易变形；幼儿肌肉柔嫩，力量弱，耐久性差，容易疲劳；幼儿的消化酶、胃酸少于成人，消化功能不稳定，适应能力差；幼儿心脏容量小，负荷能力小；幼儿膀胱小，排尿频繁；等等。从心理上看，由于幼儿年龄小，生活经验少，活动能力、自我控制能力、生活自理能力都比较差，对成人的依赖性很强。幼儿需要爱抚、保护和安全，需要和别人交往建立起关系，需要成人或年长的儿童带领他们进入社会，获取经验。

幼儿生理、心理发展的特点和需要，决定了成人必须对他们特别关注。一方面要精心照料、爱抚和保护；另一方面要为他们创设良好的条件和环境，满足他们身心发展的需要，促进他们生理、心理健康发展。保教结合是一个整体的概念，保教不可分，过分强调

任何一方都是不可取的，都不利于幼儿的全面健康发展。

（三）保教结合是当前世界学前教育的发展趋势

世界学前教育研究经验和实践表明，幼儿教育不仅仅是小学教育的预备阶段，它还为一个人的一生奠定基础。这个时期，幼儿各方面得到良好的发展，会为他们以后的发展奠定坚实的基础。因此，学前阶段的教育重点，必须是为幼儿的智力发展、美好道德行为的培养、和谐的人际关系及良好生活习惯的形成，奠定全面发展的基础。在《幼儿园管理条例》和《幼儿园工作规程》两个法规中，都有保教结合的原则的具体要求，表明我国学前教育不仅善于总结、继承和发扬自身的经验和传统，也实实在在地促进了幼儿的健康发展，这符合世界学前教育的发展趋势。

由我国积极参与起草制定提案，并于1990年8月正式签署的《儿童权利公约》，以及当年9月国际组织签署的《儿童生存、保护和发展世界宣言》，都强调了每个儿童均有固定的生命权，应最大限度地确保儿童的生存与发展，要对儿童的权利，对他们的生存及对他们的保护和发展，给予高度的优先。我国把实行保教结合的原则作为法定的要求，让全国幼儿园贯彻实施，也体现了我们对《儿童权利公约》和《儿童生存、保护和发展世界宣言》的积极态度。

二、实施保教结合原则的具体措施

（一）强化幼儿园全体工作人员的保教结合意识

《幼儿园工作规程》要求幼儿园全体工作人员，“热爱教育事业，尊重和爱护幼儿，具有专业知识和技能以及相应的文化和专业素养”。因此，学习、贯彻学前教育政策与法规，提高自身全面素质，应该成为每个工作人员的自觉要求和行动。有关保教结合的精神，分布在《幼儿园工作规程》第四章“幼儿园的卫生保健”、第五章“幼儿园的教育”、第六章“幼儿园的园舍、设备”等许多条款中。《幼儿园工作规程》第三章“幼儿园的安全”，从当前的实际情况出发，为幼儿园的保育与教育提供安全保证。

《幼儿园工作规程》

《幼儿园管理条例》第三章“幼儿园的保育和教育工作”，也同样贯穿着保教结合的内容。因此，学前教育机构所有工作人员都要认真学习，并在各自岗位上贯彻实施。幼儿教师要特别注意把保育意识渗透在教育活动的每个环节；保育员也应该积极配合幼儿教师在活动中、在幼儿一日生活中、在做保育工作的同时实现教育要求，逐步达到幼儿园保育、教育的主要目标。

（二）实施保教结合的日常生活化

幼儿一日生活中的每个环节，都包含着丰富的保教内容。幼儿园工作人员应该把握时机，创造性地贯彻保教结合原则，抓好幼儿全面素质的早期培养。《学前教育法（草案）》

第二十九条规定："幼儿园应当以学前儿童的生活为基础，以游戏为基本活动，发展素质教育，最大限度支持学前儿童通过亲近自然、实际操作、亲身体验等方式探索学习，促进学前儿童养成良好品德、行为习惯和安全意识，健全人格、强健体魄，在健康、语言、社会、科学、艺术、体育等各方面协调发展。"《幼儿园工作规程》第二十七条规定："幼儿园日常生活组织，应当从实际出发，建立必要、合理的常规，坚持一贯性和灵活性相结合，培养幼儿的良好习惯和初步的生活自理能力。"第十七条规定："幼儿园必须切实做好幼儿生理和心理卫生保健工作。"

幼儿园应严格执行《托儿所、幼儿园卫生保健制度》以及其他有关卫生保健的政策与法规。《托儿所、幼儿园卫生保健制度》提出，要合理地安排幼儿一天的生活内容，并对两餐间相隔的时间、户外活动时间也做了具体规定。该制度又分别对幼儿园涉及幼儿生活的卫生、保健、安全、检查制度，幼儿膳食、饮水、大小便、体育活动、夏季和冬季外出防护都做了具体要求。该制度也对幼儿园的生活制度、幼儿饮食、体格锻炼、卫生保健和安全，做了相应规定。

上述规定，集中到一点，就是要求幼儿园工作人员必须为幼儿建立合理的生活常规，即要为他们安排适时的教育活动，定时进餐，合理饮食，定时锻炼，夏季要防暑降温，冬季要防寒保暖，平时要防病，更要保安全，生活要有节奏，作息要井然有序。幼儿园的所有工作人员都应该通过幼儿的生活起居和活动安排，自觉主动地给予他们精心的照料、热情的引导，重视对他们心理、生理健康的保护。关心他们的情绪，给他们温暖，给他们安全感，并且抓住时机，因人、因时、因地制宜地向他们传授有关生活常识，训练他们基本的操作技能，培养他们良好的生活习惯、卫生习惯和文明礼貌行为，培养他们初步的自我保护能力、生活自理能力和交往能力。通过有序的生活，让他们逐步建立起时间概念，初步学会安排自己的生活，从而促进他们身心健康地成长。

（三）创设一个良好、和谐的育人环境

环境对人的成长发展起着重要的作用，幼儿园的环境建设，是实施保教结合、促进幼儿发展的必要条件和基础。

1. 构建合格的卫生环境

在幼儿园的硬件建设和设施要求上，都要坚持符合幼儿年龄特点，符合国家确定的卫生安全的标准。原国家教育委员会、原建设部、原卫生部多次联合或单独发布的文件，都有此方面的规定。比如《城市幼儿园建筑面积定额（试行）》《托儿所、幼儿园建筑设计规范》《托儿所、幼儿园卫生保健制度》《幼儿园管理条例》都有一个共同的特点，即在幼儿园的园舍设施、玩教具、生活用具的建设和配备上，要求符合国家的安全、卫生标准，符合幼儿发展的特点，符合保育、教育的要求。

在防污染、防中毒、防危险的前提下，创设良好的物质环境，使得保教结合原则的实行有更好的物质基础。这样，必然有利于保护幼儿的安全，增进幼儿的健康，保障幼儿的生存权利，促进幼儿的身心健康发展。

2. 营造良好的精神环境

《幼儿园工作规程》强调："必须切实做好幼儿生理和心理卫生保健工作。"要实现这一规定，除了要严格遵守《托儿所、幼儿园卫生保健制度》以及其他有关幼儿园卫生保健的政策与法规外，幼儿园应该为幼儿营造良好的精神环境。

精神环境指的是人与人之间关系的环境。良好的精神环境，是幼儿园环境创设的灵魂，它的建立，取决于幼儿园全体工作人员对幼教工作的认识、感情以及他们的能力、水平和事业心，取决于他们对幼儿的爱心、关心、责任心和奉献精神。

第二节　幼儿园的保育工作

幼儿园的保育工作，是指成人为学前幼儿提供生存、发展所必需的环境和物质条件，同时给予精心的照顾和保护，以促进他们健康成长，逐步增进他们生活自理的能力而进行的工作。狭义地理解，保育就是对幼儿身体的保护和养育。广义地理解，保育是对幼儿身体的保护，对幼儿各种心理过程发展的促进和培养。

一、保育工作的意义

（一）促进幼儿身心健康发展

良好的保育工作，能促进幼儿生理、心理健康发展。幼儿是正在成长发展的个体，身体健康是幼儿成长发展的物质基础，也是他们心理发展的必要条件。《幼儿园管理条例》第十三条特别提出，"幼儿园应当保障幼儿的身体健康，培养幼儿的良好生活、卫生习惯"。

《幼儿园工作规程》第十七条也规定："幼儿园必须切实做好幼儿生理和心理卫生保健工作。"在确定保育和教育的主要目标时，《幼儿园工作规程》还把"促进幼儿身体正常发育和机能的协调发展，增强体质，促进心理健康，培养良好的生活习惯、卫生习惯和参加体育活动的兴趣"置于首位。这些都表明，由于幼儿体质柔弱、各种器官都很娇嫩、机体发育不完善，加上天性好动，但又缺乏生活经验，体力不足，自制能力、生活自理能力都很差，因此，作为育人机构的工作人员，在保育工作中，必须掌握幼儿生理、心理特点，生活上要特别给予小心照看，注意保护，并且要创设条件，为幼儿提供良好的卫生教育环境，维护他们的生命安全，开展必要的锻炼，增强他们的体质，帮助他们养成健康、安全生活所必需的行为习惯和正确的态度，促进幼儿生理健康发展。

《幼儿园工作规程》

（二）促进家长了解、重视保育工作

良好的保育工作，能促进家长了解、重视幼儿园的保育工作，并与之协调一致。保育工作的目的，是做好幼儿生理、心理卫生保健工作，促进幼儿的健康成长，为幼儿的全面发展奠定基础，这是和广大幼儿家长的愿望相一致的。但是广大幼儿家长对如何保育、教育孩子并不一定具备专业的知识和经验。因此，幼儿园的工作人员，特别是教师、保健工作者、保育员，除了身体力行为家长树立保育工作的楷模外，还要向家长介绍幼儿在园的一日生活安排，介绍保育工作的内容和对幼儿的要求，这对取得家庭在幼儿保育上的协调一致，起着极为重要的作用。

幼儿的成长发展既具有连续性，又具有阶段性，每一阶段的保育要求不尽相同，但却是循序渐进、因时制宜的，有时是呈螺旋式提高的。比如生活、卫生习惯的养成，疾病的防治，体育锻炼的开展，乃至独立生活能力的培养，健康心理和活泼性格的形成，都与幼儿的发展规律密切相关。因此，幼儿园有责任在做好保育工作的同时，向家长传授幼儿保育的基本知识。

除传授理论知识外，幼儿园还应该传授一些实用方法，帮助家长掌握和运用理论知识，使得幼儿在园、在家都能在统一的保教要求下得到发展。幼儿园还可以通过和家长接触，了解和研究家长在家庭保育方面的好做法、好经验，不仅可以丰富老师的知识、技能，还可在家长会上向其他家长进行推广。这样协调一致地开展工作，既有利于促进幼儿的健康成长，也传播了精神文明，为全民全面素质的提高，尽了一份责任。

二、保育工作的基本要求

（一）合理安排幼儿一日生活

合理的生活作息制度和有序的生活节奏，是保证幼儿身心健康发展的重要因素。《幼儿园工作规程》第十八条规定："幼儿园应当制定合理的幼儿一日生活作息制度。"

1985 年颁发的《托儿所、幼儿园卫生保健制度》在"生活制度"部分，对幼儿一日生活活动的时间进行了分配，专门列表供幼儿园参考。各类幼儿园（班）都应该因地制宜、因时制宜，按照法规要求，为幼儿酌情安排好一日生活。

幼儿一日活动的组织应注意以下几点：

（1）时间分配的结构，应包括有利于幼儿身心发展的全部活动，动静交替，室内外活动时间应平衡。

（2）有指导、有组织的集体活动与自选活动，安静活动与运动性活动，集体活动与个人活动、小组活动在时间分配上应有一定比例，要给幼儿一定的独自活动时间，以有利于幼儿独立性的发展。

（3）时间表应富有节奏和重复性，同时又有一贯性和灵活性，不要使幼儿产生生理、心理疲劳。

（4）尽可能减少时间上的等待和浪费。注意一日活动中常规环节、游戏活动、教学活动等环节之间衔接，减少幼儿消极等待的时间。此外，有些地方的幼儿园存在幼儿睡眠时间不足、户外体育活动时间不足等现象。

（二）做好疾病防治工作，培养幼儿良好的生活卫生习惯

贯彻“预防为主”的方针，是保证身体健康、减少疾病发生的重要措施。特别是幼儿，器官柔嫩，免疫力不强，机体正在发展，刚由家庭转到幼儿园集体中，与外界接触多了，增加了感染疾病的可能性。因此，根据国家法规要求，在防治疾病方面，幼儿园要做好以下几项工作：

1. 定期进行健康检查

建立健康检查制度，是了解幼儿生长发育状况，及时防病治病，保障幼儿健康的重要措施。

《幼儿园工作规程》第十九条规定：“幼儿园应当建立幼儿健康检查制度和幼儿健康卡或档案。每年体检一次，每半年测身高、视力一次，每季度量体重一次；注意幼儿口腔卫生，保护幼儿视力。”

《托儿所、幼儿园卫生保健制度》在“健康检查制度”部分，特别要求幼儿在入园（所）前“必须进行全身体格检查”，对有传染病接触史的幼儿，必须“经过检疫期，无症状方可入园（所）”。

案例 7-1　**4 岁幼儿与小朋友“分享”鼠药**

以为是好吃的东西，4 岁的小明（化名）将一些绿色小颗粒带到幼儿园分给小朋友一起吃，殊不知，这种绿色的小颗粒是用来杀死老鼠的，学名叫“溴鼠灵”。

26 日，老师对孩子进行例行晨检时，在一些孩子的衣兜内发现一些绿色颗粒很像鼠药，一问才知，是小明从家里带来的，给一些平时关系比较好的小朋友分了吃。老师赶紧将可疑物品收了上来，经与小明的家长沟通证实，可疑物品是鼠药！

“孩子可能误食了鼠药……”26 日 8 时 40 分许，磐石市小红帽幼儿园小班家长接到老师打来的电话。“我一听吓坏了，赶紧到幼儿园去了。”萌萌（化名）的妈妈说。

27 日中午，记者虾米到磐石市医院，儿科病房有 13 个孩子，消化内科有 6 个孩子，最大的 5 岁，最小的 2 岁。因为孩子太小，一会儿说吃了，一会儿又说没吃，说不清到底吃了没有，家长只好把孩子送到医院洗胃、治疗。“孩子才 3 岁，哪遭过这样的罪啊！我们 6 个人按着洗胃，孩子哇哇地哭。”家长心疼不已。

医生介绍，现在主要是排毒治疗，“溴鼠灵”的解药是维生素 K_1，磐石市医院已派人去吉林市请专家会诊。事件发生后，磐石市委、市政府高度重视，市领导来到现场，并指示相关部门采取一切措施全力救治，确保每个孩子得到及时有效的治疗。目前，有 19 个孩子入院，1个确认是鼠药中毒，2个送到长春治疗。

资料来源：李申．以为是好吃的，4龄童将鼠药带到幼儿园分给小朋友．(2007-04-28)．http://news.sohu.com/20070428/n249763035.shtml.

幼儿入园健康检查制度是疾病预防的有力措施。建立并遵守合理适宜的入园检查制度，能及时有效地防止传染病及危险事故的发生。幼儿入园健康检查包括两个方面：一是幼儿新生的入园体检；二是每日的幼儿入园健康检查，也称晨午检。

我国出台的一些政策条文都明确规定了幼儿园要建立幼儿入园健康检查制度，防止疾病的发生与传播。根据《幼儿园工作规程》第十九条和《幼儿园管理条例》第十八条的规定，幼儿园应当"建立幼儿健康检查制度和幼儿健康卡或档案"，"建立卫生保健制度，防止发生食物中毒和传染病的流行"。

对于日常的入园健康检查来说，晨午检需要本班教师和有经验的卫生保健人员认真执行。晨午检的主要目的是防止幼儿将传染病及危险品带到园内。检查一般在日托幼儿每天入园时、整托幼儿早晨起床后进行。《托儿所、幼儿园卫生保健工作规范》对此有详细规定：(1) 做好每日晨间或午间入园（所）检查。检查内容包括询问儿童在家有无异常情况，观察精神状况、有无发热和皮肤异常，检查有无携带不安全物品等，发现问题及时处理。(2) 应当对儿童进行全日健康观察，内容包括饮食、睡眠、大小便、精神状况、情绪、行为等，并做好观察及处理记录。(3) 卫生保健人员每日深入班级巡视2次，发现患病、疑似传染病儿童应当尽快隔离并与家长联系，及时到医院诊治，并追访诊治结果。(4) 患病儿童应当离园（所）休息治疗。如果接受家长委托喂药，应当做好药品交接和登记，并请家长签字确认。

2. 建立并严格执行有关的卫生保健制度

《学前教育法（草案）》第二十七条规定："幼儿园应当建立科学合理的一日生活制度，保证户外活动时间，做好儿童营养膳食、体格锻炼、健康检查和食品安全、卫生与消毒、传染病预防与控制、常见病预防与管理等卫生保健管理工作，加强健康教育，促进学前儿童身体正常发育和身心健康。"

《幼儿园工作规程》第二十条指出："幼儿园应当建立卫生消毒、晨检、午检制度和病儿隔离制度，配合卫生部门做好计划免疫工作。幼儿园应当建立传染病预防和管理制度，制定突发传染病应急预案，认真做好疾病防控工作。幼儿园应当建立患病幼儿用药的委托交接制度，未经监护人委托或者同意，幼儿园不得给幼儿用药。幼儿园应当妥善管理药品，保证幼儿用药安全。"

《幼儿园管理条例》第十八条规定："幼儿园应当建立卫生保健制度，防止发生食物中毒和传染病的流行。"第二十条规定："幼儿园发生食物中毒、传染病流行时，举办幼儿园的单位或者个人应当立即采取紧急救护措施，并及时报告当地教育行政部门或卫生行政部门。"

《托儿所、幼儿园卫生保健制度》对卫生消毒及隔离制度，预防疾病制度，卫生保健登记、统计制度也都提出了相应要求。预防疾病，关键是要提高幼儿的身体素质，加强体育锻炼，增强幼儿体质，提高幼儿对疾病的抵抗能力。

幼儿园要按上述法规要求，采取一定的防病措施。比如搞好环境卫生、个人卫生，做好消毒工作。幼儿园应该建立室内外环境清扫制度，建立责任制，分工包干；应确立要求，定时清扫、定时消毒、定期检查。对幼儿卫生也应该规定勤加照料，日常生活用品、专人用品，定时清洗消毒，特别要指导幼儿讲究卫生，养成良好的生活、卫生习惯，逐步培养生活自立、自理的能力，增强对疾病的抵抗能力。

《幼儿园管理条例》第十八条和第二十条提到对于防止发生食物中毒和传染病的流行，必须靠建立卫生保健制度防范和采取紧急救护措施。

特别是传染病流行期间，幼儿园发生情况后，如何隔离消毒，《托儿所、幼儿园卫生保健制度》第五部分规定得细致又明确。为了全体幼儿的健康，为了消除家长的思想负担，幼儿园全体工作人员都应严格执行卫生保健制度，尽心尽责地做好幼儿的疾病防治工作。

（三）建立安全防护和检查制度，增强幼儿自我保护意识

幼儿年龄幼小，缺乏安全知识和自我防护能力，重视幼儿安全，加强安全防护教育，制定安全防护和检查制度，是幼儿园保育工作的重要组成部分，是国家对幼儿园的基本要求。

《未成年人保护法》第三十五条规定：“学校、幼儿园安排未成年人参加文化娱乐、社会实践等集体活动，应当保护未成年人的身心健康，防止发生人身伤害事故。”第五十五条规定：“未成年人的食品、药品、玩具、用具和游戏游艺设备、游乐设施等，应当符合国家或者行业标准，不得危害未成年人的人身安全和身心健康。”

《幼儿园管理条例》明确规定：“举办幼儿园必须将幼儿园设置在安全区域内。严禁在污染区和危险区内设置幼儿园。”“幼儿园应当建立安全防护制度，严禁在幼儿园内设置威胁幼儿安全的危险建筑物和设施，严禁使用有毒、有害物质制作教具、玩具。”还规定，凡“园舍、设施不符合国家卫生标准、安全标准，妨害幼儿身体健康或者威胁幼儿生命安全的”，“使用有毒、有害物质制作教具、玩具的”，“在幼儿园周围设置有危险、有污染或者影响幼儿园采光的建筑和设施的”，将由教育行政部门或者由教育行政部门建议有关部门对责任人员给予行政处分，情节严重构成犯罪的，由司法机关依法追究刑事责任。

《幼儿园工作规程》第十二条对安全防护工作做出了具体规定：“幼儿园应当严格执行国家和地方幼儿园安全管理的相关规定，建立健全门卫、房屋、设备、消防、交通、食品、药物、幼儿接送交接、活动组织和幼儿就寝值守等安全防护和检查制度，建立安全责任制和应急预案。”

《托儿所、幼儿园卫生保健制度》在安全制度方面也提出了具体要求。例如：各项活动要以孩子为中心，工作人员要注视儿童的各项活动；要注意房屋、场地、家具、玩具、用具使用的安全，避免触电、砸伤、摔伤、烫（烧）伤等事故的发生；要妥善保管药物，服药要仔细核对，剧毒药品要专人管理，严禁放在班上；要建立健全儿童接送制度，不得丢失幼儿。团结全体工作人员乃至全体家长严格执行各项安全防护制度，重视和加强对幼儿的安全防护教育，让幼儿在长期的潜移默化的教育氛围中增强安全意识，学习安全知识，学会自我保护，培养应变能力，应该是我们促进幼儿健康发展的重要内容。

（四）科学安排饮食，养成幼儿良好的进食习惯

科学安排饮食，养成幼儿良好的进食习惯，是保证幼儿营养、提高幼儿身体素质、增强幼儿机体抵抗力、减少幼儿疾病的重要途径。

《幼儿园工作规程》规定："供给膳食的幼儿园应当为幼儿提供安全卫生的食品，编制营养平衡的幼儿食谱，定期计算和分析幼儿的进食量和营养素摄取量，保证幼儿合理膳食。幼儿园应当每周向家长公示幼儿食谱，并按照相关规定进行食品留样。""幼儿园应当配备必要的设备设施，及时为幼儿提供安全卫生的饮用水。"这里要特别提出的是，幼儿园的任务就是要促进幼儿的健康成长。进食、饮水，包括大小便，是人类生活、生存的基本要求。任何幼儿园都应该为此给幼儿提供方便。

《托儿所、幼儿园卫生保健制度》对幼儿饮食也提出了三方面的要求。饮食管理方面，要求有专人负责，民主管理，并建立伙食委员会；伙食费要专款专用，计划开支，合理使用；伙食要因时制宜，制定带量食谱，定期更换；每天要按人按量供应当天烹制的饭菜；成人伙食和幼儿伙食严格分开，不允许侵占幼儿伙食；保健人员要定期进行营养分析，保证进食量和营养素摄取量；要按时开饭，保证幼儿吃好吃饱每餐饭。

幼儿饮食方面，食谱要适合幼儿年龄，食物要多种多样，保证幼儿得到合理的营养素和足够的热量；食物要注意调配花样，科学烹调，尽力保存营养素；少吃甜食，晚餐不能以甜食、菜汤、面汤为主；要加强体弱儿的饮食管理，对病儿要视病情做病号饭。

饮食卫生方面，要求保持厨房清洁；严格执行《中华人民共和国食品卫生法》，炊事用具生熟分开，食具严格消毒；食物有防蝇设备；不买、不加工变质食物，买进的熟食要热处理后再吃；搞好进食卫生，饭前用肥皂和流动水洗手，饭桌要用肥皂水或碱水揩洗干净；培养幼儿不吃零食、不偏食的习惯；水果要洗净削皮再吃；炊事员要坚持上灶前洗手，如厕前脱工作服，便后用肥皂洗手，操作时不抽烟；等等。

要特别提出的是，幼儿园在为幼儿科学安排饮食的同时，要养成幼儿良好的进食习惯。比如定时定量，使机体有规律地进行消化活动；不挑食、不偏食、少吃零食，使身体得到应有的营养；要细嚼慢咽，以利消化吸收；要养成进食的文明习惯，正确摆放和使用餐具，不随便抛撒饭菜，不大声说话，不随便离开饭桌，饭后漱口等，从小养成良好习惯。

（五）积极开展体格锻炼，增强幼儿体质

开展体格锻炼，促进幼儿身体的正常发育，是保证幼儿各方面健康发展的前提。

1995年6月，国务院发布的《全民健身计划纲要》第七条阐明了全民健身计划“以全国人民为实施对象，以青少年和儿童为重点”，并且强调“青少年和儿童的健康成长关系到国家的富强和民族的昌盛，要发动全社会关心他们的体质和健康”。

《幼儿园管理条例》第十三条强调，“幼儿园应当保障幼儿的身体健康”。

《托儿所、幼儿园卫生保健制度》在“体格锻炼制度”部分，对幼儿园开展游戏和体育活动，保证幼儿每天户外活动的时间，充分利用自然因素有计划、有步骤地开展体格锻炼，也都提出了具体要求。

《幼儿园工作规程》第五条进一步把“促进幼儿身体正常发育和机能的协调发展，增强体质，促进心理健康，培养良好的生活习惯、卫生习惯和参加体育活动的兴趣”作为幼儿体育的主要目标。第十八条还具体规定幼儿园要保证“正餐间隔时间为3.5～4小时。在正常情况下，幼儿户外活动时间（包括户外体育活动时间）每天不得少于2小时，寄宿制幼儿园不得少于3小时；高寒、高温地区可酌情增减”。

当前值得注意的是，许多幼儿园的幼儿一日活动中户外体育活动时间不足，少于《幼儿园工作规程》的规定。幼儿正处在成长发展阶段，对自然适应能力比较差，常常因为乍冷乍热引起感冒。开展户外体育活动，利用阳光、空气，甚至水、风、雪等自然条件适当地开展锻炼，能增强幼儿对气候的应变力，对疾病的抵抗力，增强幼儿体质。幼儿园应该从执法的高度，组织好幼儿的户外体育活动，促进幼儿身体的健康发展。

第三节　幼儿园的教育工作

一、根据幼儿身心发展规律，促进幼儿全面发展

早期教育是奠基性教育，是为儿童做好适应未来准备的教育，是在尊重儿童年龄特点基础上的教育。早期教育不是早点让孩子学习知识，早期教育开发也不等同于早期智力开发，而是促进儿童身心两方面全面和谐发展。要遵循儿童发展的规律，要尊重儿童的年龄特点，在适宜的阶段做适宜的事情。幼儿园的孩子思维处于直觉形象阶段，感知与体验活动更加符合其发展特点，故幼儿园教育应基于孩子的生活经验，而不是书本中的概念和知识。只要与孩子生活有关的，是他们感兴趣、急于想知道或解决的，有助于拓展其经验和视野的内容，都是幼儿园教育教学的内容，与孩子有关的社会生活及幼儿的游戏都是重要的教学资源。

案例7-2　　**活动设计与空间营造**

一、设计适合不同年龄段孩子的活动

准确把握幼儿发展的阶段性特征，是科学、有效地实施教育的前提。丁老师是幼儿园

体育教研组组长，她把本学年教研组的研究目标定位在“了解不同年龄段幼儿动作发展特点，探寻有效促进方式”上。为了达到这个目标，她和组员一起查找相关资料，对幼儿“走、跑、跳”等基本动作的发展规律进行了理论学习，再通过对自己所在园小中大班幼儿的观察，初步归纳出不同年龄段幼儿基本动作的发展特点。如以平衡为例，小班幼儿能沿地面直线或在较窄的低矮物体上走一段距离；中班幼儿能在较窄的低矮物体上平稳地走一段距离；大班幼儿能在斜坡、荡桥和有一定间隔的物体上较平稳地行走。接下来，教研组的老师们根据不同年龄段孩子的平衡能力，设计出与之相匹配的教学活动。

如小班上学期的体育活动“水果丰收”，教师以摘水果的游戏贯穿整个教学过程，设计了“三关”的游戏情节，让小班孩子在有趣的游戏中不知不觉地锻炼了平衡能力。第一关是让孩子们穿过宽度为 15 厘米的“田间小路”，去采摘树上的水果；第二关难度加大，老师将宽度为 5 厘米的即时贴粘在塑胶地面上，孩子们要在这条更窄的小路上平稳地走过；第三关挑战更高，出现了一条高 5 厘米、宽 20 厘米的“独木桥”，孩子们一边伸展手臂保持平衡，一边小心翼翼地走过“独木桥”，顺利完成三种水果的采摘任务后，孩子们将得到一枚勤劳奖章。

中班老师设计的教学活动是“花样走平衡”。她们准备了几条高度和宽度各不相同的平衡木，摆放成 U 形，每条平衡木的旁边还提供了不同的示意图：双臂夹球的示意图表示在通过平衡木时必须双臂同时夹住两个球，而侧身拍手的示意图表示的是必须一边像螃蟹那样横着走过平衡木一边拍手。这样的设计既符合中班孩子的动作发展特点，又让孩子们兴趣大增，他们沿着 U 形的场地活动，一次又一次地尝试花样走平衡，乐此不疲，既达到了锻炼的目的，又让孩子们体验了克服困难、挑战自我的成就感。

大班老师展示的是一组晨间锻炼的平衡组合。她们用饮料罐制作出了梅花桩，让孩子们在有一定间隔的梅花桩上行走，体验了“武林高手”的感觉。她们给平衡木的中央垫了海绵垫，让平衡木摇身变成了“跷跷板”，孩子们走到中间时必须侧身两脚分开，让跷跷板的另一头着地后再快速通过；她们将轮胎摆成 S 形，中间位置插上小红旗，一声令下，两个大班孩子分别从两端向中间出发，谁最先到达中间拔起小红旗谁就获胜。这种活动既锻炼了孩子们的平衡能力，又满足了这个年龄段孩子们好胜的特性，受到了孩子们的追捧。

二、给孩子自主阅读营造合适的空间

李老师对在班级开展幼儿自主阅读活动一直颇有兴趣。

从小班起，她就努力为孩子们营造一个宽松、舒适的阅读空间。她在阅读区里安置了温馨的小沙发和小方桌，摆放了几个松软的靠垫，在书架上提供了大量的单页单幅图画书。这些图画书情节简单，故事短小，主要角色突出，画面易于理解。为了培养小班孩子的阅读兴趣，李老师坚持每天餐前轮流请孩子选择一本图画书，自己读给孩子们听。孩子们通过老师绘声绘色的讲述，对图书产生了浓厚的兴趣，在自由活动时会主动到阅读区寻找喜欢的故事书，自己安静地翻看。久而久之，很多孩子都养成了爱看书的好习惯。

到了中班，随着孩子生活经验的不断积累和语言能力的飞速发展，阅读区里出现了单页多幅的图画书，为了鼓励孩子们根据自己的理解说出故事的情节，李老师还投放了录音机，引导孩子们尝试把自己讲述的故事用录音机记录下来，在餐前准备活动环节播放给大家听，极大地激起了孩子们阅读的热情，也为老师准确了解孩子的语言发展水平提供了帮助。

大班阶段，考虑到孩子们已经能根据故事的部分情节或图书画面的线索猜想故事情节的发展，而且孩子们的绘画技能也有了很大的提高，李老师在阅读区又增加了各种画笔和纸张，鼓励他们把自己续编或者创编的故事画出来。阅读区里孩子们自己创作的图画书越来越多，一到自由活动时间，阅读架前就挤满了挑选图书的小朋友。大班下学期，孩子们对文字符号的兴趣越来越浓，老师开始引导孩子们学做读书笔记，鼓励他们把自己喜欢的书名写下来，书里的主要角色用简笔画画下来，最后用图画或者文字（请老师或父母帮忙）表达自己的想法。随着一本本稚嫩的读书笔记的出现，阅读区不但成了小朋友们分享阅读感悟的乐园，也成为老师和家长走近儿童、了解儿童内心世界的桥梁。

资料来源：尹坚勤，管旅华.《幼儿园教师专业标准（试行）》案例式解读. 上海：华东师范大学出版社，2013：86-87.

《学前教育法（草案）》第二十七条规定："幼儿园应当建立科学合理的一日生活制度，保证户外活动时间，做好儿童营养膳食、体格锻炼、健康检查和食品安全、卫生与消毒、传染病预防与控制、常见病预防与管理等卫生保健管理工作，加强健康教育，促进学前儿童身体正常发育和身心健康。"

《幼儿园管理条例》规定："幼儿园可以根据本园的实际，安排和选择教育内容与方法，但不得进行违背幼儿教育规律，有损于幼儿身心健康的活动。"

《幼儿园工作规程》规定："遵循幼儿身心发展规律，符合幼儿年龄特点，注重个体差异，因人施教，引导幼儿个性健康发展。"

《幼儿园教育指导纲要（试行）》规定："幼儿园必须把保护幼儿的生命和促进幼儿的健康放在工作的首位。树立正确的健康观念，在重视幼儿身体健康的同时，要高度重视幼儿的心理健康。"

《新时代幼儿园教师职业行为十项准则》第七条规定："遵循幼教规律。循序渐进，寓教于乐；不得采用学校教育方式提前教授小学内容，不得组织有碍幼儿身心健康的活动。"

《规划纲要》提出："树立科学的质量观，把促进人的全面发展、适应社会需要作为衡量教育质量的根本标准。""坚持全面发展。全面加强和改进德育、智育、体育、美育。坚持文化知识学习与思想品德修养的统一、理论学习与社会实践的统一、全面发展与个性发展的统一。”

《国务院关于当前发展学前教育的若干意见》提出：“遵循幼儿身心发展规律……促进幼儿健康成长。”

《中小学和幼儿园教师资格考试标准（试行）》提出：“了解婴幼儿生理与心理发展的基本规律，熟悉幼儿身体发育、动作发展和认知、情绪情感、个性、社会性发展的特点。”

《教师教育课程标准（试行）》提出，“理解‘保教结合’的重要性，学会按幼儿的成长特点进行科学的保育和教育”。“了解儿童身心发展的一般规律和影响因素，熟悉幼儿动作年龄阶段特点和个体发展的差异性。”“了解幼儿认知发展、学习方式的特点及影响因素，熟悉幼儿建构知识、获得技能的过程。”

《3－6岁儿童学习与发展指南》提出：“儿童的发展是一个整体，要注重领域之间、目标之间的相互渗透和整合，促进幼儿身心全面协调发展，而不应片面追求某一方面或几方面的发展。”

2010年，刘延东在全国学前教育工作电视电话会议上提出：“加强学前教育教研和科研工作，积极探索符合不同年龄层次、不同特点的儿童保教方法。”

2018年《中共中央　国务院关于学前教育深化改革规范发展的若干意见》提出，要提高幼儿园保教质量。第一，全面改善办园条件。幼儿园园舍条件、玩教具和幼儿图书配备应达到规定要求。国家制定幼儿园玩教具和图书配备指南，广泛征集遴选符合幼儿身心特点的优质游戏活动资源和体现中国优秀传统文化、现代生活特色的绘本。各地要加强对玩教具和图书配备的指导，支持引导幼儿园充分利用当地自然和文化资源，合理布局空间、设施，为幼儿提供有利于激发学习探索、安全、丰富、适宜的游戏材料和玩教具，防止盲目攀比、不切实际。第二，注重保教结合。幼儿园要遵循幼儿身心发展规律，树立科学保教理念，建立良好师幼关系。合理安排幼儿一日生活，为幼儿提供均衡的营养，保证充足的睡眠和适宜的锻炼，传授基本的文明礼仪，培育幼儿良好的卫生、生活、行为习惯和自我保护能力。坚持以游戏为基本活动，珍视幼儿游戏活动的独特价值，保护幼儿的好奇心和学习兴趣，尊重个体差异，鼓励支持幼儿通过亲近自然、直接感知、实际操作、亲身体验等方式学习探索，促进幼儿快乐健康成长。开展幼儿园“小学化”专项治理行动，坚决克服和纠正“小学化”倾向，小学起始年级必须按国家课程标准坚持零起点教学。第三，完善学前教育教研体系。健全各级学前教育教研机构，充实教研队伍，落实教研指导责任区制度，加强园本教研、区域教研，及时解决幼儿园教师在教育实践过程中的困惑和问题。充分发挥城镇优质幼儿园和农村乡镇中心园的辐射带动作用，加强对薄弱园的专业引领和实践指导。第四，健全质量评估监测体系。国家制定幼儿园保教质量评估指南，各省（自治区、直辖市）完善幼儿园质量评估标准，健全分级分类评估体系，建立一支立足实践、熟悉业务的专业化质量评估队伍，将各类幼儿园全部纳入质量评估范畴，定期向社会公布评估结果。加强幼儿园保育教育资源监管，在幼儿园推行使用的课程教学类资源须经省级学前教育专家指导委员会审核。

《幼儿园保育教育质量评估指南》聚焦幼儿园保育教育过程及影响保育教育质量的关键要素，围绕办园方向、保育与安全、教育过程、环境创设、教师队伍5个方面提出了15项关键指标和48个考查要点，旨在引导幼儿园全面贯彻党的教育方针，落实立德树人根本任务，尊重幼儿年龄特点和发展规律，坚持保育教育结合，以游戏为基本活动，不断提高幼儿园办园水平和保教质量。

《幼儿园保育教育质量评估指南》

二、尊重个体差异，满足幼儿发展的不同需求

在日常教育中，教师应该尊重幼儿在发展水平、能力、经验、学习方式等方面的个体差异，因人施教，主动了解和满足有益于幼儿身心发展的不同需求，努力使每一个幼儿都能获得满足和成功。

案例7-3　　**信任“合约”**

墙角下，一个小小的身影正注视着那一株悄悄开放的淡紫色雏菊，眼神中有一些无奈、一丝期待……

女孩曼曼亦如这雏菊，长相平常，性格内向，不爱说话，做事慢条斯理，优柔寡断，干事情总是少些冲劲。平时生活中，其他小朋友早已用餐完毕，只有曼曼一个人还慢条斯理地吃着已经变冷的饭菜；午睡起床，其他小朋友都已穿好衣裤、叠好被子，享用美味的加餐，曼曼却还坐在小床边犹豫着是先叠被子还是先穿衣服……渐渐地小朋友们都叫她“小慢慢”。一次数学活动课上，我要求孩子们以小组PK的形式完成活动内容，其他组的小朋友很快地完成了，只剩下了Y组。“你快点呀，就是你，害我们组又是最后一名!”“是啊，和曼曼一组真倒霉，每次都拿不到第一名!”Y组的成员们不停地埋怨。此时的曼曼显得特别委屈，小脸涨得通红，她紧紧地咬着嘴唇，托着腮帮子冥思苦想。我悄悄走到曼曼身边，看了看曼曼画在纸上的内容，俯下身子对曼曼说：“曼曼，这很好啊，你为什么要擦掉呢?”曼曼抬头望着我，疑惑地说：“真的吗?老师，我有点不相信自己……”“是的，曼曼，你完成得很好!”在我的鼓励下，曼曼很快就完成了，并郑重其事地将纸放到我手中。我摸着曼曼的头说：“曼曼加油啊，老师相信你是一个非常聪明的孩子，只不过有时候做事情的速度慢了些。如果你做事的速度再加快一点，小朋友们会越来越喜欢你的!”曼曼点了点头，擦了擦眼角即将掉落的眼泪，默默地走到了教室的窗前若有所思……

看着曼曼失落的神情，我不断地问自己：怎样才能帮助曼曼调整状态，尽快树立信心，并得到同伴的信任与喜欢呢？

在一次自主性游戏中，小舞台电脑上不经意间播放了一段儿童戏曲视频《天上掉下个林妹妹》，孩子们都被小演员的表演深深吸引。突然我发现在角落里玩耍的曼曼居然会演唱这段戏曲，而且还有模有样地学着小演员做起了动作。陶醉在戏曲和舞蹈中的曼曼自信开朗，与平时判若两人。原来曼曼喜欢戏曲表演，我心里一喜……我主动找曼曼妈妈沟通，了解到曼曼在家常常跟着外公外婆学唱戏，而且登台表演过许多次，还获得过奖项。曼曼也很想在小朋友们面前表演，可是一直没有机会。曼曼妈妈说了解孩子在幼儿园的情况，曼曼的慢性子让她失去了小朋友们的认可，这个问题也一直困扰着曼曼的家庭。针对孩子的这一情况，我和曼曼妈妈悄悄签订了一份信任“合约”，决定共同帮助曼曼寻回自信，赢得小朋友们的支持！

为了让小朋友们更加喜爱戏曲，我在班级里开展了主题活动“我是中华小戏迷”，和孩子们一起了解戏曲的种类，欣赏戏曲的服装、道具，学唱几段经典戏曲，班级里刮起了一阵戏曲风，连家长们也参与进来了。在整个主题活动中，曼曼的表现都非常积极，她会主动和小朋友们讲一些戏曲的知识，还会手把手地教女孩子们走台步、甩袖子，有一次曼曼还主动邀请了她的外公外婆为小朋友们现场演唱。

主题活动进入尾声，我决定在班级开展少儿戏曲表演大赛，报名活动火热进行中，可我迟迟未等到曼曼。一次放学后，我悄悄留下了曼曼和她的妈妈：“曼曼，马上就要开始戏曲表演大赛了，你为什么不报名呀？”“老师，我还没想好……”曼曼低着头使劲揉搓着衣角。“曼曼，你肯定行，听说你演的林妹妹特别棒，老师好想看看，小朋友们也都非常期待你的表演呢！”“对啊，曼曼，咱们就演林妹妹，妈妈帮你准备服装和道具，还可以邀请外婆的好朋友帮你一起排练，你绝对没问题！”在我们的共同鼓励下，曼曼终于露出了笑容，坚定地说：“好，老师，我就演林妹妹！”

比赛如期举行，小选手们一个个铆足了劲，生怕自己落后了。终于轮到曼曼上场了，只见曼曼身着一身藕粉色戏服，长长的水袖，飘动的裙摆，脚穿一双缀满小花的绣花鞋，梳着林妹妹样子的古装头，化着精致的戏曲妆，一亮相就得到了观众热烈的掌声。随后的表演中，曼曼一转身、一迈步、一颦一笑像极了林妹妹，全班孩子都被曼曼的表演折服了！表演结束后，孩子们都拉着爸爸妈妈要求和曼曼一起合影，此时的曼曼终于露出了自信的笑容！

让我意想不到的事还在继续着，曼曼真的变了，连做事的速度都快了不少，那双眼睛似乎更坚定更有神了……

墙角下，那一株雏菊终于等来了一群小朋友，他们有的给它浇水，有的称赞它漂亮，有的还给它作简笔画，雏菊把腰杆挺得直直的，在秋日的阳光下尽情绽放！

资料来源：尹坚勤，管旅华.《幼儿园教师专业标准（试行）》案例式解读. 上海：华东师范大学出版社，2013：39-41.

《教师法》规定，教师应当“关心、爱护全体学生，尊重学生人格，促进学生在品德、智力、体质等方面全面发展”。

《学前教育法（草案）》第四条规定：“学前教育应当坚持中国共产党的领导，坚持社会主义办学方向，贯彻党和国家的教育方针，落实立德树人根本任务，遵循儿童身心发展规律，培育社会主义核心价值观，继承和弘扬中华优秀传统文化、革命文化、社会主义先进文化，培育中华民族共同体意识，为培养德智体美劳全面发展的社会主义建设者和接班人奠定基础。”第二十五条规定：“幼儿园应当坚持保育和教育相结合的原则，面向全体儿童，关注个体差异，注重良好习惯养成，创造适宜的生活和活动环境，有益于学前儿童身心发展。”

《幼儿园工作规程》规定，幼儿园教育工作的原则是“德、智、体、美等方面的教育应当互相渗透，有机结合”。“遵循幼儿身心发展规律，符合幼儿年龄特点，注重个体差异，因人施教，引导幼儿个性健康发展。”“幼儿园应当充分尊重幼儿的个体差异，根据幼儿不同的心理发展水平，研究有效的活动形式和方法，注重培养幼儿良好的个性心理品质。”

《幼儿园教育指导纲要（试行）》指出：“幼儿园教育应尊重幼儿的人格和权利，尊重幼儿身心发展的规律和学习特点，以游戏为基本活动，保教并重，关注个别差异，促进每个幼儿富有个性的发展。”“尊重幼儿在发展水平、能力、经验、学习方式等方面的个体差异，因人施教，努力使每一个幼儿都能获得满足和成功。”

《幼儿园教育指导纲要（试行）》

《未成年人保护法》第二十九条规定：“学校应当关心、爱护未成年学生，不得因家庭、身体、心理、学习能力等情况歧视学生。对家庭困难、身心有障碍的学生，应当提供关爱；对行为异常、学习有困难的学生，应当耐心帮助。”

《国务院关于当前发展学前教育的若干意见》指出：“遵循幼儿身心发展规律，面向全体幼儿，关注个体差异，坚持以游戏为基本活动，保教结合，寓教于乐，促进幼儿健康成长。”

《教师教育课程标准（试行）》规定：“尊重幼儿的个体差异，相信幼儿具有发展的潜力，乐于为幼儿创造发展的条件和机会。”

案例 7-3 中教师通过观察、了解，主动与家庭沟通，努力挖掘孩子身上的闪光点，发现了孩子喜爱戏曲并在戏曲表演上有一定天赋，也非常想在同伴面前展现，于是教师根据孩子的需求制订了一份“个性化计划”。最终，孩子在教师、家庭的共同配合下，逐渐摆脱困扰，寻回自信，并赢得了小朋友们的支持。整个活动中教师充分认识了孩子的个性特点，从幼儿的个性差异中寻找突破口，尊重孩子、信任孩子，并确定了“以优势带动弱势满足孩子需求”这一教育途径，努力为孩子营造了一个爱与信任的环境，与孩子进行心灵的沟通，聆听孩子的心声，帮助处理一些难题，成为孩子信赖的朋友。

三、安排一日生活，指导幼儿相关活动

一日生活是幼儿园教育区别于小学教育的一个重要特征。幼儿园科学合理地组织一日生活，给予幼儿良好的生活照料，充分体现保教结合是幼儿园教育的特点。

案例 7-4　　幼儿园一日生活过渡环节中存在的问题

目前，对于一日生活组织的过渡环节，大多数幼儿园都存在这样的状况：

(1) 教师的认识比较片面。教师对过渡环节的认识比较狭窄，处理方法也比较单一。有的教师认为过渡环节就是休息环节，于是放任自流，让幼儿自由活动，不出安全事故就行；有的认为过渡环节就是生活环节，仅限于集体活动结束后去小便、洗手、喝水等；还有的则认为过渡环节也要按照老师的意愿集体进行活动，无形中占去了幼儿许多游戏和自主学习的时间，幼儿没有一点儿自由放松的机会。

(2) 过渡环节过于紧凑，转换过于频繁。幼儿园的一日作息时间安排都有明确的规定，相对来说安排得比较紧凑，尽可能地压缩了一项活动与另一项活动之间的过渡与转换时间。在过渡环节，教师也一般都比较急躁，对幼儿的行为实施过多的控制和干预，不断地催促幼儿尽快喝水、及时进入教室、抓紧时间收拾图书和玩具，在嘈杂声中声嘶力竭地呐喊："小朋友们坐好了，我们该进行××活动了！"

资料来源：孟中芳. 有效利用一日生活中的过渡环节. 2012 年幼儿教师专业与发展论坛论文集，2013.

《幼儿园教师专业标准（试行）》对教师应具有的"一日生活的组织与保育"的专业能力提出了具体要求："合理安排和组织一日生活的各个环节，将教育灵活地渗透到一日生活中。""科学照料幼儿日常生活，指导和协助保育员做好班级常规保育和卫生工作。""充分利用各种教育契机，对幼儿进行随机教育。""有效保护幼儿，及时处理幼儿的常见事故，危险情况优先救护幼儿。"

《幼儿园教育指导纲要（试行）》第三部分第九条指出，幼儿园教师要"科学、合理地安排和组织一日生活"，在时间安排上"应有相对的稳定性与灵活性，既有利于形成秩序，又能满足幼儿的合理需要，照顾到个体差异"；在各活动的衔接上，"教师直接指导的活动和间接指导的活动相结合，保证幼儿每天有适当的自主选择和自由活动时间。教师直接指导的集体活动要能保证幼儿的积极参与，避免时间的隐性浪费"；在一日安排上"尽量减少不必要的集体行动和过渡环节，减少和消除消极等待现象"；一日生活的管理要"建立良好的常规，避免不必要的管理行为，逐步引导幼儿学习自我管理"。

《幼儿园工作规程》第二十六条规定："幼儿一日活动的组织应当动静交替，注重幼儿的直接感知、实际操作和亲身体验，保证幼儿愉快的、有益的自由活动。"

《教育部关于规范幼儿园保育教育工作防止和纠正“小学化”现象的通知》要求：“幼儿园要遵循幼儿的年龄特点和身心发展规律，科学制定保教工作计划，合理安排和组织幼儿一日生活。”

案例 7－4 是幼儿园教师处理一日生活过渡环节时在认识、操作上存在的一些问题。过渡环节是幼儿园一日生活、游戏、学习、运动等活动之间的间隙，教师在一日生活的组织过程中，各环节转换应自然、有序、安全，尽量减少不必要的集体活动和过渡环节，减少和消除消极等待现象。过渡环节作为一种独特的教育资源和教育契机，教师在实践中应加以充分利用，使过渡环节的价值得以合理、充分发挥。

首先，幼儿园教师应认真对待过渡环节的保教价值。如案例 7－4 中呈现的，很多教师认为过渡环节是教师的“休息时间”，或者是单纯的生活环节，或者认为过渡环节需要完全由教师掌控，这些都是对过渡环节的不正确的定位。过渡环节不仅起着各环节直接的过渡作用，还可以独立发挥积极的教育价值，同幼儿园一日生活中的其他组织形式建立起积极的联络互动，共同发挥教育影响。

其次，实践中过渡环节是可以节奏缓慢，而又与其他环节有机连接的。从案例 7－4 中可以看到，很多教师将过渡环节的时间尽可能地压缩，并加强控制以“赶环节”。这可能是幼儿园的工作安排需要，但是忽视了幼儿的主体性和发展需要。幼儿的一日生活，自然包括过渡环节，应从幼儿身心发展需要出发。既然过渡环节存在独特的教育价值，教师在工作中就可以适当放缓节奏，给予幼儿自主权，保证活动间的过渡自然合理而又衔接紧凑，切实做到有效利用一日生活中的过渡环节。

四、鼓励幼儿自主游戏，体验游戏的快乐和满足

游戏是幼儿园里进行的基本活动，是幼儿根据自己的兴趣、需要，自由选择游戏内容、材料、玩伴和游戏方法，自主开展游戏情节，自发交流游戏经验的动态过程，它是幼儿根据自己的兴趣与愿望自发自愿主动进行的活动。

案例 7－5 **游戏区里真热闹**

（一）佳佳不高兴

游戏活动开始，娃娃家人数已满，可佳佳很想进去，不愿意到别的游戏区去玩。

老师走过来说：“你看，这儿的人已经满了，看看哪个游戏区还有空，这个区下次再来玩。”佳佳还是不肯走，教师连哄带劝地将她带到旁边的建筑区，边走边许诺下次游戏活动时一定让佳佳到娃娃家去玩。佳佳坐在建筑区中，一脸无趣，虽手中拿着积木，但眼睛却不时地瞟向娃娃家。

（二）“地震了”

吃完上午的加餐，洋洋、恒恒、乐乐、明睿就来到教室东游戏区，挑选自己喜欢的宠物玩具。乐乐拿拿小白兔，又摸摸小狗，最后抱起了小熊找食物去了；恒恒把小猫、小羊、小狗都排在地上，小心翼翼地给它们盖上了一块小毯子；洋洋把小猴子藏在一个旺仔牛奶盒子里……

玩了一会儿后，他们纷纷跑到其他游戏区，小宠物们被七零八落地堆在了地上，周围还有许多盒子。忽然，明睿面朝上躺到堆满宠物和盒子的地上，把三个空牛奶盒子压在自己的身上，一边呻吟一边大叫：“快……快来人哪！快来救我啊！”洋洋听到叫声后急忙跑过来问：“你怎么了？”“地震了，我被压在房子下面了。”明睿继续叫道：“疼死了，快来救我啊。”洋洋抓住他的手臂说：“你……你别着急，坚持一下，我马上来救你。”说完跑到教室里拿来玩沙用的铲子，铲了起来。

我在一旁建议：“上面压的东西太重了，光用铲子铲恐怕不行。”这时许多孩子听到声音都围了过来，有的说：“要用吊车。”有的说：“要用车来运废墟。”乐乐则从教室里找来了簸箕，潇潇开来了救护车，翟阳开来了玩沙用的吊车、挖土机……大家开始忙碌起来。

“哇，我看见他的腿了！”潇潇惊呼道。

“脸也出来了！”洋洋高兴地跳了起来，“快，快拿毛巾来！”

乐乐赶紧递上一个用餐巾纸折成的长方形毛巾说：“毛巾在这儿，快把眼睛捂起来！”

明睿边接毛巾边断断续续地说：“叔——叔，我——要可乐，要——冰镇的。”

思思急忙到“超市”买来一瓶“可乐”，递过去说：“可乐，给你。”

“我们快把他送到医院去吧。”瑶瑶建议说。“嗨嘞！”“嗨嘞！”大家一起把他抬上了救护车。

（三）洗衣服

娃娃家里，瑞瑞和小羽正忙得热火朝天。只见小羽拿起奶茶杯，用勺子在杯子里舀了舀，“喝”了两口，便把杯子放在桌子上，转身拿起一个罐子摆弄起来，捣鼓了一会儿后扔在一边。两人就像小搬运工一样，一会儿工夫就把娃娃家的东西搬得“面目全非”，娃娃家里一片狼藉。

“爸爸妈妈们，一会儿有客人要来，快把家里打扫一下吧！”一直在一边观察的我好心提醒道。但是专注游戏的两个孩子头都没抬。突然，瑞瑞站起身，扭过头看了看娃娃家的小床，跑过去抓起“被子”一下扔到“锅”里，然后用两只手在里面揉搓起来。“呀，爸爸，你怎么把被子放到锅里去了？”一旁的我顿时着急起来，因为娃娃的锅是用废旧的泡沫盒做的，不太结实，经不起他这样捣鼓。“我在帮娃娃洗被子呢！”瑞瑞抬起头看了我一眼说道。然后继续卖力地“洗”着。我恍然大悟，于是转身走到游戏柜边拿起一个圆形的塑料篮走过去，递给他说："爸爸，这有洗衣服的盆，就用它来洗吧。""好的。"瑞瑞接过去，把"被子"放到新"盆"里，高兴地继续"洗"着。

资料来源：尹坚勤，管旅华.《幼儿园教师专业标准（试行）》案例式解读. 上海：华东师范大学出版社，2013：18-21.

《学前教育法（草案）》第二十五条规定："幼儿园应当坚持保育和教育相结合的原则，面向全体儿童，关注个体差异，注重良好习惯养成，创造适宜的生活和活动环境，有益于学前儿童身心发展。"

《幼儿园工作规程》规定："幼儿一日活动的组织应当动静交替，注重幼儿的直接感知、实际操作和亲身体验，保证幼儿愉快的、有益的自由活动。"

《幼儿园教育指导纲要（试行）》提出："幼儿园的教育活动，是教师以多种形式有目的、有计划地引导幼儿生动、活泼、主动活动的教育过程。"

《规划纲要》提出："要以学生为主体，以教师为主导，充分发挥学生的主动性，把促进学生健康成长作为学校一切工作的出发点和落脚点。"

在案例 7-5（一）中，我们发现在原本应愉快的游戏活动中，佳佳并不快乐。由于娃娃家人数的限制，她的选择落空了。老师们展开讨论，最后一致认为兴趣是孩子最好的老师，案例 7-5（一）的佳佳想到娃娃家去，就让她去，为什么硬生生地扼杀她的愿望呢！既然幼儿有兴趣，而这个娃娃家人数已满，我们就再多开两个娃娃家，限制区域人数是为了保证活动质量，但我们不能因此剥夺孩子自主选择游戏内容的权利。

在案例 7-5（二）中，"宠物店"里，孩子们由地上零散的宠物玩具、盒子以及社会大环境的焦点话题自发生成了新的游戏内容——"地震了"，游戏情节基本模仿电视新闻报道的内容。本案例中的老师及时观察到孩子们对原有的游戏内容已经厌倦，并捕捉到有价值的、孩子感兴趣的信息，给予积极的支持与引导，推动了幼儿园游戏的深入发展。整个游戏过程中孩子们主动、积极、快乐，充满爱心。这一游戏不仅培养了孩子的同情心，还发展了他们的创造力和想象力。

在案例 7-5（三）中，小班幼儿思维水平处于直觉行动思维阶段。在"娃娃家"中，有些孩子总是玩得有模有样，如抱娃娃、给娃娃做饭、哄娃娃睡觉，但也有些孩子经常让人看不懂他们想干什么，似乎没有什么明显的情节，有时看起来他们纯粹是对摆弄、搬运娃娃家的物品乐此不疲。看似在摆弄游戏物品和材料，其实他们是在边摆弄边思考，本案例中的孩子瑞瑞就是这样。在老师的"启发"下，他突然生成了"洗被子"的情节，可能是锅的形状跟洗衣盆很相似，从而瞬间引发了孩子的联想。老师及时为他找到了替代品，从而让孩子的游戏得以顺利进行下去。

思考与练习

一、简答题

1. 简述《幼儿园教育指导纲要（试行）》中健康教育的指导要点。
2. 简述《幼儿园教育指导纲要（试行）》中语言教育的指导要点。
3. 简述《幼儿园教育指导纲要（试行）》中社会教育的指导要点。
4. 简述《幼儿园教育指导纲要（试行）》中科学教育的指导要点。
5. 简述《幼儿园教育指导纲要（试行）》中艺术教育的指导要点。
6. 简述《幼儿园工作规程》中幼儿园保育和教育的主要目标。
7. 简述《幼儿园工作规程》中幼儿园教育应当贯彻的原则和要求。

二、材料分析题

大兴幼儿园大班幼儿李永波（化名），由于其家长是收废品的，一天来幼儿园时脖子没有洗干净。在游戏活动时，老师发现了李永波的脖子脏，就叫他站起来给大家看，把他作为典型，教育其他的幼儿要讲卫生，并当着全班幼儿的面说："让你那收破烂的父母把你的脖子洗净。"老师的这种做法给李永波的心灵造成了极大伤害，在这以后，每当这位老师带班时，李永波就感到似乎大家都在盯着他的脖子，同时想起老师说的"让你那收破烂的父母把你的脖子洗净"，感到抬不起头。这种心理经常让李永波在园活动时心不在焉，精神无法集中，甚至影响班级的集体活动。这让老师觉得不满，经常批评他。李永波终于忍受不住，把这件事告诉了母亲。母亲向幼儿园要求调换班级，幼儿园领导知道这件事后同意了。

请结合上述材料，运用"育人为本"的幼儿观，分析教师在保育实践中应怎样对待幼儿。

第八章

幼儿教师的权利与义务

本章学习目标

1. 了解幼儿教师的社会角色和法律地位。
2. 熟悉幼儿教师的权利、义务和道德规范。
3. 学习劳动争议和人事争议解决方式。

导入案例

取得幼儿教师资格须依法

刘某高中毕业后，没有考上理想的大学。刘某的父母希望能帮女儿找到一个较为满意的工作，经多方打听后，认为让女儿做幼儿教师是一个不错的选择。但是，由于刘某没有幼儿师范学校的学历和普通话二级证书，她不能申请报名教师资格考试。

为了尽快帮女儿找到一份工作，刘某的父母托人给女儿办理了假的普通话二级证书和幼儿教师资格证书。刘某拿着假证书到县城某幼儿园应聘。幼儿园工作人员在审核刘某证书时，发现证书上的号码有问题，于是就到相关机构核实真伪。经查发现，刘某的证书并不是国家统一发放的证书。

刘某应聘使用假证书一事，事实清楚，该区教育局对刘某做出了处罚，规定她在5年内不得申请认定教师资格，并没收了她的假证书。

资料来源：洪秀敏. 幼儿园教师必知的60条教育政策与法规. 北京：中国轻工业出版社，2014.

这是一起当事人刘某非法取得幼儿园教师资格证书而受到处罚的案例。案例中，刘某因为没有幼儿师范学校的学历和普通话二级证书，不能申请参加幼儿园教师资格考试。她通过非法手段办理了假的普通话二级证书和幼儿教师资格证书，违反了获得教师资格证书的规定，根据我国制定的相关法律，刘某应受到相应处罚。

《学前教育法（草案）》第四章对学前教师及其他工作人员的资格进行了相关规定，如：担任幼儿园教师应当取得幼儿园教师资格；幼儿园园长应当具有幼儿园教师资格、大学专科以上学历、五年以上幼儿园教师或者幼儿园管理工作经历；保育员应当具有国家规定的学历，并受过幼儿保育职业培训。

《〈教师资格条例〉实施办法》第二十七条规定："对使用假资格证书的，一经查实，按弄虚作假、骗取教师资格处理，5 年内不得申请认定教师资格，由教育行政部门没收假证书。"《教师资格条例》第十九条规定："有下列情形之一的，由县级以上人民政府教育行政部门撤销其教师资格：（一）弄虚作假、骗取教师资格的；（二）品行不良、侮辱学生，影响恶劣的。被撤销教师资格的，自撤销之日起 5 年内不得重新申请认定教师资格，其教师资格证书由县级以上人民政府教育行政部门收缴。"因此，该区教育局处罚刘某 5 年内不得申请认定教师资格，并没收了她的假证书。

第一节　幼儿教师的社会角色和法律地位

一般而言，从事某一职业的人都会有两种社会角色，即职业外的公民角色和职业角色。前者是每一个人都会具有的角色，也是人的基本角色。相应地，作为公民，与其他公民的角色基本相同。后者是特定行业的角色，随着行业的不同而有很大的差异，即便是相同行业，也可能因具体的分工或是层级不同而有所不同。例如，虽都是从事学前教育，幼儿园园长与幼儿教师、幼儿教师与保育员之间的职业角色就稍有差异；虽同为教师，幼儿园教师与高校教师的职业角色也有很大差异。幼儿教师是一种职业角色，但作为自然人，幼儿教师首先扮演的是公民角色。

一、作为公民的幼儿教师

作为公民的幼儿教师，享有《宪法》规定的基本权利，并且要履行《宪法》规定的基本义务。

（一）公民的基本权利

作为中国公民，享有人身自由权、住宅不受侵犯权、人格尊严权、通信自由和通信秘密权；在政治上享有选举权和被选举权，并且具有言论、出版、集会、结社、游行、示威自由；在社会经济方面享有财产权、劳动权、劳动者休息权、退休人员生活保障权、获得物质帮助权、受教育权等。另外，在基本权利受到侵犯时，公民有获得救济的权利，包括申诉权、控告权、取得国家赔偿权、取得国家补偿权等。此外，在社会生活方面，公民具有宗教信仰自由，进行科研、文艺创作和其他文化活动的自由等。《宪法》还确立了平等权，即所有公民在法律面前一律平等。

案例 8-1

2013 年 11 月 25 日 16 时许，重庆市长寿区发生一起“摔婴案”，10 岁女孩李某殴打并将一名 1 岁男婴摔下 25 楼，致其受伤害昏迷数日。12 月 4 日，该男婴家人向长寿区法院提起民事诉讼，区法院已受理此案。

资料来源：蔡双燕，刘相琳. 重庆 10 岁女孩电梯摔婴　婴儿坠楼 25 层经抢救苏醒. 中国新闻网，2013-12-06.

这是一起严重侵犯公民人身权的案件，但由于案例 8-1 中的李某在侵犯该男婴人身权时只有 10 岁，故而不能追究其刑事责任。但作为该名男婴的监护人，其父母可以通过民事诉讼的途径，向李某及其父母要求赔偿。上述人身权受到侵犯并向法院起诉侵权人一事，体现了《宪法》规定的公民人身权不受侵犯的权利和权利受到侵犯后向国家机关进行控告的权利。

当然，对权利的救济需要结合部门法，如《民法典》《民事诉讼法》等法律的具体规定才能实现。单凭《宪法》是无法实现公民权利，也无法对权利进行救济的。

（二）公民的基本义务

《宪法》规定，中华人民共和国公民有维护国家统一和全国各民族团结的义务，必须遵守宪法和法律的义务，维护祖国的安全、荣誉和利益的义务，依法服兵役的义务以及依法纳税的义务等。此外，由于我国实行计划生育政策，且基于我国传统文化的考虑，《宪法》第四十九条规定了“夫妻双方有实行计划生育的义务。父母有抚养教育未成年子女的义务，成年子女有赡养扶助父母的义务”。

案例 8-2

2013 年 3 月 20 日，雪后，气温−3℃至 8℃。北京海淀区北四环西路辅路鼎好大厦东侧楼下，一名年轻女子在三轮车上产下了孩子，悄然离去。孩子在雪后的寒风中裸露了 40 分钟，后虽经网友和医护人员的全力抢救，最终依然未能存活下来。

资料来源：女子寒冷街头产子遗弃致死说明：公民的基本生存尊严没有得到满足.（2013-03-24）. http://bbs.tianya.cn/post-39-1158737-1.shtml.

近些年来，此类产子后将婴儿遗弃的案件屡见报端。这种有遗弃子女行为的公民，不仅没有尽到《宪法》第四十九条规定的抚养教育未成年子女的义务，也构成了《刑法》第二百六十一条规定的遗弃罪，可能面临被处五年以下有期徒刑、拘役或管制的刑事处罚。

除了上述《宪法》规定的基本权利与基本义务之外，其他法律也分别对公民的权利与义务进行了规定，如民法中规定的债权、物权、继承权，诉讼法中规定的各项程序权利，义务教育法规定的适龄儿童受教育权等，但这些权利是对基本权利的阐述或具体化，基本权利需要在具体的各项权利中才能实现。

二、作为职业的幼儿教师

作为一种职业，对幼儿教师提出了特殊的要求。这不仅体现在幼儿教师的资格认证方面，在幼儿教师行业规范以及幼儿教师的职业道德方面也有所体现。《教师法》对幼儿教师的资格认定、权利与义务等内容进行了规定。

（一）国家教师制度

国家教师制度指一国以法律设定和推行的教师制度的总称，通常由教师资格或许可制度、职务或职称制度、任用制度、培训进修制度和奖惩制度组成。

1. 幼儿教师资格制度

（1）幼儿教师的资质要求。

我国实行教师资格制度。《教师法》第十条规定，取得幼儿教师资格须符合以下条件：中国公民；遵守宪法和法律，热爱教育事业，具有良好的思想品德；具备相应的学历或者经国家教师资格考试合格；具有教育教学能力。《教师法》第十一条规定，取得幼儿教师资格，应当具备幼儿师范学校毕业及其以上学历。当然，具备上述条件的公民，须经过法律授权的行政机关或其委托的行政机构的认定，方能具有幼儿教师资格。

另外，《教师法》第十四条规定了不能取得幼儿教师资格的条件，即受到剥夺政治权利或者故意犯罪受到有期徒刑以上刑事处罚的，不能取得幼儿教师资格；已经取得幼儿教师资格的，丧失幼儿教师资格。

《学前教育法（草案）》第三十八条规定："担任幼儿园教师应当取得幼儿园教师资格；已取得其他教师资格的，经县级以上地方人民政府教育行政部门组织的专业培训合格后，方可在幼儿园任教。"

《〈教师资格条例〉实施办法》第七条规定：中国公民依照本办法申请认定教师资格应当具备《教师法》规定的相应学历。第八条规定："申请认定教师资格者的教育教学能力应当符合下列要求：（一）具备承担教育教学工作所必需的基本素质和能力。具体测试办法和标准由省级教育行政部门制定。（二）普通话水平应当达到国家语言文字工作委员会颁布的《普通话水平测试等级标准》二级乙等以上标准。……（三）具有良好的身体素质和心理素质，无传染性疾病，无精神病史，适应教育教学工作的需要，在教师资格认定机构指定的县级以上医院体检合格。”

（2）取得幼儿教师资格。

2011年，教育部发布《关于开展中小学和幼儿园教师资格考试改革试点的指导意见》，2012年印发了《幼儿园教师专业标准（试行）》。2013年《中小学教师资格考试暂行办法》和《中小学教师资格定期注册暂行办法》印发，确定幼儿园教师资格考试今后实行全国统考。2011年下半年，在浙江、湖北两省开展关于幼儿园教师资格考试改革试点的工作。2012年，试点工作扩大到河北、上海、广西、海南等省份，旨在统一规范幼儿教师的入职标准，促进幼儿教师的专业发展。

新的幼儿园教师资格考试标准是幼儿教师职业准入的国家标准，是进行幼儿园教师资格考试的基本依据。考试分为笔试和面试两部分。笔试主要考核申请人从事幼儿教师职业所应具备的教育理念、职业道德和教育法律法规知识，科学文化素养和阅读理解、语言表达、逻辑推理和信息处理等基本能力，教育教学、学生指导和班级管理的基本知识等。面试所考核的是申请人的职业道德、心理素质、仪表仪态、言语表达、思维品质等基本素养和教学设计、实施、评价等教学基本技能。

每一个欲从事学前教育工作的公民，均应当参加幼儿园教师资格考试。对于师范类专业学生，申请教师资格，应参加教师资格考试，并且在职教师每五年要进行一次注册考核，不达标者将退出。《幼儿园教师专业标准（试行）》是引领幼儿园教师专业发展的基本准则，是幼儿园教师培养、准入、培训、考核等工作的重要依据。

2. 幼儿教师职务制度

我国并无专门的幼儿教师职务制度的相应规范，只是根据《小学教师职务试行条例》的规定，幼儿园教师也适用该条例。因此，幼儿园教师职务分为幼儿园三级教师、二级教师、一级教师和高级教师。根据该条例的规定，幼儿教师职务一般由同行专家组成的教师职务评审组织依据《小学教师职务试行条例》规定的任职条件评审。

拓展阅读

《小学教师职务试行条例》节选

第二条　小学教师职务是根据学校的教育教学工作需要设置的工作岗位。小学教师职务设：小学高级教师、小学一级教师、小学二级教师、小学三级教师。各级教师职务应有定额。小学高级教师为高级职务，小学一级教师为中级职务，小学二级教师和小学三级教师为初级职务。

第三条　小学教师职务实行聘任或任命制。聘任或任命教师职务，必须经过教师职务评审委员会从政治思想、文化专业知识水平、教育教学能力、工作成绩和履行职责等方面进行评审，认定具备担任相应职务的条件，由学校或县以上教育行政部门领导进行聘任或任命。聘任或任命教师担任职务应有一定的任期，每一任期一般为三至五年，可以续聘或连任。

3. 幼儿教师任用制度

《小学教师职务试行条例》第三条规定："小学教师职务实行聘任或任命制。"这一规定也适用于幼儿园教师。

《教师法》第十七条规定："学校和其他教育机构应当逐步实行教师聘任制。"《学前教育法（草案）》第四十四条规定："幼儿园应当与教职工签订聘用合同或者劳动合同，并将合同信息报县级人民政府教育行政部门备案。"《幼儿园管理条例》第二十三条和《幼儿园工作规程》第四十一条规定，幼儿园教师实行聘任制；幼儿园教师可以由幼儿园园长聘任，也可由举办幼儿园的单位或个人聘任。聘任制是幼儿园任用教师的基本制度。

4. 幼儿教师考核、奖励、培养和培训制度

《教育法》第三十五条规定："通过考核、奖励、培养和培训，提高教师素质，加强教师队伍建设。"

（1）幼儿教师的考核。

教师考核结果是受聘任教、晋升工资、实施奖惩的依据。幼儿教师考核工作具有导向作用，是对幼儿教师工作的监督；通过考核得出的结论，决定着幼儿教师的职务升迁和工资水平，从而实现鼓励先进、鞭策后进的作用。

根据《教师法》的规定，幼儿教师的考核内容包括政治思想、业务水平、工作态度和工作成绩，也就是所谓的"德、能、勤、绩"。其中主要的考核内容应当是幼儿教师的业务水平和工作成绩：业务水平解决的是幼儿教师是否适合幼儿教师这一职业，其工作能力如何的问题，决定着幼儿教师的去留；工作成绩解决的是幼儿教师工作成果、贡献的问题，决定着是否提高幼儿教师职务、是否提高其工资待遇、是否给予其奖励。

案例 8-3

某幼儿园通过幼儿及其家长和社会各界人士对该园教师进行了一次综合考评。幼儿教师肖某常常无故缺课、迟到、早退，并在园内组织的多次业务考核中成绩不合格。在多次劝导无效后，该幼儿园决定将其解聘。试析幼儿园的做法是否合理。

资料来源：武祥海，李小红．以案释法：幼儿园涉法事务全解析．南京：南京师范大学出版社，2011：77.

本案例 8-3 中，肖某常常无故缺课、迟到、早退，违反了幼儿园的管理规范，其行为

已经构成教育事故；且其在多次业务考核中成绩不合格，表明其业务水平不足。肖某在政治思想、工作态度和业务水平方面都没有达到应有的要求时，幼儿园将其解聘是合理的。

对幼儿教师的考核，应当坚持客观、公正、准确的原则，并需要充分听取教师本人、其他教师以及学生的意见。由于学前教育对“家园共育”提出较高的要求，因此，对幼儿教师的考核，可以听取幼儿家长的意见。

（2）幼儿教师的奖励。

幼儿教师凡在幼儿园保教工作、教育改革、科学研究、园务建设、家长工作、社会服务等方面取得突出成绩的，根据《教师法》第三十三条的规定，可以获得国务院和地方各级人民政府及其有关部门的表彰、奖励。对有重大贡献的幼儿教师，依照国家有关规定授予荣誉称号。奖励包括物质奖励和精神奖励，甚至会出现一些职务奖励。《教师法》第七章规定，国家支持和鼓励社会组织或者个人向依法成立的奖励教师的基金组织捐助资金，对教师进行奖励。例如，在广东省表彰 2006 年南粤优秀幼儿教师暨颁发刘宇新奖金大会上，广东省教育基金会表彰奖励了 202 名优秀幼儿教师，并向每位优秀幼儿教师颁发刘宇新奖金 1 000 元①。精神奖励是一种荣誉，能激励幼儿教师努力向上。通过为幼儿教师设立“优秀教师奖”“园丁奖”等也能起到激励教师的作用。此外，许多地区存在“教而优则仕”的现象，即对于教学水平高、资格老的幼儿教师，让其参与园务管理，从一线教师岗位走向管理岗位。

（3）幼儿教师的培养和培训。

《教师法》第四章专门对教师的培养和培训做了明确的规定。根据该法的规定，各级人民政府和有关部门应当办好师范教育，并采取措施，鼓励优秀青年进入各级师范学校学习。各级教师进修学校承担培训中小学教师的任务。

有些地方政府在幼儿园师资培养方面迈出了很大的一步。比如，2010 年，江苏省针对幼教师资性别比例失衡，绝大多数幼儿园没有男教师的问题，启动了五年制师范学前教育专业免费师范男生培养工作，当年招收 300 名初中毕业的男生，2011 年招收 300 名，2012 年、2013 年分别招收 600 名。

《教师法》第十八条规定，各级师范学校学生享受专业奖学金。应该根据经济发展水平，适当调高每月发放的专业奖学金数额，尤其是学前教育专业奖学金，以此来吸引优秀生源选择学前教育专业。

目前，我国幼儿教师相对集中于大中城市，对于中小城市、农村地区以及偏远山区来说，合格的幼儿教师严重不足。解决师资短缺的问题，需要从吸纳人才上下功夫。2019 年，中职院校开始应教育部要求，增设幼儿保育专业，并逐步将学前教育专业转设成幼儿保

---

① 郑志军，张慧．广东省表彰奖励 2006 年南粤优秀幼儿教师暨颁发刘宇新奖金大会．广东教育（综合版），2006（11）．

育专业，重点培养幼儿园保育员。2020 年 9 月开学季，内蒙古民族幼儿师范高等专科学校面向往届普高、中职毕业生以及具有高中毕业证或同等学力的农民工、企事业单位人员等扩招。录取后，将接受幼师专业教育，属全日制大专学历层次。2020 年 10—11 月，贵阳幼儿师范高等专科学校先后分两批次扩招，吸引社会人士进行全日制学前教育学习，毕业后由学校发放国家承认、经教育部学籍学历电子注册的专科毕业证书。我国重视在民族地区和边远地区的师资培养工作，在政策法律与财政上予以支持，为这些地区培养更多的幼儿教师。

拓展阅读

如何填充这片“洼地”？

对于农村及偏远地区来说，职业院校扩招并不足够。由于经济条件相对落后、发展水平不高，幼师资源匮乏现象也比城市更加严重。各地政府摸索出一条公费培养乡村幼师的路径：2015 年，湖南省将学前教育专业纳入乡村教师公费定向师范生的培养计划；2018 年，山东省启动乡村幼儿园教师免费师范生培养计划。免学费培养、毕业后定向分配至乡村，逐渐地，这些地区的师资获得有效补充。2020 年，四川凉山彝族自治州美姑县 400 名困难家庭初中毕业生，迎来了人生的“春天”。乐山市实施中职教育“同心春蕾班”专项人才培养计划，安排他们到峨眉山市旅游学校接受 3 年制学前教育专业中职教育。学成后，这些毕业生将回到美姑县，反哺家乡幼师事业。从人数看，400 人的规模不够大，但这一举措，释放出四川省努力缓解师资紧缺局面的积极信号。

资料来源：王晶玥．幼师缺口该怎么补上？．光明网，2021-01-11.

《学前教育法（草案）》第四十八条规定，省、自治区、直辖市人民政府应当根据普及学前教育的需要，制定学前教育师资培养规划，支持高等学校设立学前教育专业，提高培养层次，扩大培养规模。各级人民政府制定公费师范生培养计划，应当专项安排学前教育专业培养计划，并根据需要调整。国务院教育行政部门应当制定高等学校学前教育专业设置标准、质量保证标准和课程教学标准体系，组织实施学前教育专业质量认证，建立培养质量保障机制。

案例 8-4

某市幼儿园教师杨某经当地教育委员会和幼儿园批准后到某师范大学进修。进修一年结束后她才发现，幼儿园将她进修期间的工资扣了一半，还扣发了节假日教师享有的福利。试问幼儿园的做法是否合法？

资料来源：武祥海，李小红．以案释法：幼儿园涉法事务全解析．南京：南京师范大学出版社，2011：66.

《学前教育法（草案）》

在职幼儿教师的培训问题也是学前教育事业发展的一个重要问题。幼儿教师职业技能、理论水平的提升，需要不断地学习，也就是进修；幼儿教师需要终身学习，以应对不断变化发展的社会生活。一般而言，培养幼儿教师的院校，也是对在职幼儿教师进行培训的场所。进修相对灵活，短则三五日，长则三五周或更长，每年可组织多次。《学前教育法（草案）》第四十九条规定，县级以上人民政府教育行政部门应当制定幼儿园园长、教师、保育员等工作人员培训规划，建立培训支持服务体系，开展多种形式的专业培训。幼儿教师的进修，一方面是幼儿教师自我提升的需要，另一方面，幼儿教师作为劳动者，其享有的劳动权利包括职业培训。进修期间，幼儿教师享有国家规定的工资福利待遇。幼儿教师进修院校应当充分发挥培训幼儿教师的作用，有计划、有步骤地开设课程，帮助各类幼儿园在职教师更新知识，提高业务素质。《学前教育法（草案）》第四十七条规定，幼儿园教师在职称评定、岗位聘任（用）等方面享有与中小学教师同等的待遇。符合条件的幼儿园教师可以按照有关规定享受艰苦边远地区津贴、乡镇工作补贴等津贴、补贴。承担特殊教育任务的幼儿园教师按照有关规定享受特殊教育津贴。在案例 8－4 中，幼儿园扣发幼儿教师工资和福利的做法，是违反法律规定的。

（二）幼儿教师的职业定位和特征

《教师法》对教师的社会地位和作用进行了确认，该法第三条规定："教师是履行教育教学职责的专业人员，承担教书育人，培养社会主义事业建设者和接班人、提高民族素质的使命。"根据《幼儿园工作规程》第二条的规定，"幼儿园是对 3 周岁以上学龄前幼儿实施保育和教育的机构。幼儿园教育是基础教育的重要组成部分，是学校教育制度的基础阶段"。根据《幼儿园教师专业标准（试行）》的规定，"幼儿园教师是履行幼儿园教育教学工作职责的专业人员"。

虽然广义而言，幼儿教师与其他教师的职业定位具有相似性，即教书育人，培养合格的社会主义事业建设者和接班人，提高民族素质。但是，由于其他教师承担的主要是"教育教学职责"，而幼儿教师主要从事的是"保育和教育"工作，且幼儿园的教育与中小学的教育差异悬殊，这种无差别的职业定位对于幼儿教师而言并不合理。这一点与幼儿教师的职业特点是有密切关系的。

三、幼儿教师职业的权利和责任

（一）幼儿教师的法律身份

除了具有公民身份外，幼儿教师还是一种职业，幼儿教师作为劳动者，其与幼儿园是劳动合同关系或者行政上的人事关系；同时，幼儿教师作为劳动者，其也是教育者，作为教育者的幼儿教师，基于《教师法》等法律的规定，具有某些特殊的权利与义务。

《学前教育法（草案）》第四十条规定，幼儿园教师享有法律规定的权利，履行法律规定的义务。幼儿园教师应当热爱儿童，具备专业能力，为人师表，忠诚于学前教育事业。全社会应当尊重幼儿园教师。

（二）作为劳动者的幼儿教师

被聘任的幼儿教师，与幼儿园之间属于劳动合同关系，双方地位平等，分别是劳动者和用人单位的身份。基于《劳动法》和《中华人民共和国劳动合同法》，幼儿教师享有平等就业和选择职业的权利、取得劳动报酬的权利、休息休假的权利、获得劳动安全卫生保护的权利、接受职业技能培训的权利、享受社会保险和福利的权利、提请劳动争议处理的权利以及法律规定的其他劳动权利。

案例 8-5

女教师李某为H市X区某幼儿园聘任教师，劳动合同期限从2011年9月至2014年9月。2012年7月李某因怀孕开始休假，同年11月19日，其女儿出生。自2012年7月，幼儿园未发李某工资。李某休完产假后找园长要求上班，园长让她等通知。至2013年8月下旬，幼儿园通知李某回校参加招生工作，但该月底，又以生源不佳为由将李某辞退。李某因此向西湖区劳动人事争议仲裁委员会申请仲裁，要求该幼儿园补发工资。

资料来源：雷思明，刘静．教育律师的忠告：例说中小幼教师必知的75条法规．北京：中国轻工业出版社，2013：284.

案例8-5是一起幼儿园侵犯幼儿教师权利的案件。《劳动合同法》第四十二条规定，女职工在孕期、产期、哺乳期的，用人单位不得根据该法第四十条、第四十一条的规定解除劳动合同。该幼儿园自2012年7月即不发李某工资，并在李某哺乳期将其辞退，违反了《劳动合同法》的规定。

《中华人民共和国社会保险法》规定，国家建立基本养老保险、基本医疗保险、工伤保险、失业保险、生育保险等社会保险制度，幼儿教师在年老、疾病、工伤、失业、生育等情况下可以依法从国家和社会获得相应的物质帮助。例如，张某系某幼儿园教师，2011年1月16日，他在上班途中被一辆闯红灯的电动车撞伤，造成腰椎粉碎性骨折①。根据《工伤保险条例》第十四条第六款的规定，职工在上下班途中，受到非本人主要责任的交通事故或者城市轨道交通、客运轮渡、火车事故伤害的，应当认定为工伤。张某应当被认定为工伤，享受工伤保险待遇。

同样，作为劳动者的幼儿教师，应当完成劳动任务，提高职业技能，执行劳动安全卫生规程，遵守劳动纪律和职业道德。与用人单位签订劳动合同的幼儿教师，除了上述法定

① 刘秀丽，赵艳婕．例析交通事故中教师工伤的认定．早期教育（教师版），2011（4）.

权利与义务外，还享有合同约定的权利，并且应当履行合同约定的义务。

享有事业单位编制的幼儿教师与由聘任制而产生的教师的待遇有所不同，并不受《劳动法》和《劳动合同法》的调整，而是直接根据《教师法》确定。根据《教师法》第六章的规定，幼儿教师作为教师的一类成员，其平均工资水平应当不低于或者高于国家公务员的平均工资水平，并逐步提高，同时有正常的晋级增薪措施。幼儿教师享受教龄津贴和其他津贴；到民族地区和边远贫困地区从事学前教育工作的幼儿教师，可以享受另外的补贴。

幼儿教师在住房的建设、租赁、出售方面享有优先、优惠权，县、乡两级人民政府应当为农村幼儿教师住房提供方便。幼儿教师的医疗享受与当地国家公务员同等的待遇；幼儿园应当定期对教师进行身体健康检查，并因地制宜安排教师进行休养；医疗机构应当为当地教师的医疗提供方便。幼儿教师退休或者退职后，享受国家规定的退休或者退职待遇。县级以上地方人民政府可以适当提高长期从事教育教学工作的幼儿退休教师的退休金比例。对于国家补助、集体支付工资的幼儿教师，各级人民政府应当采取措施，改善其待遇，逐步做到在工资收入上与国家支付工资的教师同工同酬。

（三）作为教育者的幼儿教师

作为教育者的幼儿教师，具有特定的权利与义务。其权利与义务是在教育教学活动中产生并由教育法律规范所设定，与教师职务和职责密切相关。

1. 幼儿教师的权利

根据《教师法》第七条的规定，幼儿教师享有以下权利：

(1) 教育权，即进行保育教育活动，开展保育教育改革和实验的权利。幼儿教师可以根据课程计划、工作量，结合自身的保育教育特点自主地组织教育活动；针对不同的教育对象，可以采用个别化、差异化的教育方式，并进行教育方式的改革和实验。比如幼儿教师根据教学大纲的要求，对小班幼儿进行爬的健康教育活动，就是其行使教育权的行为。

(2) 科学研究权，即从事科学研究、学术交流、参加专业的学术团体并在学术活动中发表意见的权利。但是，幼儿教师从事科学研究，应当注意相应的伦理规范，不得侵害幼儿的生命健康权利和有关教育权利，要注重保护幼儿的隐私和其他相关权利。如某幼儿教师参加在江苏省某市举办的“第一届全国幼儿美术教育学术研讨会”，并将自己在美术教育方面的研究写成论文，收录到研讨会论文之中，即为行使科学研究权的行为。

(3) 管理幼儿权，亦即指导幼儿的学习和发展，评定幼儿成长发展的权利。管理幼儿虽是幼儿教师的权利，但也是幼儿教师的职责所在。幼儿教师在保教过程中居于主导地位，因此，其可以按照幼儿园或其他机构的课程内容，指导幼儿主动地学习，通过观察、分析，对幼儿的学习适时进行评价；并可以在客观、公正的基础上，对幼儿的品德、学习、劳动等方面给予恰如其分的评价。其也可以运用所掌握的科学方法，使幼儿的个性和能力得到充分的发展。比如，在自由活动时，一名幼儿发现一条毛毛虫，几名幼儿围观。

此时由于与日常的自由活动不同，针对这一行为，幼儿教师引导幼儿对毛毛虫进行观察，并告知其不要用手去摸毛毛虫，是对幼儿行为的管理。

案例 8－6

郑某是某幼儿园大班幼儿，平时非常顽皮，经常跟别人打架，不爱学习。在一次幼儿园集体教学活动中，带班老师让他回答问题，他答不出，就故意学动物叫，声音怪里怪气，扰乱课堂秩序。带班老师批评他，他还做鬼脸，并顶撞老师。无奈之下，带班老师只好把他带出教室，交给其他老师管教。郑某家长知道此事后，认为带班老师不应当在上课时将其带出教室，说老师这样做是违法的，侵犯了孩子的受教育权，要求幼儿园对此道歉。幼儿园老师是否有权这样做？

资料来源：周天枢．老师和家长需要知道的100个幼儿园法律问题．广州：中山大学出版社，2005：49－50.

案例 8－6 中的任课老师正当行使了管理幼儿的权利。郑某享有受教育权，但是，其享有该权利的同时，不得妨碍其他幼儿行使该权利。从其行为可见，他已经明显影响了正常的教学活动，如果任由其行为，会对其他幼儿的受教育权造成不合理的影响。任课老师将其带出教室是为了维持正常的教学秩序，是合理合法的。郑某家长的要求是没有法律依据的。

（4）获取报酬待遇权，即按时获取工资报酬，享受国家规定的福利待遇以及寒暑假期的带薪休假。虽然获取报酬和休息休假的权利是劳动者均享有的权利，但由于教师职业的特殊要求，在报酬和休息休假方面与其他劳动者稍有差异。幼儿教师工资包括基础工资、职务工资、课时报酬、奖金、教龄津贴、班主任津贴以及其他津贴，并且《教师法》规定，教师的平均工资水平应当不低于或者高于国家公务员的平均工资水平，并逐步提高。另外，幼儿教师除了像所有劳动者享有正常的法定节假日之外，还享有带薪寒暑假。案例 8－5 中的幼儿教师李某在休产假时，幼儿园不发其工资的行为，是对其获取报酬待遇权的侵犯。

（5）民主管理权，即对幼儿园的保教工作、管理工作和教育行政部门的工作提出意见和建议，通过教职工（代表）大会或者其他形式，参与学校的民主管理的权利。此权利可以进一步发挥幼儿教师的主动性、积极性，以保障其民主权利和切身利益，推进园内民主建设，提高幼儿园管理效率和水平。比如，幼儿教师出于对幼儿入园、离园安全问题的考虑，向园长建议在幼儿入园、离园时，由两名幼儿教师在门口负责照看，是幼儿教师参与幼儿园民主管理的行为。

（6）进修培训权，即根据《教师法》的规定，幼儿教师有参加进修或者其他方式的培训的权利。一方面，幼儿教师进修可以更新知识，调整知识结构，提高业务素质；另一方面，幼儿教师要保障保教质量，也需要不断地提高职业技能和业务水平。教育行政部门和幼儿园以及其他学前教育机构应当采取各种形式，开辟多种渠道，保证幼儿教师进修培训权的行使。比如，《浙江省乡镇中心幼儿园骨干教师培训指导方案（修订稿）》规定，对能在幼儿园教育工作中发挥骨干作用，积极进行教育教学改革探索，起到示范、引领和辐射作用的乡镇中心幼儿园骨干教师进行培训，通过培训，帮助其提升自己的教师专业精神、幼儿园教育能力以及园本教研能力。

2. 幼儿教师的义务

根据《教师法》第八条的规定，幼儿教师应当履行下列义务：

（1）遵守宪法、法律和职业道德，为人师表，严禁虐待、歧视、体罚和变相体罚、侮辱幼儿人格等损害幼儿身心健康的行为；（2）贯彻国家的教育方针，遵守规章制度，执行幼儿园的保教计划，履行聘用合同，完成保教任务；（3）对幼儿开展符合其身心特点并且有利于其身心健康发展的保教活动；（4）关心、爱护全体幼儿，尊重幼儿人格，促进幼儿在健康、语言、社会、科学、艺术等方面全面发展；（5）保护幼儿，制止有害于幼儿的行为或者其他侵犯幼儿合法权益的行为，指导幼儿家长的家庭教育活动，批评和抵制有害于幼儿健康成长的现象；（6）不断提高个人修养和保教业务水平。

案例 8-7

幼儿潘潘因集体教学活动时离开座位被周老师罚站 2 个小时，后因顽皮、与同学打闹又多次被周老师罚站。其间，周老师多次不让潘潘参加集体户外活动，并对其他幼儿说谁表现最差、最坏就让谁和潘潘在一起，不准参加集体户外活动。潘潘因此而不愿再来幼儿园。半年后，潘潘开始出现精神方面异常，总是长时间吸气，神情委屈，后来发展到语言混乱，直到最后在家中打父母、砸东西，说及要送他到幼儿园，他表现出极大的抗拒。家长了解情况后，遂将周老师告上法庭。请对周老师的行为进行评析。

资料来源：武祥海，李小红. 以案释法：幼儿园涉法事务全解析. 南京：南京师范大学出版社，2011：138.

在案例 8-7 中，周老师长时间、多次对潘潘进行罚站的行为，构成对潘潘的变相体罚；不让潘潘参加集体户外活动的行为，构成对潘潘的孤立；对其他幼儿说谁表现最差、最坏就让谁和潘潘在一起，是对幼儿的侮辱，构成对潘潘人格尊严的伤害。可见，周老师的行为违反了幼儿教师的义务。

《幼儿园工作规程》第三十九条对幼儿教师做出规定：“幼儿园教职工应当贯彻国家教育方针，具有良好品德，热爱教育事业，尊重和爱护幼儿，具有专业知识和技能以及相应的文化和专业素养，为人师表，忠于职责，身心健康。”第四十一条规定：“幼儿园教师对本班工作全面负责，其主要职责如下：（一）观察了解幼儿，依据国家有关规定，结合本班幼儿的发展水平和兴趣需要，制订和执行教育工作计划，合理安排幼儿一日生活；

（二）创设良好的教育环境，合理组织教育内容，提供丰富的玩具和游戏材料，开展适宜的教育活动；（三）严格执行幼儿园安全、卫生保健制度，指导并配合保育员管理本班幼儿生活，做好卫生保健工作；（四）与家长保持经常联系，了解幼儿家庭的教育环境，商讨符合幼儿特点的教育措施，相互配合共同完成教育任务；（五）参加业务学习和保育教育研究活动；（六）定期总结评估保教工作实效，接受园长的指导和检查。”

第二节　幼儿教师的社会关系

幼儿教师作为社会职业之一与其工作的机构、工作的对象等会发生种种关系。同样，幼儿教师也是社会中的公民，基于公民行使权利和履行义务的行为，也会与其他公民或机构发生关系。

一、幼儿教师与幼儿园

案例 8-8

某幼儿园需招聘 3 名幼儿教师，小王通过了笔试、面试被该园录用。幼儿园与小王签订为期 2 年的劳动合同，约定试用期为 2 个月，月薪 2 000 元，社会保险费用根据法律的有关规定执行。试析小王与幼儿园之间是什么法律关系？

资料来源：武祥海，李小红. 以案释法：幼儿园涉法事务全解析. 南京：南京师范大学出版社，2011：58.

基于聘任制而形成的幼儿教师与幼儿园的关系，属于劳动关系，适用《劳动法》和《劳动合同法》的有关规定进行调整。一般认为，聘任是用人单位和劳动者之间双方的法律行为，基于相互同意而形成劳动关系，双方法律地位平等。幼儿教师作为劳动者提供劳动，获得相应的报酬；幼儿园接受幼儿教师的劳动，并为其支付报酬。聘任始于幼儿园面向社会公开招聘，对于幼儿园方面是择优录用；聘任一般具有一定的期限，期限届满时，可以选择续聘或解聘；双方协商一致可以解除劳动合同关系；聘任制产生的幼儿教师和幼儿园均可以在一定条件下单方解除劳动合同，但基于社会诚信、基于对教育事业的负责以及基于对劳动者权利的保障，幼儿教师不能随意离职，幼儿园更不能无故辞退幼儿教师。

在编的幼儿教师，与幼儿园是种行政法律关系。一般认为，幼儿园和幼儿教师的法律地位有一个共同点，即代表国家和社会的利益，带有公共性质。《教师法》第二十二条、《幼儿园管理条例》第二十二条规定，教育行政部门及有关部门对教师工作以指导、服务和监督，考核教师的资格等，幼儿园可根据国家规定自主进行教师管理工作。对于在编的幼儿教师，在其出现了违纪或是违反职业道德的行为时，幼儿园、教育行政部门可以对其进行行政处分。情节严重、构成犯罪的，由司法机关依法追究刑事责任。比如，某在编的幼儿教师因向幼儿家长推销图书，影响较为恶劣，该园园长在全园教职工大会上对其点名批评，进行口头告诫，是对该教师的行政处分。幼儿园执行《教师法》的规定，因处理失职行为而与在编的幼儿教师之间发生的关系，属于教育行政法律关系，双方的地位是不平等的，不适用《劳动合同法》的规定。

二、幼儿教师与幼儿

根据《幼儿园教师专业标准（试行）》的基本精神，幼儿教育以幼儿为本。具体体现在："尊重幼儿权益，以幼儿为主体，充分调动和发挥幼儿的主动性；遵循幼儿身心发展特点和保教活动规律，提供适合的教育，保障幼儿快乐健康成长。"

幼儿是受教育者，幼儿教师是施教者。幼儿教师应成为幼儿学习活动的支持者、合作者、引导者。考虑到学前教育活动的特殊性，幼儿是保教对象，而幼儿教师是保教的提供者，在与幼儿发生关系时，幼儿教师扮演着更多的角色，其既是幼儿生活的照料者，也是幼儿学习的支持者；是幼儿学习社会行为规范和人际交往、体验社会角色和彼此的情感并且初步学习适应社会生活的引路人；是幼儿学习的示范者和模仿对象，是幼儿游戏的伙伴。

幼儿教师与幼儿之间，既是师生关系，也含有"亲子关系"的应有之义；既有伙伴关系的成分，也存在指导者与被指导者、保护者与被保护者的关系。比如，某幼儿园的何园长和幼儿园孩子的关系比较亲近，拉近了以园长为代表的教师群体和幼儿之间的关系，每天晨检时，何园长早早来到大门外迎接孩子们，有的孩子亲切地喊："何妈妈!"有的家长说："孩子看见何园长比看见自己的亲妈妈还要亲呢!"何园长听后笑了，忙把孩子从车子上抱下来亲亲孩子的小脸，捋捋小辫，看到哪个孩子的手脸脏赶紧给他擦洗干净。

三、幼儿教师与幼儿家长

在对幼儿进行教育的过程中，幼儿教师与幼儿家长应当是合作关系。

《幼儿园工作规程》规定："幼儿园应当主动与幼儿家庭沟通合作，为家长提供科学育儿宣传指导，帮助家长创设良好的家庭教育环境，共同担负教育幼儿的任务。"

幼儿园应当建立幼儿园与家长联系制度。幼儿园可采取多种形式，指导家长正确了解幼儿园保育和教育的内容、方法，定期召开家长会议，并接待家长的来访和咨询。

幼儿园应当认真分析、吸收家长对幼儿园教育与管理工作的意见与建议。

幼儿园应当建立家长开放日制度并应当成立家长委员会。

根据《幼儿园教育指导纲要（试行）》，家庭是幼儿园重要的合作伙伴，应本着尊重、平等、合作的原则，争取家长的理解、支持和主动参与，并积极支持、帮助家长提高教育能力。

幼儿教师基于一定的专业水平，对幼儿家长的家庭教育活动进行指导，帮助家长了解幼儿在园情况，科学指导幼儿在家的学习、生活习惯和社会性的养成等。

比如，幼儿的早期阅读可以促进幼儿心智的发展，增强幼儿的语言表达能力，让幼儿对阅读产生兴趣，进而激发幼儿的求知欲望。幼儿家长由于精力和专业能力所限，可能不知道应该让幼儿阅读哪些作品，也不了解怎样对幼儿的阅读进行指导。此时，幼儿教师就可以发挥专业所长，指导幼儿家长选择阅读作品及怎样对幼儿的早期阅读进行引导等。

从幼儿园是学前教育的主要场所来看，幼儿教师是学前教育的主要承担者，而幼儿家长在幼儿教师的指导下，对学前教育进行配合，使幼儿在家庭中巩固在幼儿园习得的行为习惯。由此看来，幼儿家长是幼儿教师对幼儿进行教育的辅助者。

幼儿在家庭中习得的一些不良习惯，如打人、挑食、不懂礼貌等，在幼儿园中，学前教育的一方面内容就是要矫正幼儿的这些不良习惯。现实生活中也确实存在如此现象，甚至是幼儿在幼儿园习得良好的行为习惯，但周末或是假期在家庭中，又被家长不正确的教养方式所改变，继而需要幼儿园再次帮幼儿改变不良的习惯。比如，某幼儿园大班一幼儿在幼儿园午餐时，自己几乎不去吃饭，每次都是教师在其他幼儿都吃完后，喂他几口才吃几口。事后从该幼儿的奶奶那里得知，该幼儿在家仍然要由其喂食。对此，教师专门对其进行过自己吃饭的训练，一段时间后该幼儿可以自己吃饭。但由于他经常会请假在家一段时间，再次进入幼儿园后，又变得不会自己吃饭。

四、幼儿教师与教育行政部门

国务院教育行政部门主管全国的教师工作，地方教育行政部门是幼儿教师的主管机关。根据《教师法》第十六条、第二十六条、第三十一条的规定，国务院教育行政部门制定幼儿教师各方面工作的具体办法和措施，如幼儿教师享受教龄津贴和其他津贴的具体办法等，地方教育行政部门负责具体的实施工作。县级以上人民政府教育行政部门对幼儿教师资格进行认定，对违法违规的幼儿教师，有权予以处分，并且对幼儿教师的考核工作进行指导、监督。

案例 8－9

2012 年 10 月，网上曝光了颜某某虐待幼儿的照片。照片显示，其在该园活动室里强行揪住一名幼童双耳向上提起，幼儿表情痛苦。通过搜索，网友发现了该教师网络空间的众多照片，与幼儿园有关的照片多达700张，其中包括多张虐童照片：有将孩子扔进垃圾桶的，有用宽胶带封住孩子嘴巴的，还有罚站、悬空爬桌子、头顶簸箕以及男孩女孩互相亲吻、跳舞时被脱掉裤子等照片。该市教育局很快介入调查，10月24日上午，对当事女教师颜某某、童某做出开除处理。

资料来源：董碧水．温岭“幼师虐童”引发社会关注　四成在职幼师无资格证．中国青年报，2012-10-27.

在案例8-9中，温岭市教育局对虐童幼儿教师颜某某、童某做出开除处理就是一种行政处分（行政处罚是与行政处分不同的一种处理方式，拘留是公安机关做出的行政处罚，此处意在讲明主管部门对她们的纪律处分）。另外，教育行政部门应当履行相应的职责，为幼儿教师完成保教任务提供必要的保障，也应当根据法律的规定，制定幼儿教师培训规划，对幼儿教师进行多种形式的思想政治培训和业务培训。

幼儿教师可以对教育行政部门的工作提出意见和建议；对幼儿园或其他教育机构侵犯其合法权益的，或者对幼儿园及其他教育机构做出的处理不服的，可以向教育行政部门提出申诉；幼儿教师认为教育行政部门侵犯其根据《教师法》规定享有的权利的，可以向同级人民政府或者上一级人民政府有关部门提出申诉。比如，小天使幼儿园一名老教师李某要求其园长黄某停止借故克扣教职员工工资、奖金的行为，黄某不仅拒绝这一要求，还以李某工作表现不佳为由将其辞退。李某将此事向区教育局进行申诉，区教育局应受理李某的申诉请求①。

教育行政部门既是幼儿教师的行政主管机关，对幼儿教师有监督管理之责，同时，它也负责保障幼儿教师行使权利，落实幼儿教师的各项权利。

幼儿教师在上述关系之外，根据幼儿园的保教活动的特点，其与幼儿园的保育人员关系密切；除了与作为主体的幼儿园发生关系之外，幼儿教师与幼儿园的行政管理人员也会发生关系。当出现第三人对幼儿侵权时，幼儿教师也可能参与有关的争议解决活动甚至是诉讼活动。

第三节　幼儿教师的道德规范

教师职业一直以来都是受人尊重的职业之一，主要原因是教师不仅是传道、解惑的代名词，同时也是道德行为的楷模。社会和历史传统赋予教师崇高的地位和声望，同时在法治社会中，教师也受到法律法规的约束，其中，《教师法》第八条规定教师应当“遵守宪法、法律和职业道德”。

① 武祥海，李小红．以案释法：幼儿园涉法事务全解析．南京：南京师范大学出版社，2011：67.

一、道德规范与法律规范

（一）道德规范与法律规范的区别和联系

教师职业道德对规范教师行为具有重要作用，但其并不等同于法律义务。教师的法律义务是由国家通过立法确定的教师的基本行为准则，而教师伦理或道德标准一般不由国家制定，而是由教师专业组织或教师集体制定，反映出教师专业人员的基本特征。

道德和法律都是调整、维护社会关系和秩序的手段，二者具有互补性。一般而言，法律是最低标准的道德，凡法律所禁止的，必为道德所否定。但二者的基础和价值取向并不相同，即便是道德上认为是善的，法律未必会予以保护；道德所认为恶的，法律也未必会禁止。随着法治化社会建设的推进，道德与法律的逐渐分开，法律和道德在不同的领域分别发挥各自不同的作用。这也就意味着，在幼儿教育领域，虽然对幼儿教师的职业道德要求较高，但职业道德与法律并不是一回事；违反法律的行为要受到法律的制裁，但违反职业道德的行为，并不意味着要受法律制裁。

《学前教育法（草案）》第四十五条规定，有严重违反师德师风行为的不得聘任（用）。2018 年出台的《幼儿园教师违反职业道德行为处理办法》《新时代幼儿园教师职业行为十项准则》明确了我国幼儿园教师师德师风建设的内容及必要性。

案例 8－10

一个幼儿园中班的小朋友，一次放学回家问妈妈：什么是弱智？什么是弱智学校？妈妈奇怪女儿为什么会问这些问题。女儿说：今天我们老师对我们班的小鸣说“你就该去弱智学校”。请对该幼儿口中的老师的行为进行评价。

在案例 8－10 中，该小朋友的老师对班上的幼儿说其应该去“弱智学校”，显然是不恰当的，没有尊重幼儿的人格尊严，是师德方面有问题的表现。

（二）幼儿教师道德规范的重要性

幼儿教师道德规范亦称幼儿教师伦理规范。学前教育活动本质上是一种价值创造活动，幼儿教师专业伦理规范的建设是学前教育伦理价值实现的依托，也是学前教育伦理秩序形成的必经之路，是幼儿教师表达其专业地位的渠道与方式。

幼儿教师专业伦理规范至少可以使幼儿教师在实践中保持起码的伦理警觉，对影响幼儿利益的行动有主动的选择与评判意识，并寻求可能的解决路径。具体来讲，幼儿教师专业伦理规范的重要性主要体现在：幼儿教师专业伦理规范能够指引幼儿教师解决在实践中遇到的伦理问题，幼儿教师专业伦理规范能够维护幼儿教师团体的凝聚力，幼儿教师专业伦理规范能够推进幼儿教师的专业化进程，幼儿教师专业伦理规范能够保护弱小幼儿不受伤害，幼儿教师的专业伦理水平对幼儿伦理品质的形成有潜移默化的作用①。

二、道德规范对幼儿教师的要求

案例 8-11

钱某与北极星幼儿园是劳动合同关系，钱某在工作中比较积极努力，业务水平高，且在幼儿园保教工作中取得了很好的成绩。2011 年 3 月，幼儿园与钱某签订无固定期限劳动合同。自此之后，钱某在工作上日益懈怠，不按时上下班，经常骂班上的幼儿笨，在幼儿家长接送幼儿时数落幼儿的行为问题，责怪幼儿欠缺家教。试从幼儿教师道德规范的角度分析钱某的行为。

资料来源：武祥海，李小红. 以案释法：幼儿园涉法事务全解析. 南京：南京师范大学出版社，2011：57.

我国重视幼儿教师职业道德或伦理规范制度建立。《新时代幼儿园教师职业行为十项准则》分别在爱国守法、关爱幼儿、公平诚信和规范保教等方面对教师提出了要求。其第二条规定，自觉爱国守法。忠于祖国，忠于人民，恪守宪法原则，遵守法律法规，依法履行教师职责；不得损害国家利益、社会公共利益，或违背社会公序良俗。第六条规定，关心爱护幼儿。呵护幼儿健康，保障快乐成长；不得体罚和变相体罚幼儿，不得歧视、侮辱幼儿，严禁猥亵、虐待、伤害幼儿。第八条规定，秉持公平诚信。坚持原则，处事公道，光明磊落，为人正直；不得在入园招生、绩效考核、岗位聘用、职称评聘、评优评奖等工作中徇私舞弊、弄虚作假。第九条规定，坚守廉洁自律。严于律己，清廉从教；不得索要、收受幼儿家长财物或参加由家长付费的宴请、旅游、娱乐休闲等活动，不得推销幼儿读物、社会保险或利用家长资源谋取私利。第十条规定，规范保教行为。尊重幼儿权益，抵制不良风气；不得组织幼儿参加以营利为目的的表演、竞赛等活动，或泄露幼儿与家长的信息。

拓展阅读

全美幼教协会《伦理操守准则与承诺声明》节选

核心价值观

幼儿保育伦理行为标准是在历史的进程中逐步深植于此领域的核心价值观，我们认同

① 王小溪，姚伟. 幼儿教师专业伦理规范的历史追寻与现实价值. 现代教育管理，2013（5）.

和遵从这些观念。我们承诺：

儿童时期是人类整个生活中的一个独特的和有价值的阶段；

一切工作都基于对儿童是怎样发展和学习的认识；

重视并且协助促进儿童和他们家庭之间的联系；

在儿童的家庭、文化、社区和社会环境的背景之下，尽最大可能地理解和支持儿童；

尊重每个个体（包括儿童、家庭成员和团体成员）的尊严、价值和独特性；

尊重儿童、家庭和团体的差异性；

在信任和尊重的关系环境中，才可以让儿童和成人充分实现他们的全部潜能。

第一部分　对儿童的伦理责任

童年是在整个人类生活中一个独特的和有价值的阶段。我们最重要的责任是为每一个儿童提供一个安全、健康、促进成长的环境来对其进行保育。我们承诺支持儿童的发展和学习，尊重个体差异和帮助儿童学会生活、游戏和合作。我们还应承诺促进儿童的自我意识、能力、自我价值、适应性和身体健康。

理想目标

1. 熟悉幼儿保育的相关基础知识，并通过接受再教育和训练保持知识的更新。

2. 基于以当前幼儿教育、儿童发展领域的知识和研究及相关的原理指导教育实践活动，教育活动要考虑到每个儿童的具体情况。

3. 认识和尊重每个儿童独特的品质、能力和潜能。

4. 意识到儿童的弱点和他们对成人的依赖。

5. 创造和保持安全健康的环境以培养孩子的社会、情感、认知和身体发展，并尊重他们的尊严和贡献。

6. 使用适合儿童的评估工具和策略来评估儿童，保证评价设置的初衷来评价儿童，要本着有利于儿童的目的来评价儿童。

7. 使用评价信息来理解和支持儿童的发展和学习，指导教师识别哪些儿童需要额外的服务。

8. 支持每个儿童在一个融合环境中游戏和学习的权利，满足正常或是残疾儿童的需要。

9. 提倡和确保每个，包括那些有特殊需要的儿童有机会接触那些需要成功的支持服务。

10. 确保每个儿童的文化、语言、民族和家庭结构得到承认和接纳。

11. 提供给所有儿童学习他们所懂的语言的机会，除了英语，还要让儿童能够继续使用他们家庭的语言。

12. 当儿童和家庭需要从一个学习环境转换至下一个环境时，要同家庭合作以提供一个安全、平缓的过渡。

原 则

1. 无论如何，我们不能伤害儿童。我们不应该参与那些在情感、身体上伤害儿童，不尊重、不体面的、危险的、剥削的、吓人的活动。在准则中这条原则优先于其他所有原则。

2. 我们应该以积极的情感、充满认知刺激和支持儿童文化、语言、民族和家庭结构的社会环境来关心和教育儿童。

3. 我们不应参与那些通过否定效益、给予特殊优待或是凭借性别、种族、国籍、移民地位、首选的家庭语言、宗教信仰、治疗状态、残疾程度或是婚姻地位/家庭结构、性别定位或是宗教信仰和家庭的其他联盟而将他们排除出活动之外。（当有法律委托的应为一部分儿童群体提供特殊服务时，这条原则的部分条例不适用。）

4. 我们应该使用两种交流方式对待所有有关方面（包括家庭和工作人员）参与到关于孩子的决策中，同时，确保敏感信息的机密性。

5. 我们应该使用合适的评价体系，这套评价体系应该包括多样信息来源，提供儿童学习和发展的信息。

6. 事关儿童的决策，尤其是入学、留级或对儿童进行特殊的教育安排，绝不能只依据某一单一评价，比如说仅凭成绩分数，或是某一次的观察，要依据来自多种渠道的综合信息。

7. 我们应该努力建立同每个儿童的个体关系，提供个体适宜化的教学策略、学习环境和课程设置。同家庭合作，让每个儿童都从教育活动中受益，如果用尽各种努力当前的定位都不适合某个孩子的需求，或者这个孩子严重妨碍了其他儿童从教育活动中受益，我们应该同家庭、合适的专家合作来协商决定是否需要额外的特殊服务和/或特殊的安排。（这条原则的部分条例，不适用于有法律委托的应对一部分特殊儿童群体提供特殊服务的情况。）

8. 我们应该熟悉危险因素、虐待和忽视儿童的征兆，包括身体、性的、言语和情感的虐待，以及身体、情感、教育和医疗上的忽视。我们应该了解并遵守保护儿童免受虐待和忽视的国家法律和社区处理方式。

9. 当我们有充足的理由来怀疑儿童受到虐待和忽视时，我们应该向有关社区机构报告，并且持续关注，来确保是否已经采取了合适的行动。必要情况下，家长、监护人应该被告知此事准备或已经向有关部门报告。

10. 当其他人告诉我们他或她怀疑儿童正在被虐待或是忽视时，我们应该协助这个人采取合适的行为来保护儿童。

11. 当我们意识到实践或是情境威胁到儿童的健康、安全或是幸福时，我们有伦理责任来保护儿童或是通知家长和/或是其他可以保护儿童的人。

第四节　幼儿教师的法律风险及其防范

案例 8－12

2009 年，王某大学毕业后竞聘到一所幼儿园担任教师，双方签订了为期 5 年的劳动合同，月工资 1 500 元，试用期为 4 个月。双方还约定，除非发生不可抗力或意外事件，合同期满前任何一方不得解除合同，否则要承担违约责任。

情景一：王某在幼儿园工作 1 年后，感觉没有任何发展前景，于是提出辞职。幼儿园以缺少老师为由，拒绝了王某的辞职请求。

情景二：王某工作 1 年半后，一天在组织幼儿进行游戏时，发现两名幼儿起争执而没有及时制止，后来一幼儿被另一幼儿推倒，摔到一块石头上，手臂出血，送到医院后，缝了几针。

情景三：王某工作 3 年后，在一次组织户外活动时，从幼儿园外飞来一枚硬币，刚好砸中班上的一个幼儿，脸部流了不少血。王某赶紧出去看是谁扔的硬币，但没有发现人。该幼儿送到医院后，花费医药费 800 元。该幼儿家长认为幼儿园对该幼儿受伤事件应当负责，幼儿园认为是王某的责任，要王某赔偿该幼儿家长医药费损失。

情景四：王某班上一个名叫 qq 的幼儿一次在跑步时不小心摔伤，qq 爸爸认为王某没有照顾好 qq，便与 qq 妈妈一起冲入幼儿园对王某挥拳殴打，致王某眼底出血，鼻骨骨折，身上多处软组织受损。

资料来源：武祥海，李小红．以案释法：幼儿园涉法事务全解析．南京：南京师范大学出版社，2011：61，62，81，83.

一、幼儿教师的劳动、人事关系纠纷

幼儿教师与幼儿园在履行劳动合同的过程中，难免会出现就合同的履行、解除等方面的争议。

根据《劳动合同法》的规定，幼儿园作为用人单位与作为劳动者的幼儿教师建立劳动关系，订立、履行、变更、解除或者终止劳动合同，依照《劳动合同法》执行。

被聘任的幼儿教师与幼儿园或其他教育机构关于订立、履行、变更、解除或者终止劳动合同的纠纷根据《劳动合同法》的规定本应为劳动纠纷，但是根据《劳动人事争议仲裁

办案规则》以及各地方“人事争议解决办法”的规定，幼儿教师与公办幼儿园之间的纠纷，不适用劳动仲裁程序解决，而视为人事纠纷，按照人事仲裁程序解决，因为幼儿园属于事业单位。但这部分幼儿园仅限于公办园，至于私人办园或私营企业办园，或是其他非公立早期教育机构，则不是事业单位，此时幼儿教师与这些单位的争议属于劳动争议，适用劳动仲裁程序解决。

例如，2003 年，北京市海淀区某学校三位老师因对其学校将他们从教学岗位转为流动服务岗位的决定不服，三人以要求回原岗位工作、补发相应待遇为由向海淀区人事仲裁委员会提出申诉。2004 年 2 月 24 日，该委员会裁决对三人的仲裁请求不予支持。三人向法院提起诉讼，后法院驳回其诉讼请求①。这一案件，便是通过人事仲裁途径解决学校与教师间的纠纷。

劳动纠纷的解决方式包括幼儿教师与幼儿园的协商、劳动监察部门组织下的调解、劳动仲裁以及诉讼；《教师法》还赋予幼儿教师向教育行政部门申诉的权利。人事纠纷的解决程序与此大致相当，幼儿教师可以与幼儿园协商，可以请求主管部门进行调解，也可以申请人事仲裁，对人事仲裁结果不服的，可以起诉解决；同样，幼儿教师也可以向教育行政部门申诉。发生在幼儿教师身上的劳动纠纷或人事纠纷包括：建立劳动关系的早期教育机构与幼儿教师之间因确认劳动关系，订立、履行、变更、解除和终止劳动合同，工作时间、休息休假、社会保险、福利、培训以及劳动保护、劳动报酬、工伤医疗费、经济补偿或者赔偿金等发生的争议；公办幼儿园与在编的教师之间因除名、辞退、辞职、离职等解除人事关系以及履行聘用合同发生的争议。

比如，幼儿教师因怀孕而被幼儿园解聘，幼儿教师与园方领导商量无果而申请劳动仲裁；某公立幼儿园幼儿教师因体罚幼儿被幼儿园辞退，幼儿教师不服，申请人事仲裁；幼儿教师因幼儿园发展前景不好而辞职，但幼儿园以合同未满为由而不予允许，幼儿教师申请劳动仲裁；等等。这些均属于这一类型的纠纷。

被聘任的幼儿教师与幼儿园协商一致，可以解除劳动合同，此时，幼儿园应当根据幼儿教师工作的时间长短，对其予以相应的补偿。幼儿教师提前 30 天通知幼儿园可以解除劳动合同；试用期间，幼儿教师提前 3 天通知幼儿园可以解除劳动合同。幼儿园单方面解除劳动合同的，应当承担相应的赔偿或补偿责任。《劳动合同法》对劳动合同的解除进行了详细的规定。

在公立幼儿园中，幼儿教师认为幼儿园没有履行劳动合同或是解除劳动合同的行为侵害了其合法权益的，可以向人事仲裁机构申请仲裁。案例 8－12 情景一中，王某可以根据《劳动合同法》第七十七条的规定，申请劳动仲裁。对仲裁结果不服的，可以向法院起诉；

① 汤苏莉．海淀三下岗教师不服仲裁案被驳回．中国法院网，2004-07-06.

但仲裁程序是提起诉讼的前置程序。

此外，认为合法权益受到幼儿园非法侵害的幼儿教师，可以向幼儿园所在地教育行政部门申诉。《教师法》第三十九条规定的“合法权益”包括教师在职务聘任、教学科研、工作条件、民主管理、培训进修、考核奖励、工资福利待遇、退休等方面的内容。教育行政部门应当在接到申诉的30日内做出处理。如果教育行政部门在30日内没有做出决定，幼儿教师可以向人民法院提起行政诉讼，起诉教育行政部门不作为违法。另外，即便教育行政部门在30日内做出决定，但幼儿教师对其所做的决定不服的，也可以向人民法院起诉教育行政部门。

二、幼儿教师个人的法律风险

案例8-13

某市红旗幼儿园教师杨某以十几年教学经验总结出一套如何培养幼儿动手能力的方法。幼儿园园方指派另一青年教师李某将其方法总结成书面材料以便推广，李某在向杨某请教并跟班听课的基础上，根据自己的构思编写了介绍杨某教学方法的材料交给园方，园方对此材料很满意。该市某出版社拟以《幼儿动手能力的培养》为名将该材料出版发行，作者署名为杨某。李某看到书稿后提出异议，认为该书的作者是自己而非杨某。而幼儿园则认为，该书的著作权应归幼儿园所有。

你认为应当怎样解决上述著作权归属的问题？

资料来源：武祥海，李小红．以案释法：幼儿园涉法事务全解析．南京：南京师范大学出版社，2011：69.

幼儿教师为完成幼儿园工作任务所创作的作品是职务作品。在案例8-13中，幼儿教师李某所写的《幼儿动手能力的培养》属于这类作品。但由于幼儿园并没有参与具体的整理事宜，也没有提供专门的款项和设备，更未与杨某、李某就著作权的归属达成协议，因此不能享有该书的著作权。杨某只是该方法的发明人，其方法是李某编写书面材料的素材，杨某本人并未参与创作活动，也未与李某达成合著该作品的协议，杨某亦不享有该书著作权，该书的著作权应由李某单独享有。但幼儿园可在业务范围内对该书享有优先使用权。

幼儿教师在幼儿园中，也可能面临人身健康或其他权利被侵犯的情况，因幼儿教师与幼儿之间的问题从而引发幼儿家长侵犯幼儿教师人身健康权利的事件时见报端。针对上述可能出现的法律风险或问题，幼儿教师一方面需要能够预见到，并对之进行预防；另一方面，当相应的问题出现时，应当有适当的处理方式，以防止损失的扩大或伤害的加重。比如幼儿家长殴打幼儿教师的侵权事件，往往事出有因，幼儿教师在日常的保教活动中关爱幼儿，以适当的方式处理幼儿的行为方面的问题，便可有效避免这类问题。

对于已经造成伤害结果的，幼儿教师可以起诉侵权人，要求民事赔偿，甚至可以到公安机关报案，要求追究侵权人的刑事责任。比如，某县教委拟在全县教师中评选县级教学能手，刘老师符合参评条件，并向学校报名申请。学校召开有关人员会议，传达了县级教学能手和市级教学能手报评条件，成立了考评领导小组。在此之前，县委、县政府号召全县党政事业单位工作人员为县里的某项事业募集资金，并限期各有关单位完成任务。学校在这次推荐报评教学能手活动中规定，凡未完成募股任务的，一律不予推荐。由于刘老师未按要求交纳股金，学校拒绝推荐其为县级教学能手。刘老师得知自己未被推荐后，来到学校校长办公室，质问校长有关情况时，两人发生争吵并厮打，在厮打过程中，刘老师受伤。正在会议室开会的部分教师听到刘老师呼救后，急忙跑去劝解。此时，刘老师已躺在地上，处于昏迷状态。众人立即将刘老师送到医院治疗。经鉴定，刘老师身体损伤符合钝器伤，鉴定结论为轻微伤（偏重）。后刘老师向法院提起诉讼①。这一事件虽非发生在幼儿园，但这是一起校内人员侵犯教师人身权利的案件。可见，教师有受到校内外人员侵权的可能性。

除上述与工作有关的法律问题之外，幼儿教师还会面临一些个人法律事务。比如，买卖物品时与出卖方签订买卖合同；向朋友借钱或是借钱给朋友签订借款合同；侵权或被侵权时的停止侵害以及损害赔偿问题；租赁或购买房屋时签订房屋租赁合同或房屋买卖合同；缔结婚姻时关于婚前财产的约定，结婚后关于家庭共同财产的问题，以及继承问题；等等。这些均是作为公民的幼儿教师在日常生活中可能遇到的问题。

一般而言，幼儿教师按照基本的社会规范进行生活，在工作中尽到幼儿教师应当尽到的适当注意义务，按照有关法律和职业道德的规定开展保教活动，可以避免大多数的法律风险。至于难以避免的意外伤害事件，其出现后也会有相应的处置措施，并不需要幼儿教师为担忧这些而影响自己的生活和保教工作。

拓展阅读

幼儿教育专业伦理守则

前　言

幼教工作者经常会面临很多的难题，需要基于道德和伦理的本质来做决策，兹将本守则公开，陈述我们在幼教领域的责任及应有的道德行为，以提供幼教工作者遭遇伦理困境时，可以有一个依循的准则。

本守则之建立系基于下列共同认知：

幼儿期是人类生命周期中独特且重要的阶段。

幼儿教育工作乃是以幼儿发展知识为基础。

① 解立军. 教师维权之谁侵犯了教师的人身权. 人民教育，2004（20）.

尊重及支持幼儿与家庭之间的亲密关系。

了解幼儿的最佳方法是由其家庭、文化和社会脉络着手。

尊重每个个体的尊严、价值和独特性。

在信任、尊重和关心的关系中，最能帮助幼儿和成人发挥其最大的潜能。

本伦理守则分为四个部分，每一部分都包含了理念与实际执行上的指引原则：

对幼儿方面。

对家庭方面。

对同事方面。

对社会方面。

一、对幼儿的伦理

（一）理念

尊重幼儿的权利与独特性，保障教育权，提供适宜发展的教保方案。

（二）原则

1. 在任何情况下，我们绝不能伤害幼儿，不应有不尊重、胁迫利诱或其他对幼儿身心造成伤害的行为。

2. 应公平对待幼儿，不因其性别、外表、宗教、族群、家庭社会地位等的不同，而有差别待遇。

3. 我们应了解幼儿的需要与能力，创造并维持安全、健康的环境，提供适宜发展的方案。

4. 我们应熟悉幼儿被虐待和被忽略的征兆，采取合宜的行动保护幼儿，掌握有确切的证据时，应向主管机构通报。

5. 我们应知道早期疗育系统的运作过程，能及早发现、通报、转介及给予相关的协助。

二、对家庭的伦理

（一）理念

尊重及信任所服务的家庭，了解家长的需求，协助或增长家长的幼教理念及为人父母的技巧。

（二）原则

1. 应尊重每个家庭之习俗、宗教及其文化，并尊重其教养的价值观和为幼儿做决定的权利。

2. 我们应该让家庭知道我们的办学理念、政策和运作方式。

3. 如涉及影响幼儿权益的重要决定，我们要让家长参与。

4. 如有意外或特殊状况发生时，我们应实时让家长知道。

5. 如涉及与幼儿有关的研究计划、拍照、摄影、作品，我们事前应该让家长知道，并尊重其同意与否的决定。

6. 我们应尊重幼儿与家庭的隐私权，谨慎使用与幼儿家庭相关的记录与数据。

7. 当家庭成员对幼儿教养有冲突时，我们应坦诚地提出我们对幼儿的观察，帮助所有关系人做出适当的决定。

三、对同事的伦理

（一）理念

基于专业知识，与工作伙伴、雇主或部属建立及维持信任与合作的关系，共同营造有益于专业成长的工作环境。

（二）原则

1. 对工作伙伴的伦理

（1）我们应与工作伙伴共享资源和信息，并支持工作伙伴，满足专业的需求与发展。

（2）当我们对工作伙伴的行为或观点觉得担心时，应让对方知道我们的担忧，并和他一起以专业的知识与判断来解决问题。

（3）我们应与工作伙伴共同讨论、分工并接纳工作伙伴给予的建议，并适当地调整自己。

2. 对雇主的伦理

（1）当我们不赞同任职机构的政策时，应先在组织内通过建设性的管道或行动表达意见。

（2）当我们代表组织发言时，应以维护组织权益的角度来发言与行动。

（3）我们应积极参与机构举办之活动，并给予适当的建议。

3. 对部属的伦理

（1）我们应创造一个良好的工作环境，使工作人员得以维持其生计与自尊。

（2）我们应配合法令制定合宜的人事政策，并以书面明示所有工作人员。

（3）对于无法达到任职机构标准的部属，应先给予关切，并尽可能协助他们改善，如必须解雇时，一定要让部属知道被解雇的原因。

（4）应发展合理明确的考核制度，对部属的考核与升迁，应根据部属的成就记录以及他在工作上的能力来考虑。

四、对社会的伦理

（一）理念

让社会了解幼儿的权利与幼教的事业，提供高质量的教育方案与服务，重视与小区的互动，并关怀幼儿与家庭福祉的政策与法令。

（二）原则

1. 我们应为小区提供高质量、符合小区需求和特色的教保方案与服务。

2. 我们有义务让小区了解幼儿及其权益，提升小区家长的亲子职能。

3. 当我们有证据显示机构或同事违反保护幼儿的法令规定时，应先循内部管道解决；若在合理的时间内没有改善，应向有关部门举报。

资料来源：中国台湾幼儿教育改革研究会，武蓝蕙. 幼儿教保专业伦理. 台北：群英出版社，2005.

思考与练习

一、问答题

1. 根据《教师法》规定，取得幼儿教师资格需要具备什么条件？
2. 简述幼儿教师的权利。
3. 简述幼儿教师的义务。
4. 简述幼儿教师的道德规范。

二、材料分析题

5岁男童阳阳比较好动，常常不按照老师的要求活动，因此班主任李老师一直都不喜欢他。某日，班里的小朋友都在一起玩玩具，阳阳与汪汪因为一部小汽车而争抢起来，阳阳将汪汪推倒在地，并将小汽车扔出了窗外。事后，李老师将阳阳的小手绑住，将他放在教室里高高的柜子上，随即关上门离开了教室。阳阳为了挣脱绳索，在扭动身体时不慎从柜子上掉下来，被摔成脑震荡，额头上缝了三针。事后，阳阳的家长要求李老师承担全部责任，但李老师认为，根据《教师法》和《教育法》的规定，她享有管理学生的权利，对阳阳所造成的伤害仅仅是意外，她只承担部分责任。

请结合上述材料分析：你是否同意李老师的解释？有什么法律依据？

第九章

幼儿园工作人员的资质和职责

本章学习目标

1. 了解园长的任职资格。
2. 掌握园长的主要职责。
3. 理解园长负责制的含义及教职工民主参与管理的重要性。
4. 了解幼儿园园长的各种角色。
5. 掌握保育员的两大任职条件。
6. 了解保育员的职业道德。
7. 理解造成保育员现状的内外原因及改善途径。
8. 了解其他工作人员的任职条件与主要职责。

导入案例

我园的“法制园长”

一、审视幼儿园虐童案例

各类法制节目、电视新闻、网络近来都有虐童、伤童案例曝光，引起舆论的一片哗然，全社会都在用最严厉的词语谴责这些职业道德沦丧、教育规范意识缺失的教师。同时，被曝光的幼儿园教师的任职资格与岗位资质情况也被公众所调查。这些教师没有经过专业的幼教理念与基础知识的学习，没有通过专业的入职考试，更没有得到规范的岗位培训和继续教育。幼儿园作为教育机构能对国家的教育方针政策进行有效传达和落实，也就能帮助从事幼儿教育的每个教师从思想上建立完善的职业道德体系，形成教育法律法规的内化。

二、拟定幼儿园规章制度

党的教育方针政策以及各项教育法律法规的出台和革新，是对幼儿教育职业的监督和保障，同时也是幼儿园制定岗位职责的标准。在我们幼儿园，每项制度或规定的出台都要经历发起提议、年级组讨论、园长室制定发布、全园公示的程序。先后出台的有针对个人的园长职责、副园长职责、教师岗位职责、考勤制度，针对园舍设备的财产保管制度、资料管理细则，针对专用教室的音乐室管理办法、电脑室工作制度、亲子阅读室读书守则等，针对教学活动的一日活动常规、教学研讨制度、家园联系制度等，针对安全方面的家长接送制度、预防疾病制度、幼儿中途离园制度，等等。

深刻理解和领会国家政策和地方法规，细化幼儿园的各项制度。依法治教、从严管理，能有效保障一所幼儿园的政策运行，同时也能提高教师的自律性。这些制度和规定的出台并不是对教师的约束，而是大大提高了教师的工作效率，健全的工作制度是教师身份、社会地位和专业成长的坚实保障。

三、强化幼儿教师法律意识

与儿童、幼儿教育、幼儿教育资源等相关的法律条文很多，而审视幼儿师范的各类专业教材，此类专门的学科却非常少。换言之，幼教从业人员在工作中的法律意识比较淡薄，因此，导致很多教师在一些不可避免的事故或纠纷中处于弱势地位。法律是保护教师、保护儿童最公正和最有效的手段。所以我们幼儿园特聘一名“法制园长”，他是市司法局的一位干事，熟悉各项法律法规，同时还参与各项地方教育政策的制定。根据园长的职责，“法制园长”会定期来园为教师们做“法律讲座”，让教师在第一时间掌握最新的政策和法规。在此基础上，幼儿园组织教师开展各类讨论和学习活动：《幼儿园工作规程》《幼儿园教育指导纲要（试行）》《3－6岁儿童学习与发展指南》等的解读、师德演讲、幼儿园安全问题沙龙……教师们根据自身工作实际，积极认真地学习、理解，并进行深入探讨。

教师是专业性比较单一而且突出的群体，尤其在幼儿园这一女性群体占绝大多数的工作场所，法律往往会被忽视。面对文化背景复杂多样的家长群体，面临高标准的行业要求，幼儿教师的法律意识已经成为专业知识中不可或缺的组成部分。为了让法规深入人心，成为日常工作的基本保障，幼儿园要利用各种手段和方法组织教师进行法律法规学习，这样的学习应成为各幼儿园的常规性活动之一。

《幼儿园管理条例》是为了加强幼儿园的管理，促进幼儿教育事业的发展而制定的。

《教师法》是为了保障教师的合法权益，建设具有良好思想品德修养和业务素质的教师队伍，促进社会主义教育事业的发展而制定的。

《教师资格条例》是为了提高教师素质，加强教师队伍建设，依据《教师法》而制定的。

《幼儿园工作规程》是为了加强幼儿园的科学管理，提高保育和教育质量而制定的。

《幼儿园教育指导纲要（试行）》是为了贯彻《教育法》《幼儿园管理条例》《幼儿园工作规程》，指导幼儿园深入实施素质教育而制定的。

《民办教育促进法》是为了实施科教兴国战略，促进民办教育事业的健康发展，维护民办学校和受教育者的合法权益，根据《宪法》和《教育法》而制定的。

《关于幼儿教育改革与发展的指导意见》是为了进一步推动幼儿教育的改革与发展，根据《中共中央国务院关于深化教育改革，全面推进素质教育的决定》《国务院关于基础教育改革与发展的决定》而制定的。

《中小学幼儿园安全管理办法》是为了加强中小学、幼儿园安全管理，保障学校及其学生和教职员工的人身、财产安全，维护中小学、幼儿园正常的教育教学秩序，根据《教育法》等法律法规而制定的。

《未成年人保护法》是为了保护未成年人的身心健康，保障未成年人的合法权益，促进未成年人在品德、智力、体质等方面全面发展，培养有理想、有道德、有文化、有纪律的社会主义建设者和接班人，根据《宪法》而制定的。

《新时代幼儿园教师职业行为十项准则》《幼儿园教师违反职业道德行为处理办法》是深入贯彻落实全国教育大会精神，扎实推进《中共中央国务院关于全面深化新时代教师队伍建设改革的意见》的实施，进一步加强师德师风建设而制定的。

《规划纲要》是根据党的十七大关于“优先发展教育，建设人力资源强国”战略部署，为促进教育事业科学发展，全面提高国民素质，加快社会主义现代化进程而制定的。

《国务院关于当前发展学前教育的若干意见》是为了积极发展学前教育，着力解决“入园难”问题，满足适龄儿童的入园需求，促进学前教育事业科学发展而制定的。

《托儿所幼儿园卫生保健管理办法》是为了提高托儿所、幼儿园卫生保健工作水平，预防和减少疾病发生，保障儿童身心健康而制定的。

《中小学和幼儿园教师资格考试标准（试行）》是为了加强中小学和幼儿园教师队伍，提高教师队伍整体素质，完善教师资格制度，严把教师入口关，促进教师专业化而制定的。

《教师教育课程标准（试行）》是为了落实教育规划纲要，深化教师教育改革，规范和引导教师教育课程与教学，培养造就高素质专业化教师队伍而制定的。

《幼儿园收费管理暂行办法》是为了加强幼儿园收费管理工作，规范幼儿园收费行为，保障受教育者和幼儿园的合法权益，根据相关法律法规而制定的。

《学前教育督导评估暂行办法》是为了促进地方人民政府及相关部门切实履行发展学前教育的职责，全面实施学前教育三年行动计划，有效缓解“入园难”问题，满足适龄儿童入园需求，推进学前教育事业加快发展而制定的。

《幼儿园教师专业标准（试行）》是为了促进幼儿园教师专业发展，建设高素质幼儿园教师队伍，根据《教师法》而制定的。

《3－6岁儿童学习与发展指南》是为了深入贯彻教育规划纲要，落实《国务院关于当前发展学前教育的若干意见》，帮助广大幼儿园教师和家长了解3至6岁儿童学习与发展的规律和特点，全面提高科学保育水平而制定的。

《学前教育法（草案）》是为了保障适龄儿童接受学前教育，规范学前教育实施，促进学前教育普及普惠安全优质发展，提高全民族素质，根据宪法和教育法而制定的。

第一节　幼儿园园长

案例9－1

女子唐某某1986年从内江市农广校幼师专业毕业，取得了幼师执业资格。在工厂打工期间，唐某某为了解决打工者子女入托难的问题，又能使自己曾经所学的幼教专业知识和技能派上用场，开始创办专门接收打工子弟的幼儿园。

她所创办的幼儿园收费低廉，很受打工者家庭的欢迎。但第二年，她用所有积蓄创办的第一个幼儿园因手续不齐全，被相关教育部门勒令停办整改。接着，唐某某因同样的原因多次办学失败，可谓屡办屡败，屡败而屡办。最后，经过几番大的折腾，于2006年又在一居住区办起了名为“智多星”的幼儿园，但由于生源下滑而生意日渐惨淡。其丈夫以离婚相威胁劝其放弃举办幼儿园，但唐某某依然不为所动。在离婚协议关于财产分割内容上，她只要求将智多星幼儿园分给自己。

凭着一股韧劲，唐某某一度把智多星幼儿园经营得像模像样，还租用了相对固定的园址。但2010年，智多星幼儿园在有关部门的严查中，还是因为办园条件不达标而被取缔。但她不甘心，于是将智多星幼儿园迁址转为“地下”办学。这期间，有家长（刘某某）打电话询问其幼儿园可否接收他家1岁8个月的儿子（刘小某），在犹豫中，唐某某出于办学信誉的考虑，还是决定接收。这成了她一生的巨大转折点。

2011年3月31日中午，由于刘小某的家长曾反映其孩子在幼儿园好像没有吃饱，唐某某叮嘱老师多给刘小某喂点饭。饭后一小时左右，唐某某按惯例让老师将刘小某带至其自己的房间午睡。15时40分，唐某某叫刘小某起床，发现刘小某躺在婴儿床上，嘴唇发紫，呼吸已经十分微弱，中午吃的饭菜从其嘴角流了出来。唐某某和幼儿园的一名厨师（郭某）慌忙将刘小某送往医院抢救。可是，刘小某最终因抢救无效死亡。

在抢救过程中，为了不让医院通知刘小某的家长，唐某某谎称自己是刘小某的亲生母亲，除了她以外孩子没有其他亲属，并在死亡确认书上签下了自己的名字，在尸检同意书上私自签了不同意。最后，唐某某伙同郭某将刘小某的尸体带离医院至某处坟地挖坑掩埋。

面对刘小某父亲刘某某的一次次来电询问幼儿园为何迟迟未将孩子像往常一样送回家，唐某某又谎称下午带刘小某一起逛街，路过一西瓜摊时，刘小某吵着要吃西瓜，可等她挑好西瓜后孩子却不见了。为了将戏演得更像，唐某某还向当地公安局报假警声称园内一儿童走失。

可纸是永远包不住火的，最终事情真相大白。公安机关尸检报告判定，刘小某可能因为中午吃得过饱，午睡时引起呕吐，后呕吐物被吸入气管，导致异物阻塞气管窒息性死亡。悲伤而愤怒的刘某某将唐某某等人告上法庭，法院一审判决：被告唐某某赔偿原告刘某某丧葬费、死亡赔偿金 96 205 元；由被告唐某某、郭某连带赔偿原告刘某某实际支出费用和精神抚慰金 82 740 元。

资料来源：李鸿波．一龄童猝死幼儿园　园长埋尸被判赔偿．法庭内外，2011（11）：23.

这是一个让整个社会震惊的案例，每个人都对案例 9－1 中的园长进行着价值上的评判，或是口诛笔伐，或是同情怜悯。将这样一个可能在道德层面会引起争议的案例放置于此，目的不在于表明笔者的价值取向，因为对一件事情抑或一个人在价值判断上的争论毫无意义，且永无定论，真正的目的是想通过客观理性地分析案例本身，来引申出本节的核心话题：如何从多视角出发，全方位地重新正确认识与定位被称作“一园之魂”的幼儿园园长。

一、园长的聘任

在案例 9－1 中，智多星幼儿园的创办人是唐某某，园长也是唐某某。这就让人产生了第一个误解：园长就是幼儿园的创办人，或幼儿园创办人当然成为园长。其实，园长是一个独立的职位，园长需要经过聘任的程序方可担任。

《教师法》和《教育法》都在宏观层面涉及了学校及其他教育机构管理人员的规范性问题。例如，《教育法》第三十六条规定：“学校及其他教育机构中的管理人员，实行教育职员制度。”教育职员制度实际上主要针对的是高等教育，被《中华人民共和国高等教育法》确立为高校行政人员的人事制度。《学前教育法（草案）》第三十九条规定：“幼儿园园长应当具有幼儿园教师资格、大学专科以上学历、五年以上幼儿园教师或者幼儿园管理工作经历。国家推行幼儿园园长职级制。幼儿园园长应当参加县级以上地方人民政府教育行政部门组织的园长岗位培训。”

关于幼儿园园长聘任问题的首部法规是 1989 年颁布的《幼儿园管理条例》，其第二十三条明确规定“幼儿园园长由举办幼儿园的单位或个人聘任，并向幼儿园的登记注册机关备案”；其第九条明确地规定了“幼儿园园长、教师应当具有幼儿师范学校（包括职业学校幼儿教育专业）毕业程度，或者经教育行政部门考核合格”。

《幼儿园工作规程》第三十九条规定：“幼儿园教职工应当贯彻国家教育方针，具有良好品德，热爱教育事业，尊重和爱护幼儿，具有专业知识和技能以及相应的文化和专业素养，为人师表，忠于职责，身心健康。幼儿园教职工患传染病期间暂停在幼儿园的工作。有犯罪、吸毒记录和精神病史者不得在幼儿园工作。”与修订前的条文相对比可以发现：第一，不仅规定幼儿园教职工要爱护幼儿，而且首先要尊重幼儿，所有保教工作的开展都要真正站在幼儿的视角，以幼儿独有的思维去看待幼儿的行为和发展。第二，规定幼儿园教职工必须具有相关的专业知识和技能以及一定程度的文化和专业水平，才能上岗。相对于之前的建议性、鼓励性用词“努力学习”和“提高”，新规定更在乎一个合格幼儿园教职工所应具备的最基本的岗位要求，而不是其在岗后的发展目标，明确了如果幼儿园教职工没有相应的专业知识和技能，就绝对不能上岗。第三，增加了第二款的限制性规定，明确了两类禁止在幼儿园工作的人和一种须暂停教职工工作的情况，使得整个规定更为细致、全面。

《幼儿园工作规程》第四十条规定了园长的两种产生方式，即任命或聘任，并不再区分是不是地方人民政府设置的园长，均需要报当地教育行政部门备案。第四十条明确将担任幼儿园园长的学历要求提高为“应当具有《教师资格条例》规定的教师资格、具备大专以上学历、有三年以上幼儿园工作经历和一定的组织管理能力”，并吸收了 1996 年国家教育委员会颁发的《全国幼儿园园长任职资格、职责和岗位要求（试行）》的规定，明确幼儿园园长必须取得幼儿园园长岗位培训合格证书，表明了国家高度重视对于幼儿园园长的上岗培训工作。

《民办教育促进法》第二十四条规定：“民办学校参照同级同类公办学校校长任职的条件聘任校长，年龄可以适当放宽。”其在附则第六十五条规定：“本法所称的民办学校包括依法举办的其他民办教育机构。本法所称的校长包括其他民办教育机构的主要行政负责人。”结合第二十四条和第六十五条的规定，推理分析可知民办幼儿园园长的聘任条件参照公办幼儿园园长的聘任条件执行，且可在任职者年龄上适当放宽条件。事实上，幼儿园园长在任职年龄上并没有法定限制①。

通过上述条文的列举与分析，幼儿园园长聘任这一环节应该已经展现得非常清晰明了。从而，我们也可以明白，案例 9－1 中唐某某作为幼儿园的创办者，聘任了自己作为其创办的幼儿园园长。虽然法律法规没有禁止这种行为，但对照以上罗列的法律法规，唐

---

① 幼儿园园长的任职年龄没有“法定限制”，即法律上的限定，但一般幼儿园，特别是民办幼儿园在聘任园长时往往是有年龄限制的，比如要求 30～35 岁或 50 岁以下，等等。

某某有资格来担任园长吗？这个问题留给读者自己来思考和回答。

二、园长的职责

做园长到底可以干些什么、必须干些什么和不能干些什么，即园长的法定权利和职责有哪些？职责是职务与责任的统一，是基于特定职务而产生的责任。一般而言，园长的权利往往也就是一种必须承担的责任。

（一）法律法规上园长的主要职责

《教育法》由于是有关教育的基本法律，并没有细致到规定园长职责；而《教师法》所规定的主要内容如同其名，是各类学校和其他教育机构教师的权利和义务，这里指称的教师应理解为不包括幼儿园园长，尽管事实上确有部分园长既从事着具体的教学工作，也进行着园内的行政管理工作。

《幼儿园管理条例》第二十三条规定了幼儿园内部管理的总原则，“幼儿园园长负责幼儿园的工作”，这在学理上被称为“园长负责制”。《幼儿园工作规程》相较于《幼儿园管理条例》更为具体地展开说明了幼儿园园长负责幼儿园的哪些工作：“幼儿园园长负责幼儿园的全面工作，主要职责如下：（一）贯彻执行国家的有关法律、法规、方针、政策和地方的相关规定，负责建立并组织执行幼儿园的各项规章制度；（二）负责保育教育、卫生保健、安全保卫工作；（三）负责按照有关规定聘任、调配教职工，指导、检查和评估教师以及其他工作人员的工作，并给予奖惩；（四）负责教职工的思想工作，组织业务学习，并为他们的学习、进修、教育研究创造必要的条件；（五）关心教职工的身心健康，维护他们的合法权益，改善他们的工作条件；（六）组织管理园舍、设备和经费；（七）组织和指导家长工作；（八）负责与社区的联系和合作。”

《幼儿园管理条例》

而《全国幼儿园园长任职资格、职责和岗位要求（试行）》可谓以上两个法规的集大成者，在充分继承前述条款的前提下，另做了便于实际操作的扩展性阐释。

现结合《幼儿园工作规程》的规定，将园长的主要职责归纳如下：

（1）贯彻执行国家的有关法律、法规、方针、政策和地方的相关规定。负责建立并组织执行各种规章制度，依法进行内部管理。

（2）负责教职工的思想政治工作、职业道德教育，组织文化、业务学习，并为他们的政治、文化和业务进修创造必要条件；维护教职工的正当权益，关心并逐步改善教职工的生活和工作条件；发挥教职工（代表）大会在幼儿园民主管理中的作用，调动和发挥教职工的主动性、积极性和创造性。

（3）主持幼儿园的保教工作，领导和组织安全保卫、卫生保健工作，贯彻有关的法规和规章，确保幼儿在园安全、卫生和健康；领导和组织教育工作，贯彻执行国家幼儿园课程标准，促进幼儿身心和谐发展。

（4）领导和组织行政工作，包括教师和其他工作人员的聘任、调配、考核（检查和评估）、任免、奖惩，以及园舍、设备和经费管理等。

（5）密切与家长和社区的联系，向家长和社区宣传正确的教育思想和科学的育儿知识，争取家长和社区支持幼儿园工作。

案例 9-2

2008 年 4 月，被告王荣花在朝阳区东坝乡租用了一处有四间平房的农家小院，开办了名为“阳光乐园”的幼儿园，并自当幼儿园园长。2010 年 1 月 17 日上午，共有 10 名幼儿留在园内，而照看他们的仅有王荣花哥哥的女友李彦巧一人（统管幼儿园的教学、卫生、饮食等）。午餐过后，其中一个孩子要求晚上包饺子吃，而幼儿园厨房里只有白菜，恰恰有多名幼儿不喜欢吃白菜馅饺子。于是，李彦巧自己提着菜篮子去菜场买土豆和肉。

临出门时，李彦巧忘了将放置在教室里的电热取暖器的插头拔掉，而正是这一疏忽直接导致了悲剧的发生。午休期间，一些孩子在教室隔壁的房间睡觉，而另一些处于无人照看状态下的小朋友开始在教室里玩电热取暖器。玩着玩着，电热取暖器倒地后起火，火势迅速蔓延至教室隔壁的房间，点燃了那里的棉被，大多数孩子跑到院子里呼救。

消防队员接到报警后立刻赶到现场，并很快将大火扑灭。不幸的是，年仅 2 岁的女童玲玲在这次火灾中失去了幼小的生命。事发后，警方将王荣花和李彦巧带走调查。2010 年 4 月底，检察院以消防责任事故罪对王荣花提起公诉，以过失致人死亡罪对李彦巧提起公诉。

经过调查，阳光乐园幼儿园并没有办学资质，不是合法办学机构，且曾被教育、安监、消防部门多次警告存在安全隐患，要求王荣花予以消除。但王荣花仅做了表面上的掩饰而未做实质上的整改。事发当天，王荣花自己因声带水肿，在家中休养，而原本仅有的两名幼儿教师早已相继离开。

最终，一审法院判决：李彦巧犯过失致人死亡罪，鉴于其有自首情节并自愿认罪，从轻判处有期徒刑 3 年；王荣花犯消防责任事故罪，鉴于其自愿认罪，并积极赔偿受害人父母万余元，从轻判处有期徒刑 2 年。

资料来源：刘杰．女童葬身火海　幼儿园园长获刑．中国消防，2010（18）：42.

拓展阅读

园长的岗位要求

（一）基本思想品德要求：

1. 坚持党的基本路线，拥护党的十一届三中全会以来的方针政策。努力学习建设有中国特色社会主义理论。

2. 热爱幼儿教育事业，热爱幼儿，尊重、依靠、团结教职工。

3. 实事求是，公正廉洁，严于律己，以身作则，作风民主。

4. 敬业守职，努力学习，积极进取，勇于改革创新。

（二）岗位专业要求：

1. 正确领会和掌握国家的教育方针、政策和法规的基本精神，熟悉幼儿教育法规和规章，坚持依法办园。

2. 有一定的幼儿卫生、心理和教育的基本理论，了解和掌握幼儿身心发展和教育的基本规律，有正确的教育观念。正确掌握国家幼儿园课程的主要内容和基本精神，并能组织实施。

3. 有幼儿园科学管理的基本知识。

（三）岗位能力要求：

1. 能根据党和国家的有关方针、政策和法规、规章结合本园实际制订本园发展规划和工作计划并组织实施。

2. 有管理和指导保教工作的能力，能组织管理幼儿园卫生保健工作；指导教师制订适合幼儿发展水平的教育计划；正确评析保育教育工作；组织开展有效的教研工作，帮助保教人员提高业务水平，改进保教工作。

3. 有一定的组织协调能力。能调动教职工的积极性，善于依靠和动员家长、社区等各方面的力量参与和支持幼儿园建设。

4. 有一定的撰写文稿和口语表达能力，能拟定工作计划，撰写工作经验和研究报告，并指导教师撰写文稿。

资料来源：国家教育委员会于 1996 年 1 月 26 日颁布的《全国幼儿园园长任职资格、职责和岗位要求（试行）》。

（二）园长负责制

园长负责制属于幼儿园的领导体制，可谓幼儿园内部管理的灵魂；具体是指幼儿园园长在举办者和教育行政部门的领导下，在党支部的保证监督、教职工的民主参与管理下，全面负责幼儿园保育教育和行政管理工作，共同实现幼儿园工作目标的一种基本管理制度①。

案例 9-3

某单位所属幼儿园的陈老师，在日常工作中不能很好地遵守劳动纪律，时有迟到、早退、串班聊天等违章情况的发生。在年底奖金发放时，园长根据奖罚制度从其年终奖金扣

① 王普华. 幼儿园管理. 北京：高等教育出版社，2005：115.

发150元作为处罚，并奖给出满勤、工作积极认真负责的李老师，以期起到奖优罚劣、奖勤罚懒、调动职工积极性的作用。陈老师感到心理很不平衡，认为幼儿园工作量大，放松一下没什么了不起，况且也没出现什么意外情况，要求园长退还扣发的奖金。

园长认为，既然制定了规章制度，就该认真贯彻执行，否则会挫伤本园职工的积极性，拒绝了陈老师的要求。陈老师很愤怒，认为园长对自己有看法，是打击报复她，还对园长进行人身攻击，并让家里人和她一起到园里大吵大闹，看到园长没有让步的意思，又找到单位主管幼儿园的上级领导哭闹，歪曲事实。

而此领导在没有调查清楚的情况下，轻率地表态，认为批评一下就可以，让园长把扣发的奖金还给陈老师，这样就使园长处于被动地位和两难境地。但该园长并不盲从上级领导，而是写材料呈报上级，讲明情况：如果不能贯彻执行幼儿园的规章制度，那么自己就无法胜任园长的工作，况且自己的做法是正确的。

上级领导对此很重视，经反复调查研究，做出决定：(1) 给陈老师记处分一次，扣发奖金不必退还。(2) 表扬该园园长对工作认真负责，能把制定的规章制度贯彻执行到底。

资料来源：张燕，邢利娅. 幼儿园管理案例及评析. 北京：北京师范大学出版社，2002：29-30.

园长负责制包含了以下两方面的含义：

第一，园长对外作为幼儿园的法人代表，做好与上级行政管理机构（包括上级领导）和社会（如所在社区、街道、具体的居民）之间的沟通和交流工作，为顺利开展内部管理扫清障碍；代表幼儿园参与有关的民事或行政诉讼。

第二，园长对内作为幼儿园的最高行政管理者，既统筹园内各项工作有条不紊地开展，协调处理教职员工间的工作关系，还全面承担幼儿园在民主管理前提下由于决策而产生的风险与责任。

园长对内的最高行政管理权是园长负责制的核心，具体包括决策指挥权、人事管理权和财政管理权。由于园长负责制赋予了园长十分大的权力，对权力的控制和监督显得尤为重要，以免美好的制度在运行中无形地被歪曲而走样。建立健全法律法规是个好方法，但属于外部环境的改善，过程漫长且一般难以控制。更好的方法已经在园长负责制的定义中得到了体现，即“两手”——第一手，党支部的保证监督；第二手，教职工的民主参与管理。

前者讲求政治思想上的领导与指引，不具体展开。重点介绍教职工如何民主地参与到幼儿园的管理中去。

教职工可以通过园务委员会来参与管理。起审议作用的园务委员会由保教、医务、财务人员的代表及家长代表组成，园长任主任，定期召开园务会议（遇重大问题可临时召集），对幼儿园工作计划、工作总结、人员奖惩、财务预算和决算方案及规章制度的建立、修改、废除等涉及全园工作的重大问题进行审议①。

由园长全面负责幼儿园保教和行政管理工作、党支部的保证监督、教职工的民主参与管理组成的“三位一体”的园长负责制是个较为科学的领导制度，但在对这一制度的理解与应用的过程中，须做到以下两点：

第一，需要特别注意避免走入两大误区②——“权力至上”（片面夸大园长的职权）和“权力真空”（片面夸大园长的责任）。

第二，园长应该做到以下两点③：一是做坚持原则的园长，按制度决定了的正确决策办事，绝不能收回；二是在特殊和意外事故中，除了果断做出决策以外，还应请示上级，让领导研究分析，采取正确决策，共同管理好幼儿园。

综上所述，我们回到案例 9－1，权当唐某某就是个合法创办的幼儿园所聘任的园长吧。关键在于，唐某某一直没有在她所创办的幼儿园里建立并执行我们所谓的规章制度，甚至她根本没有一点依法治园的意识；她没有严格把好教师和其他职工的聘任关；她没有也不可能给予保教人员规范的各方面的专业培训（保教人员不能意识到饱餐的婴儿餐后平躺极有可能发生食物从食道回流至气管，从而堵塞气管引起窒息危及生命）；她没有坚持贯彻执行关于幼儿园招生的相关规定，而让一个只有 1 岁 8 个月的幼儿进入幼儿园；她没有完好地配备幼儿园所必需的保健人员和相关设备，导致发生幼儿伤害事故时难以及时处置……我们可以根据案情推断得出唐某某作为园长却未尽园长之职的结论。刘小某的死亡，在笔者看来不可避免。

再深入分析，就会发现唐某某作为园长最大的问题在于她始终不曾考虑过，也不曾明白过，幼儿园园长到底应该扮演什么角色。她的这一困惑将在接下来得到解答。

三、园长的角色④

幼儿园园长到底有哪些社会角色需要扮演呢？园长的主要角色为教育者、领导者、管理者、经营者、学习者、服务者和开拓创新者等。园长首要的角色便是拥有先进教育理念的教育者，然后才是领导者和管理者。一个完全不懂教育的人，即使拥有强大的领导力和出众的管理才干，也是不可能胜任园长职位的。作为领导者，园长决定着一个幼儿园的办

---

① 屈玉霞．幼儿园经营与管理．2 版．北京：科学出版社，2011：59．未建园务委员会的小型幼儿园，可由园长召开全体教职工大会进行商议。

② 王洪成．论园长负责制实施中的两个误区．学前教育研究，2000（6）：47－48．

③ 张燕，邢利娅．幼儿园管理案例及评析．北京：北京师范大学出版社，2002：30．

④ 角色，通常指“戏剧或电影、电视中，演员扮演的剧中人物”，也“比喻生活中某种类型的人物”。西方学者萨宾（T. R. Sarbin）从心理学的角度，认为角色是对某一社会地位或身份占有者的行为期待。而著名管理学家凯茨（Katz）和卡恩（Kahn）则认为角色是人们在既定的运作关系中所必须采取的标准化行为模式。社会学将这种具有一定社会地位或身份的人所应有的行为模式称为社会角色。

学方向、品位和层次，其所要优先考虑的是幼儿园的生存和发展[①]。管理者是园长在实际工作中扮演的主要角色，其有三种不同的角色定位——经理人、组织者和交流者[②]。经营者角色让园长更加关注作为一个公司、企业的幼儿园本身的经济效益，其目标就是打造一所效益良好的园所。学习者角色要求园长能够接受继续教育，有终身教育的理念取向，所谓“学无止境”——不仅仅在于知识的汲取和更新，更为重要的是能力的提升和经验的累积。服务者角色意味着园长在日常管理之余，还要给幼儿身心发展、家长教育观念转变、教师职业成长提供足够的支持与帮助。开拓创新者角色意即幼儿园园长要有创新精神和对社会发展进程的敏锐洞察力和把握力。

随着当前社会思想观念变革、学前教育改革深化，幼儿园的内外部环境都发生了重大改变，园长和教师互依角色的内涵与关系也发生了根本性转变。新时代幼儿园园长的角色应该是教师工作的合作者、教师发展的支持者、教师创新的引领者和内外环境的协调者[③]。

在案例 9-1 中，笔者认为唐某某实际上可能仅仅扮演了三类角色：低层次的教育者、完全不合格的管理者和马马虎虎的经营者。面对自己所创办的幼儿园，她更像是在艰难地经营，而非有效地管理。

接下来，笔者简要摘录了三个真实发生在我们身边的幼儿园园长因渎职失职而涉嫌犯罪的案例，以供读者深入思考本节内容。

案例 9-4

（一）

2013 年 1 月，黄某在相关部门的许可下创办了南召县云阳镇培优幼儿园，并自任园长。根据幼儿园安全有关规定，黄某应对校园安全负责。同年 5 月 31 日，黄某发现该幼儿园南墙边的秋千架摇篮发生故障，就拆掉了摇篮，将固定秋千架的绳子去掉，准备将秋千架拆除，但因其他事延误了，也未对秋千采取安全防护措施。6 月 6 日 10 时许，秋千架倾倒，将在该幼儿园上学的 5 岁幼儿袁某头部砸伤，黄某等人当即将袁某送到医院抢救，经医院检查，袁某已死亡。11 时 37 分，黄某拨打“110”报警，并在现场配合公安机关人员调查。

法院审理认为，被告人黄某身为幼儿园的负责人（园长），应对幼儿园的安全负责，在发现秋千架有安全隐患的情况下，进行拆除，在未拆除完毕的情况下，应当预见到秋千架会倾倒，自己的行为可能发生危害社会的结果，但轻信能够避免，致使发生重大事故，

① 李江红．浅谈幼儿园园长的角色转换．甘肃教育，2011（24）．

② 赵丽娟．试论如何扮演好幼儿园园长的角色．现代教育教学导刊，2013（5）．

③ 潘月娟．新时代幼儿园园长角色的内涵与标准．教育家，2023（42）．

致一人死亡。其行为构成教育设施重大安全事故犯罪，黄某在事故发生后，主动向公安机关报案，并在公安机关传唤后能如实地供述自己的罪行，系自首。可对其从轻处罚，法院遂依法做出如下判决：被告人黄某犯教育设施重大安全事故罪，判处有期徒刑1年，缓刑2年。

资料来源：秋千未固定砸死男童　幼儿园园长犯罪领刑.（2013-11-20）. http://www.hnfzb.com/hnfzb/dsjz/2013/11/20/183254.shtml.

（二）

河北省平山县两河乡两河村的两所幼儿园因生源问题产生矛盾，甲幼儿园园长李某因生源都被乙幼儿园抢走了，十分气愤，遂产生了报复乙幼儿园的想法。2013年4月24日早晨，李某用注射器将毒鼠强注射到酸奶中，并派知情的教师王某将其和拼音本等物装在一起，放置在了乙幼儿园附近的幼儿上学必经之路上。

当日，平山县两河乡两河村一老人在送孙女丙和外孙女丁上学的路上，意外捡到了一瓶酸奶和几个拼音本。而当孙女丙和外孙女丁相继分着喝下这瓶酸奶后，突然全身抽搐，不省人事，当场死亡。警方在立案调查后发现，酸奶中竟含有毒鼠强，经过缜密的调查，确定在酸奶中投毒的正是甲幼儿园园长李某。随后，两名犯罪嫌疑人（李某和王某）因涉嫌投放危险物质罪被警方刑事拘留。

资料来源：河北平山幼儿园投毒案两犯罪嫌疑人被刑拘.（2013-05-03）. https://china.huanqiu.com/article/9CaKrnJAlq3. 案例中，笔者为指称方便，将两名犯罪嫌疑人称为李某和王某，且因编写需要，将具体的案情做了一定的改变，可能与事实有出入，特此说明。

（三）

2011年5月，数百名离职幼儿教师集体向媒体投诉珠海香洲创艺荣泰中英文幼儿园（民办园）克扣老师工资、克扣孩子伙食。曾任这家幼儿园厨师的吴清秀向媒体表示："这里的厨师很难当，做300多人的饭，每4天才能用一瓶用普通矿泉水瓶装的油，一个鸡蛋、一个苹果要一分为四、一分为六，分给4个人、6个人，一根香肠要对半再对半切……"

随着媒体的介入调查，发现这家幼儿园在财务管理上存在巨大的问题。曾任这家幼儿园会计的黄美梅提供了该园2010年11月的伙食费实际支出账单。这份账单表明，当月真实的买菜款仅为8 040元，比虚假的账单少48 826元。据此推算，每个孩子在该园日均花费不到1元钱。即使加上煤气费、油米钱和厨师费，每月实际支出也远低于每个孩子每月交的210元伙食费。有家长反映："每个月仅克扣伙食费就高达5万元，一年总计克扣60万元。"但该幼儿园原园长莫宝珠做出的回应是，这是"清淡营养餐"。

接到相关报案后，珠海市公安局和香洲分局组织力量调查。经查，该园原园长莫宝珠在任期间，不但通过虚开现金支出票据以实际不到1元的"清淡营养餐"克扣幼儿伙食费，而且在收取的幼儿伙食费、保险费、保育费等项目上涉嫌诈骗和职务犯罪。

2011 年 5 月 12 日，因涉嫌诈骗和职务犯罪，珠海香洲创艺荣泰中英文幼儿园原园长莫宝珠被刑事拘留。

资料来源：珠海一幼儿园园长因涉嫌诈骗和职务犯罪被刑拘．新华网，2011-05-15.

第二节　幼儿园其他工作人员

按照相关法律法规的规定，幼儿园还须配备诸如保育员、医务人员、后勤人员、安保人员和园长以外的其他管理人员等各类员工，统称为“其他工作人员”。在“其他工作人员”中，保育员的地位较为重要，因为其承担了整个幼儿园保教工作的一半，也是现代幼儿教师正常开展教学活动不可或缺的助手。

一、保育员

案例 9-5

王芳（19 岁），四川省广汉市万福镇人。2000 年，王芳的父母双双去世，为其留下 10 万元家产。她在郫县打工时认识了大她近 10 岁的雷洋，一见钟情的王芳不顾雷“离过婚”并带有一子，心甘情愿地与其过起了同居生活，并拿出 4 万元用雷洋的名义开了一家茶楼，还花了 2 万元装修。

2002 年 4 月，雷洋的妻子来到茶楼，告诉了王芳他们已经结婚的事实，并对她辱骂。王芳得知后彻底崩溃，一气之下割腕自杀，幸得其朋友救起。伤愈后，眼见着身上本就不多的钱已花得所剩无几，王芳决定离开雷洋回家重新生活。途经金堂县城新区十里大道时，繁华盛景令她动了绑架弄钱的歪念。

5 月 23 日，王芳来到金堂赵镇，化名曾洁到星光职介所登记找幼教工作。经红蜻蜓幼儿园面试，王芳成为该园的保育员。5 月 28 日下午，王芳午休后正在叠被子，一个 3 岁的小女孩找到她要上厕所。见四下无人，园内后门大开，王芳借机将小女孩哄骗出幼儿园，带至其在郫县犀浦的暂住地。

晚上，王芳连夜写好敲诈信，自称黑帮成员，因老大坐牢急需 5 万元救人，恐吓红蜻蜓幼儿园在 2 日内将 5 万元打入指定账号。若报警或不从，后果自负。次日，王芳带着小女孩回到金堂，并将装有存折及密码的恐吓信交给幼儿园，其后返回郫县犀浦，购买了一部手机，并花 100 元将小女孩全托寄养在犀浦一幼儿园内一个星期。此后两天，手持储蓄卡的王芳不断到银行查看账户，发现卡上存入了 3 万元，但密码却被修改，取不出钱。

6月3日，王芳用新买的手机打电话到红蜻蜓幼儿园，催其尽快交清赎款。金堂警方通过技术侦查手段查出恐吓电话来自犀浦方向。6月4日，警方抓获在街上闲逛的王芳，并根据其交代，从犀浦某幼儿园中成功解救被绑小女孩。

资料来源：负心郎花去痴情女数万遗产　弱女子斗胆绑架幼女．新华网，2002-08-20.

在案例9-5中，红蜻蜓幼儿园在招聘保育员时，并没有仔细考察其所聘用人员的基本情况，例如查看应聘者的身份信息并做详细登记。这让案件中的犯罪嫌疑人王芳有了可乘之机，最终导致一起绑架幼儿园幼儿的案件发生。

案例9-5并没有说明王芳的文化程度如何，也没有说明她是否曾经受过相关的培训。我们不禁要问：法律上有没有像教师和园长一样规定保育员的任职条件呢？如果有，那具体是什么？更进一步，保育员日常须做哪些工作，即其主要职责是什么？在工作中其须具备怎样的职业道德和素养？现实中，保育员的素质和生存状态如何？若不理想，又怎么去改善和提高？

（一）保育员的任职条件

《幼儿园工作规程》第四十二条规定："幼儿园保育员应当符合本规程第三十九条规定，并应当具备高中毕业以上学历，受过幼儿保育职业培训。"《学前教育法（草案）》第四十条规定："保育员应当具有国家规定的学历，并受过幼儿保育职业培训。卫生保健人员包括医师、护士和保健员，医师、护士应当取得相应执业资格，保健员应当具有国家规定的学历，并受过卫生保健专业知识培训。幼儿园其他工作人员的任职资格条件，按照有关规定执行。"

《幼儿园工作规程》

对于我国保育员的学历要求，有专家认为订立得过低，应该学习西方发达国家设立高学历门槛。综观其他国家和地区的幼教机构规程，除美国伊利诺伊州《日托中心执照发放标准》规定幼教机构教师助理需要拥有高中学历，亚拉巴马州《日托中心和夜间托管中心规程最低标准》规定教师助理必须至少接受过八年级的教育之外，大多数国家和地区的相关文件都没有关于教师助理（或保育员）最低学历的规定①。

"受过幼儿保育职业培训"则是保育员任职的专业背景条件。国外不重视学历，而是极其注重保育员是否受过正规系统的相关培训，是否拥有足够的驾驭此项工作的能力。比如，澳大利亚新南威尔士州《儿童服务规章》规定，如果一组儿童中有一名小于两岁，幼教机构就必须聘请一名保育员全程照看，这名保育员必须满足以下条件之一：（1）是已完成育儿学校继续教育课程并获得四级证书或接受过正规儿童服务培训机构的培训并获得三

① 严冷，于开莲，高维华，等．中外幼教机构工作人员聘任条件的比较：基于对各国幼教机构规程的分析．学前教育研究，2011（8）.

级证书的注册护士；（2）是具有为儿童服务的经验的注册护士；（3）获得儿童保育证书、相关专业大专学历或正规培训机构颁发的儿童服务培训证书①。

根据《幼儿园工作规程》第四十二条的规定，其正式将保育员的学历要求提高到高中毕业以上，这是根据社会发展的具体情况提出的，基本做到了与国际接轨。

拓展阅读

《国家职业技能标准：保育员》节选

1.1　职业名称

保育员

1.3　职业定义

在托幼园所、社会福利及其他保育机构中，从事儿童基本生活照料、保健、自理能力培养和辅助教育工作的人员。

1.8　职业技能鉴定要求

1.8.1　申报条件

具备以下条件之一者，可申报五级/初级工：

（1）累计从事本职业或相关职业工作1年（含）以上。

（2）本职业或相关职业学徒期满。

具备以下条件之一者，可申报四级/中级工：

（1）取得本职业或相关职业五级/初级工职业资格证书（技能等级证书）后，累计从事本职业或相关职业工作4年（含）以上。

（2）累计从事本职业或相关职业工作6年（含）以上。

（3）取得技工学校本专业或相关专业毕业证书（含尚未取得毕业证书的在校应届毕业生）；或取得经评估论证、以中级技能为培养目标的中等及以上职业学校本专业或相关专业毕业证书（含尚未取得毕业证书的在校应届毕业生）。

具备以下条件之一者，可申报三级/高级工：

（1）取得本职业四级/中级工职业资格证书（技能等级证书）后，累计从事本职业或相关职业工作5年（含）以上。

（2）取得本职业或相关职业四级/中级工职业资格证书（技能等级证书），并具有高级技工学校、技师学院毕业证书（含尚未取得毕业证书的在校应届毕业生）；或取得本职业四级/中级工职业资格证书（技能等级证书），并具有经评估论证、以高级技能为培养目标的高等职业学校本专业或相关专业毕业证书（含尚未取得毕业证书的在校应届毕业生）。

---

①　严冷，于开莲，高维华，等．中外幼教机构工作人员聘任条件的比较：基于对各国幼教机构规程的分析．学前教育研究，2011（8）．

（3）具有大专及以上本专业或相关专业毕业证书，并取得本职业或相关职业四级/中级工职业资格证书（技能等级证书）后，累计从事本职业或相关职业工作2年（含）以上。

1.8.2　鉴定方式

分为理论知识考试和技能考核。理论知识考试采用闭卷笔试或机考等方式进行，技能考核采用模拟操作、实际操作或笔试的方式进行。理论知识考试和技能考核均实行百分制，成绩皆达60分及以上者为合格。

1.8.3　监考人员、考评人员与考生配比

理论知识考试中的监考人员与考生配比不低于1∶15，且每个考场不少于2名监考人员。技能考核采用模拟操作或实际操作时考评人员为3人（含）以上单数，每组考评员人数不低于3人；技能考核采用笔试时监考人员与考生配比为1∶15，每个考场不少于2名监考人员。

1.8.4　鉴定时间

理论知识考试时间为90min；技能考核时间：笔试考核不少于90min，模拟操作考核或实际操作考核时间不少于30min。

1.8.5　鉴定场所设备

理论知识考试应在标准教室进行。技能考核采取模拟操作考核或实际操作考核的，应在具有必要的流动水源，具有玩具、婴幼儿睡眠和进餐物品、桌椅及其他物品，且室内卫生和风条件良好、光线充足、设施安全的场所进行。技能考核采取笔试形式的，应在配备投影仪和音、视频播放设备的标准教室进行。

（二）保育员的主要职责①

《学前教育法（草案）》第四十三条规定：幼儿园园长、教师、保育员、卫生保健人员、安全保卫人员和其他工作人员应当遵守法律法规和职业道德规范，尊重、爱护和平等对待学前儿童，不断提高专业素养。

《幼儿园工作规程》第四十二条简明概括了保育员的主要职责：

（1）负责本班房舍、设备、环境的清洁卫生和消毒工作。

（2）在教师指导下，科学照料和管理幼儿生活，并配合本班教师组织教育活动。

（3）在卫生保健人员和本班教师指导下，严格执行幼儿园安全、卫生保健制度。

（4）妥善保管幼儿衣物和本班的设备、用具。

① 有些教材可能称之为“岗位要求”，如童宪明主编的《幼儿教育法规与政策》。而《幼儿园工作规程》使用“主要职责”一词。很难说用哪一个词更为确切，且其所要表达的内容是一致的。本书使用后者是出于忠实于法条的考虑。

保育员的第一项职责类似于“保洁员”，具体包括每日清洁卫生工作（如拖地、开窗通风等）和定期清洁卫生工作（如对玩具的消毒和洗晒等）。而其最后一项职责类似于“管家”或“保姆”，具体包括对幼儿物品（衣物、被褥与随身饰品等）、班级财产（桌椅、日用品与玩教具等）的整理和保管。之所以说是“类似于”，即表明“实际上不是”。如果只将保育员肤浅地理解为“保洁员”和“保姆”的合二为一，不仅仅是对其的不尊重和歧视，更是一种片面乃至错误的认识。

保育员在幼儿的身旁做具体工作时，幼儿绝不单单是旁观者和“欣赏者”。他们在看，也在模仿，而模仿恰恰是这个年龄段孩子主要的学习方式。如果想让幼儿学会将取来的玩具在游戏后放回刚才取的地方或整理自己的物品（让玩具回家），幼儿教师在特意开展的主题社会活动的课堂上，即使强调一百遍也毫无效果；而保育员日常的爱护和整理物品的行为，会潜移默化地让幼儿在好奇的模仿中养成同样的好习惯，并且这样的模仿是会在幼儿之间“传染”的。我国古代所谓“言传身教”大概就是如此。从这个层面上讲，保育员是幼儿更好的“教师”①。

保育员的第二项职责直接体现了其作为教育者的作用。“管理幼儿生活”表明保育员是幼儿的生活教师。“配合本班教师组织教育活动”表明保育员是“配班”，是教师的助理。保育员要积极地参与到教学活动设计和实施的整个过程中去，在设计教学活动时献计献策，在准备教学活动时尽心尽力，在进行教学活动时切勿不闻不问。如今，幼儿教师的工作压力巨大，往往感觉分身乏术，期盼保育员能分忧解难。只有教师和保育员地位平等、分工明确而又通力合作，才能创造出一个真正优秀的幼儿班级。

拓展阅读

某示范幼儿园保育员的主要工作

1. 晨间清洁卫生

（1）每天7点半开窗通风，冬季开窗15分钟。

（2）检查幼儿的茶杯。准备保温桶中的幼儿饮用水。可在前一天晚上放入开水，以使第二天有饮用的温开水。水温要符合幼儿安全，以滴在成人手背上不烫为宜，如开水过烫则要开盖降温。

（3）湿扫湿抹。先用清水将窗沿、桌面、玩具柜擦一遍。然后再用消毒液擦一遍。最后把地面、走廊拖一遍。

（4）最后整理。做到不凌乱，杂物不乱放。

---

① 曾有国内学者提议撤销保育员称谓，将保育员也称为“教师”。参见姜冬梅的《幼儿园可否撤销保育员称谓》（《山东教育》2003年增刊第3期）。本书认为，改变一个称谓多数是形式意义大于实际意义，且若均称为“教师”，会造成现有法律法规指称上的混乱。更为有趣的是，如果将保育员也称为“教师”，那么是否应该将保育员和教师的任职条件统一呢？

（5）盥洗室的准备。为幼儿备好洗手的肥皂，检查幼儿擦手的毛巾是否齐全。

（6）厕所的清洁卫生。先用清水冲洗一遍，然后用消毒液再刷一遍。

2. 晨间接待

（1）配合教师做好接待工作。

（2）做到穿戴整齐，仪表整洁、大方，热情接待。与家长做简短交谈，了解一下幼儿在家的情况。检查一下幼儿的口袋。

（3）对患病的幼儿或情绪不好的幼儿要特别关照。

（4）组织幼儿擦椅子，指导幼儿擦，但不要过多地干涉和过多地要求。这一点根据情况来做，不一定每天都擦。

3. 幼儿户外活动中的保育护理

（1）幼儿户外活动每日不少于2小时。

（2）保育员注意观察每一个幼儿，注意幼儿使用的活动器具的安全。幼儿衣服不宜穿得过多。安排幼儿按顺序玩，不要拥挤和推打。

（3）幼儿在户外活动中，保教人员要全神贯注，不得随意离开幼儿，也不要聚在一起聊天。

（4）做操时，保育员要关心幼儿的情绪等。

（5）保育员负责做好活动后的整理和安全防护工作。

4. 大小便习惯的培养

（1）为幼儿准备敞开式的、清洁卫生的、安全符合幼儿特点的盥洗和如厕设备。进食前或如厕后必须用肥皂洗手。

（2）组织幼儿盥洗时要维持好幼儿的秩序。

（3）注意观察幼儿大小便情况，如有异常要及时记录并向保健教师汇报。

（4）保教人员在处理完幼儿大小便后要用肥皂洗手。

5. 盥洗

（1）养成幼儿手脏、进食前、大小便后用肥皂洗手的习惯。洗手时教幼儿怎么卷袖子或往上拉。

（2）洗手时手心、手背、手指缝到手腕关节活动处都要洗，先用流水淋湿手心、手背等处，然后抹上肥皂，双手心须搓出肥皂泡后用流水冲洗干净。洗完双手后将小手在水池内甩三下，防止水滴在地上，用自己的毛巾擦干双手。保教人员要帮助年纪较小的幼儿拉下袖子。

（3）保教人员要帮助不会洗手的幼儿洗手。

（4）对幼儿大便拉在身上或腹泻的幼儿，大便后先换下弄脏的衣裤，然后用便纸擦干净幼儿屁股，再用温水给幼儿清洗。洗屁股的盆要专用，每次用后消毒备用。洗屁股时由前往后洗，也可用水壶冲洗。

（5）给幼儿盥洗时，动作要轻柔，语言要和蔼可亲，不要留长指甲或戴容易擦伤幼儿皮肤的戒指。对大便在身上的幼儿不能训斥或埋怨，以免增加幼儿的心理负担。

6. 早点的安排

（1）幼儿的早点工作由保教人员相互配合，各尽其责，教师负责组织幼儿有序地上厕所、洗手，保育员负责点心的准备。

（2）保育员做好早点前的桌面消毒。

（3）倒牛奶时，保育员必须到每个幼儿的位子上去倒。一次不能倒得太多，以杯子的一半为好，并注意第二次添加。

资料来源：童宪明. 幼儿教育法规与政策. 上海：复旦大学出版社，2013：97-98.

（三）保育员的基本要求

在2019年《国家职业技能标准：保育员》里，关于保育员的基本要求由职业道德和基础知识两部分组成。

2.1　职业道德

2.1.1　职业道德基本知识

2.1.2　职业守则

（1）为人师表，遵纪守法。

（2）关爱儿童，平等尊重。

（3）勤奋好学，恪尽职守。

（4）认真观察，合规操作。

（5）文明礼貌，友善协作。

2.2　基础知识

2.2.1　婴幼儿生理、心理教育基本知识

（1）婴幼儿生理学知识。

（2）婴幼儿卫生保健知识。

（3）婴幼儿心理学知识。

（4）婴幼儿教育学知识。

2.2.2　常见病及常见传染病基础知识

（1）婴幼儿常见病及其保健知识。

（2）婴幼儿常见传染病及其预防知识。

2.2.3　婴幼儿安全知识

（1）婴幼儿安全常识。

(2) 婴幼儿伤害预防及紧急处理。

2.2.4 婴幼儿营养学知识

(1) 婴幼儿的营养需要。

(2) 婴幼儿常见营养问题及合理膳食。

2.2.5 婴幼儿发育行为知识

(1) 婴幼儿发育行为基础知识。

(2) 婴幼儿发育和行为障碍。

2.2.6 相关环境知识

(1) 学前教育机构的环境及其利用知识。

(2) 班级环境及其利用知识。

2.2.7 相关法律、法规知识

(1)《中华人民共和国未成年人保护法》的相关知识。

(2)《中华人民共和国教育法》的相关知识。

(3)《中华人民共和国劳动法》的相关知识。

(4)《幼儿园教育指导纲要（试行）》的相关知识。

(5)《幼儿园工作规程》的相关知识。

(6)《幼儿园饮食卫生条例》的相关知识。

(7)《幼儿园教师专业标准（试行）》的相关知识。

(8)《托儿所、幼儿园卫生保健管理办法》的相关知识。

(9)《托儿所、幼儿园卫生保健工作规范》的相关知识。

(10)《3－6岁儿童学习与发展指南》的相关知识。

(11)《全国家庭教育指导大纲》的相关知识。

（四）保育员的现状

学前教育质量的提升离不开保育员的辛勤工作，也需要保育员具有专业性的理论与技能。但是，保育员的现实情况如何呢？通过案例9－6让我们了解一下保育员的现状。

案例9－6

某市安祺幼稚园（民办幼儿园）保育员赵某某，23岁，无保育员从业资格证书，也未曾有保育工作经验。2013年5月9日午睡时，赵某某班上的男童航航不好好睡觉，老是讲话，当航航因某样东西掉到墙边上而爬起来去捡时，赵某某使用十字绣的针在航航的手上扎了总共14个针眼……

资料来源：男童午睡讲话遭保育员扎14个针眼　当事者被开除．(2013－05－11)．http://www.chinanews.com/edu/2013/05-11/4807964.shtml.

类似案例 9－6 的悲剧时有上演。对于幼儿园保育员基本素质的现状，有人做过一个细致的问卷调查研究，结论是存在以下的问题：(1) 身心素质差（身体普遍处于亚健康状态、心理素质水平低、情绪调控能力差）；(2) 事业心淡薄；(3) 学历水平低，缺乏系统的专业知识与技能；(4) 保教观念落后（认为“保育员”就是“保姆”、消极保育多于积极保育、不能平等对待与尊重幼儿、忽视自身行为的隐性教育价值）；(5) 保教能力素质不高（保育工作缺乏科学性和规范性、忽视幼儿的心理保育、缺乏参教意识和行为、教育敏感性不强且缺乏随机教育意识、保育科研能力和自我监控能力缺乏）①。

保育员整体素质的低下造成了其生存环境的恶劣，最直接表现在保育员的工资待遇不佳，与教师所享有的待遇不可同日而语。第二个较为明显的表现是保育员群体的社会地位偏低，社会对其评价较差，民众普遍没有形成对保育员工作的崇敬感。最后一个容易被忽视的表现为保育员整体年龄结构失衡，确切来说是年龄大多偏高（优质幼儿园广泛存在幼儿教师因年龄大而退居二线从事保育员工作的情况），得不到“新鲜血液”的补充。

（五）保育员现状的改善

针对保育员的糟糕现状，我们怎么去改善呢？真正有效、可行的建议和对策一定是基于对现实的充分感知、体会和理性的分析。综合一些学者提出的观点，我们归纳了两方面共十条建议和对策（见表 9－1）。

表 9－1　十条建议和对策

从提升保育员自身素质出发	1. 保育员自身提高文化水平和专业技能，积极适应社会的发展
	2. 保育员要加强对自我的认同感，转变对自己职业的看法；积极保护自身合法权益
	3. 保育员自身要重视保育知识和技能的不断学习、更新和提高；主动把握培训的机会
	4. 保育员自身强化竞争意识和合作意识，开展相互之间的探讨和学习，通过自我管理提升专业精神；积极投入保育科研活动，培养自身的科研意识并学会反思
从改善保育员外部环境出发	5. 政策与法规提高对保育员的任职条件和岗位要求
	6. 幼儿园严格执行保育员持证上岗制度
	7. 政府和幼儿园提高保育员的地位和经济待遇
	8. 相关机构加强对保育员的职前培训；幼儿园加强保育员的职后培训（包括选送保育员参加脱产的专业培训和开展园本培训）
	9. 幼儿园开展保育竞技和保育科研（幼儿园之间与幼儿园内部）
	10. 幼儿园内部制定合理的保育员奖惩激励机制（实行岗位绩效评估）

全国很多幼儿园近几年开始积极构建“保育员岗位绩效评估”制度的尝试，将保育工作直接与个人奖金挂钩，以提高非在编的保育员工作的积极主动性。表 9－2 是福建某一实行该制度的幼儿园制定的具体评估表，以供参考。

① 杨彦涓. 幼儿园保育员基本素质存在的问题及对策的研究. 长沙：湖南师范大学，2008.

表 9－2　保育员岗位绩效评估表

<table>
<tr><td colspan="2">年　　月　　日</td><td colspan="2">姓名：</td><td colspan="3">班级：</td></tr>
<tr><td rowspan="2"></td><td rowspan="2">评估标准</td><td rowspan="2">分值</td><td colspan="3">评估得分</td></tr>
<tr><td>自评</td><td>互评</td><td>园评</td></tr>
<tr><td rowspan="3">卫生和保管</td><td>1. 负责本班清洁卫生，每天做好包干区卫生工作，每周大扫除一次</td><td>10</td><td></td><td></td><td></td></tr>
<tr><td>2. 每天做好杯子、毛巾的消毒工作</td><td>10</td><td></td><td></td><td></td></tr>
<tr><td>3. 妥善保管幼儿衣服和班级设备、用品</td><td>10</td><td></td><td></td><td></td></tr>
<tr><td rowspan="3">管理幼儿</td><td>1. 管理好幼儿的生活</td><td>10</td><td></td><td></td><td></td></tr>
<tr><td>2. 进食前组织幼儿洗手，并让幼儿吃饱、睡好</td><td>10</td><td></td><td></td><td></td></tr>
<tr><td>3. 能根据天气冷热及时给幼儿增减衣服</td><td>5</td><td></td><td></td><td></td></tr>
<tr><td rowspan="2">参与教育</td><td>1. 配合本班教师组织适当的教育活动，参与幼儿早操、游戏活动的组织，做好玩教具准备、整理工作</td><td>15</td><td></td><td></td><td></td></tr>
<tr><td>2. 帮助教师做好安全防护工作</td><td>10</td><td></td><td></td><td></td></tr>
<tr><td rowspan="3">工作态度</td><td>1. 遵守幼儿园的规章制度，不迟到、不早退、不随便请假</td><td>10</td><td></td><td></td><td></td></tr>
<tr><td>2. 上班时间不干私活，坚守工作岗位</td><td>5</td><td></td><td></td><td></td></tr>
<tr><td>3. 团结同事，不讲不团结的话，有协作精神</td><td>5</td><td></td><td></td><td></td></tr>
<tr><td>总评</td><td></td><td>总分</td><td></td><td></td><td></td></tr>
<tr><td>备注</td><td colspan="5"></td></tr>
</table>

二、其他工作人员

（一）其他工作人员的任职条件

1. 卫生保健人员

根据《幼儿园工作规程》第四十三条和 2010 年由卫生部和教育部联合发布的《托儿所幼儿园卫生保健管理办法》第十一条的规定，幼儿园卫生保健人员的任职条件如下：

（1）在卫生室工作的医师应当取得卫生行政部门颁发的《医师执业证书》。

（2）在卫生室工作的护士应当取得卫生行政部门颁发的《护士执业证书》。

（3）在保健室工作的保健员应当具有高中以上学历，并经过卫生保健专业知识培训，具有托幼机构卫生保健基础知识，掌握卫生消毒、传染病管理和营养膳食管理等技能。

一般幼儿园均须配备医师和护士，但规模较小的幼儿园可以退而求其次，选择配备保健员。

2. 事务人员

事务人员包括了幼儿园的后勤人员、安保人员、财会人员和园长以外的管理人员等。《幼儿园工作规程》并没有具体言明他们各自的任职条件，规定“幼儿园其他工作人员的资格和职责，按照国家和地方的有关规定执行”。

（二）其他工作人员的主要职责

1. 卫生保健人员

《学前教育法（草案）》第四十三条规定：幼儿园园长、教师、保育员、卫生保健人员、安全保卫人员和其他工作人员应当遵守法律法规和职业道德规范，尊重、爱护和平等对待学前儿童，不断提高专业素养。

《学前教育法（草案）》

《幼儿园工作规程》第四十三条初步规定了幼儿园卫生保健人员的主要职责：

（1）协助园长组织实施有关卫生保健方面的法规、规章和制度，并监督执行。

（2）负责指导调配幼儿膳食，检查食品、饮水和环境卫生。

（3）负责晨检、午检和健康观察，做好幼儿营养、生长发育的监测和评价；定期组织幼儿健康体检，做好幼儿健康档案管理①。

（4）密切与当地卫生保健机构的联系，协助做好疾病防控和计划免疫工作。

（5）向幼儿园教职工和家长进行卫生保健宣传和指导。

（6）妥善管理医疗器械、消毒用具和药品。

《托儿所幼儿园卫生保健管理办法》更为具体地规定幼托机构卫生保健工作的内容：

（1）根据儿童不同年龄特点，建立科学、合理的一日生活制度，培养儿童良好的卫生习惯。

（2）为儿童提供合理的营养膳食，科学制订食谱，保证膳食平衡。

（3）制订与儿童生理特点相适应的体格锻炼计划，根据儿童年龄特点开展游戏及体育活动，并保证儿童户外活动时间，增进儿童身心健康。

（4）建立健康检查制度，开展儿童定期健康检查工作，建立健康档案。坚持晨检及全日健康观察，做好常见病的预防，发现问题及时处理。

（5）严格执行卫生消毒制度，做好室内外环境及个人卫生；加强饮食卫生管理，保证食品安全。

（6）协助落实国家免疫规划，在儿童入托时应当查验其预防接种证，未按规定接种的儿童要告知其监护人，督促监护人带儿童到当地规定的接种单位补种。

（7）加强日常保育护理工作，对体弱儿进行专案管理。配合妇幼保健机构定期开展儿童眼、耳、口腔保健，开展儿童心理卫生保健。

（8）建立卫生安全管理制度，落实各项卫生安全防护工作，预防伤害事故的发生。

（9）制订健康教育计划，对儿童及其家长开展多种形式的健康教育活动。

---

① 此项为2016年再次修订《幼儿园工作规程》时新增加的。

（10）做好各项卫生保健工作信息的收集、汇总和报告工作。

2. 事务人员

与其任职条件一样，参照政府的有关规定执行。

思考与练习

一、问答题

1. 什么是园长负责制？

2. 简述园长的任职资格。

3. 简述园长的主要职责。

4. 简述保育员的任职条件与主要职责。

二、材料分析题

张某，Z省幼儿师范学院中专毕业，在幼儿教育岗位工作多年。在20世纪90年代中后期的幼儿园转制期间，他接手了一家镇中心幼儿园M园，M园由公办园转为民办园，张某出任园长。由于张某在该园工作时间较长，加之业务能力较好，得到大部分教师和工作人员的认可。因此，张某在该园实际运营过程中，通常根据便利原则组织和安排M园的管理工作。

张某的小女儿T，中文专业毕业，由于没有满意的就业岗位，张某就安排T到M园工作。第二年张某安排T做园长工作。

请根据《民办教育促进法》《幼儿园工作规程》的有关规定，分析张某做法的不妥之处。

图书在版编目（CIP）数据

学前教育政策与法规/周小虎主编. --3 版.
北京：中国人民大学出版社，2024. 8. --（21 世纪学前教师教育系列教材）. -- ISBN 978-7-300-32938-3
Ⅰ. G619. 20；D922. 16
中国国家版本馆 CIP 数据核字第 20244Q7K54 号

21 世纪学前教师教育系列教材
学前教育政策与法规（第三版）
周小虎　主编
Xueqian Jiaoyu Zhengce yu Fagui

出版发行	中国人民大学出版社		
社　　址	北京中关村大街 31 号	**邮政编码**	100080
电　　话	010－62511242（总编室）		010－62511770（质管部）
	010－82501766（邮购部）		010－62514148（门市部）
	010－62515195（发行公司）		010－62515275（盗版举报）
网　　址	http://www. crup. com. cn		
经　　销	新华书店		
印　　刷	中煤（北京）印务有限公司	**版　　次**	2019 年 9 月第 1 版
开　　本	787 mm×1092 mm　1/16		2024 年 8 月第 3 版
印　　张	14. 25	**印　　次**	2024 年 12 月第 2 次印刷
字　　数	284 000	**定　　价**	45. 00 元

教学支持说明

（教学课件）

中国人民大学出版社教育学科秉承“出教材学术精品，育人文社科英才”的出版宗旨，多年来，出版了大批高质量的教育学、小学教育、学前教育专业教材和学术著作。

我们为本教材制作了相应的 PPT 教学课件，任何一位采用本书作为授课教材的教师均可免费获得该课件。为了确保该课件仅为授课教师获得，烦请您填写如下材料，并将相关信息通过 E-mail 发送给我们，我们将在收到相关信息后通过 E-mail 给您发送该课件。欢迎您加入我们的 QQ 群（教育新视野交流群，群号为 159813080），或登录我社官方网站（www. crup. com. cn），注册并认证成为教师会员，以获得更好的服务。

我们的联系方式：

地址：（100872）北京市中关村大街甲 59 号文化大厦 1202 室

中国人民大学出版社

电话：（010）62515955　62515383

E-mail：ggglcbfs@vip. 163. com

QQ 群：159813080

兹证明____________大学/学院____________院/系____________专业____________学年第____________学期开设的____________课程，采用中国人民大学出版社出版的________________________（书名、作者）作为本课程教材。授课教师为____________，授课班级共________个、学生________人。授课教师需要与本书配套的教学课件。

联 系 人：________________________

通信地址：________________________

邮　　编：________________________

电　　话：________________________

E-mail：________________________

系/院主任：____________（签字）

（系/院办公室章）

________年______月______日